Georg Langenhorst

Toter Dekan – guter Dekan
Mord in der Theologischen Fakultät

Kriminalroman

Georg Langenhorst

Toter Dekan – guter Dekan

Mord in der Theologischen Fakultät

Kriminalroman

echter

Bibliografische Information der Deutschen Nationalbibliothek

Die Deutsche Nationalbibliothek verzeichnet diese Publikation
in der Deutschen Nationalbibliografie; detaillierte bibliografische
Daten sind im Internet über ‹http://dnb.d-nb.de› abrufbar.

1. Auflage 2016

© 2016 Echter Verlag GmbH, Würzburg
www.echter.de

Umschlag: wunderlichundweigand
Coverfoto: ©sergign/shutterstock.com
Satz: Hain-Team (www.hain-team.de)
Druck und Bindung: CPI-books – Clausen & Bosse, Leck

ISBN
978-3-429-03951-6
978-3-429-04865-5 (PDF)
978-3-429-06284-2 (ePub)

Freundlich gewidmet den Kolleginnen und Kollegen an der Katholisch-Theologischen Fakultät Augsburg, die ganz anders sind als die im Folgenden Geschilderten. Nur deshalb konnte ich dieses Buch schreiben.

Überhaupt gilt: Ähnlichkeiten mit lebenden oder verstorbenen Personen wären reiner Zufall und sind nicht beabsichtigt.

Folgende Personen treten auf

Bernd Kellert, Kriminalhauptkommissar

Beate Kellert, Ehefrau von Bernd Kellert, Steuerfachfrau

Dominik Thiele, Kriminalhauptmann

Maria Bächtle, Cousine und Haushälterin von Professor Gerstmaier

Dr. Reinhard Baumjohann, Professor für Moraltheologie

Dr. Elmar Maria Brandtstätter, Professor für Pastoraltheologie

Dr. Klauspeter Gehrke, Professor für Exegese des Alten Testaments und Hochschulpfarrer

Dr. Anton Gerstmaier, Professor für Kirchenrecht, Dekan

Silvia Hoberg, Dekanatssekretärin

Dr. Hermann-Josef Kösters, Professor für Exegese des Neuen Testaments, Prodekan

Dr. Klara Mechtersheim, Professorin für Religionspädagogik

Caroline Möckner, ehemalige Assistentin am Lehrstuhl für Fundamentaltheologie

Dr. Dr. Michael Mühlsiepe, Professor für Dogmatik

Verena Obmöller, Theologiestudentin und Mitarbeiterin im Dekanat

Dr. Korbinian Reutter, ehemaliger Akademischer Rat am Lehrstuhl für Kirchenrecht

Dr. Winfried Schachner, Assistent am Lehrstuhl für Dogmatik

Dr. Karlheinz Schulze-Vorrath, Professor für Fundamentaltheologie

Sebastian Tränkner, Theologiestudent und ehemaliger Mitarbeiter im Dekanat

und viele mehr

Vorspiel
Zeitenwende

„Sie? Um diese Uhrzeit?" Dekan Gerstmaier blickte überrascht und misstrauisch den nur schwach beleuchteten Gang vor seiner Bürotür entlang. Er hatte das heftige Klopfen zunächst gar nicht gehört, so sehr war er in die Lektüre von Papieren auf seinem Schreibtisch vertieft gewesen. Die leise durch den Raum summende klassische Musik aus dem CD-Player hatte ihn zusätzlich ganz in eine zeit- und raumlose geistige Innenwelt versenkt. Mühsam, stirnrunzelnd, den Kopf ruckartig nach rechts und links schüttelnd hatte er sich in die Spätabendstimmung seines Dienstzimmers zurückgetastet. Und dann tatsächlich, ein Klopfen! Verwundert hatte er auf seine Armbanduhr geschaut – fast halb elf! Um diese Uhrzeit war er gewöhnlich der Einzige, der noch in diesem Gebäudetrakt der Universität arbeitete. Vor allem freitags war hier schon seit den frühen Nachmittagsstunden fast nichts mehr los. Nach kurzem Zögern hatte sich Gerstmaier mit mürrischer Miene dann doch zur Tür begeben.

„Nun gut, kommen Sie rein", knurrte er nun, verzog das Gesicht zu einer schwer deutbaren Grimasse, hob aber doch einladend die linke Hand, drehte sich um und ging langsam zurück zu seinem Schreibtisch.

Es waren seine letzten Worte. Zweimal, dreimal ertönte ein gedämpftes „Plopp". Getroffen von den Kugeln – eine im Rücken, zwei im Hinterkopf – kippte er lautlos nach vorn,

9

streife den Besucherstuhl vor dem Schreibtisch mit der Schulter und fiel vornüber auf den abgetretenen dunkelblauen Teppichboden. Es blieb ihm nicht einmal Zeit für ein letztes Gebet. Professor Dr. Anton Gerstmaier, zweiundsechzig Jahre alt, Kirchenrechtler, Priester und päpstlicher Ehrenprälat, seit knapp drei Jahren Dekan der renommierten Katholisch-Theologischen Fakultät an der altehrwürdigen Gregor-Hubertini-Universität zu Friedensberg, war tot.

Dass sein Schreibtisch sorgsam untersucht, sein Büro gründlich durchforstet wurde, dass der anonyme, durch einen Handschuh nicht identifizierbare Zeigefinger den Druckknopf des CD-Players bediente und dadurch den Raum in plötzliche gespenstische Stille tauchte, dass einige schmale Mappen, Schnellhefter und andere zusammengeheftete Kopien in einer dunklen Aktentasche verschwanden, dass die Lichtschalter neben der Tür auf Aus gedreht wurden, dass sich die Tür behutsam schloss – all das ereignete sich in einer Zeit, die ihm selbst bereits vorenthalten war.

Montag, 10. Mai, vormittags
*Lust und Last des Lebens
einer Universitätssekretärin*

Silvia Hoberg war gern Sekretärin. Als sie vor etwas mehr als dreißig Jahren – tatsächlich, so lange war das schon her! – ihre Arbeit an der Universität von Friedensberg begonnen hatte, war sie eher zufällig an der Katholisch-Theologischen Fakultät gelandet. Im Büro des damaligen Moraltheologen Professor Gerhard Füstner war eine Stelle als Sekretärin ausgeschrieben, und sie hatte sich – damals vierundzwanzigjährig und fast noch Berufsanfängerin – beworben.

Sehr zu ihrer Überraschung hatte sie die Stelle bekommen, obwohl sie evangelisch war, und das auch eher aus Tradition denn aus Überzeugung. Vom ersten Tag, vom Bewerbungsgespräch an hatte sie sich mit ihrem Chef verstanden. Ohne große Anweisungen oder Absprachen hatte sie sich das Arbeitsfeld selbstständig erschlossen. Füstner war froh über die immer adrett gekleidete, eigenständige, selbstbewusste, stets loyale Mitarbeiterin, die ihm mehr und mehr den Rücken freihielt von unliebsamen Organisationsaufgaben. Und sie genoss die Möglichkeiten zur kreativen Gestaltung und eigenverantwortlichen Tätigkeit in einem angenehmen Arbeitsklima.

Insofern war es nur konsequent, dass er sie einige Jahre später fragte, ob sie die frei werdende Stelle als Dekanatssekretärin übernehmen wollte. Er war gerade zum Dekan ernannt worden und wusste, dass dieses Amt nur mit einer überaus zuverlässigen Mitarbeiterin bewältigt werden konnte. Silvia Hoberg war eigenständig und flexibel, zudem zeitlich verfügbar, weil unverheiratet und ungebunden.

„Der Richtige war eben nie dabei", sagte sie stets, wenn sie auf dieses Thema in vertrautem Rahmen zu sprechen kam. Und manchmal fügte sie schmunzelnd hinzu: „Oder schon vergeben an Mutter Kirche …" Insider wussten, dass ihr gerade Füstner nur zu gut gefallen hätte, aber die gesteckten Grenzen waren immer klar und von beiden weder thematisiert noch innerlich – geschweige denn äußerlich – eingerissen worden.

Inzwischen – nach mehr als zwanzig Jahren – hatte sie mehrere Dekane kommen und wieder gehen sehen. Hatte sich daran gewöhnt, mit ganz unterschiedlichen Charakteren und Arbeitsstilen zurechtzukommen. Und war mehr und mehr selbst zur eigentlichen Herrscherin der Fakultät geworden. Die gewählten Dekane brachten meistens wenige Kenntnisse mit, die man zur Leitung einer Fakultät benötigte. Sie verstanden sich als Wissenschaftler, die in ihrem jeweiligen Spezialfach Forschungen betrieben. Das war ihre Welt.

Manche gaben sich darüber hinaus Mühe, Dozenten im eigentlichen Sinne zu sein, Hochschulpädagogen, die ihr Wissen so gut wie möglich an ihre Studierenden weitergeben wollten. Was sie jedoch allesamt nicht waren: Verwaltungsexperten; Leiter von Großinstitutionen wie einer Fakultät. Das hatten sie nicht gelernt, das wollten sie auch gar nicht. Die Pflichten der universitären Selbstverwaltung nötigten ihnen das Amt freilich auf, ob von ihnen gewollt oder nicht, ob dazu befähigt oder nicht.

Fast alle waren heilfroh, wenn sie das Amt wieder los waren, im Normalfall nach zwei Jahren. Und dazwischen ließen sie die Dekanatssekretärin gewähren. Sie kannte die Strukturen, die wichtigen Mitarbeiter in Universitätsleitung, Verwaltung und Bistum, die Dienstabläufe, die Zeitvorgaben der immer wiederkehrenden Aufgaben eines Semesters. „Hobi macht das schon", so lautete ein geflügeltes Wort in der Fakultät. „Hobi", ihr Spitzname, gefiel Silvia Hoberg eigentlich nicht. Aber inzwischen hatte sie sich daran gewöhnt. Wie an so vieles. Doch trotz der Routine, die sich im Laufe der Jahre eingestellt hatte, trotz der Hektik im Dekanatsbüro, in dem sich Professoren, Mitarbeiter des akademischen Mittelbaus und Studierende buchstäblich die Klinke in die Hand gaben, alle mit einem wichtigen und eiligen Anliegen, trotz alldem ging sie fast jeden Morgen gern zur Arbeit. Irgendwie war sie auch mit allen Dekanen gut ausgekommen. Das lag wohl an ihrem einzigartigen Talent, sich auf ganz unterschiedliche Menschen gut einstellen zu können und trotzdem immer ganz und gar sie selbst zu sein. „Hobi" eben.

Umso schwerer fiel es ihr zu akzeptieren, dass sie mit dem jetzigen Dekan, Professor Gerstmaier, beim besten Willen nicht klarkam. Es passte einfach nicht. Er hatte von vornherein ihre starke Stellung in der Fakultät zu untergraben versucht, hier kritisiert, dort eingeschränkt. Viele Prozesse liefen nun an ihr vorbei, andere musste sie Schritt für Schritt durch den Dekan absegnen lassen.

Sie hatte nun wirklich versucht, sich auf den neuen Chef einzustellen und trotzdem ihre Eigenständigkeiten zu bewahren. Umsonst. Menschliche Wärme wollte sich einfach nicht einstellen. Früher war das Dekanat ein Ort von Humor und Geselligkeit gewesen. Hier war Raum für private Sorgen und Freuden, hier wurde auch gelacht, gelästert, Neues ausgetauscht, Altes umgewälzt. Seit Gerstmaier die Fakultät leitete, gab es all das nicht mehr.

Silvia Hoberg hatte sich allmählich damit abgefunden und sich auf die routiniert beherrschten Arbeitsabläufe konzentriert. Ohne dass es je zu einem lauten Streit zwischen ihr und ihrem jetzigen Chef gekommen wäre, hatte sie sich in ihr eigenes inneres Reich zurückgezogen. „Sie kommen mir vor wie in einer Art inneren Emigration", hatte Füstner, ihr alter Chef und bleibender Vertrauter, ihr einmal bei einer Tasse Kaffee in der Fakultätscafeteria sanft vorgeworfen.

„Stimmt schon, Chef", hatte sie in alter Verbundenheit und Anrede zurückgegeben. „Aber auch dieses Dekanat geht vorbei, und mit Kösters" – Hermann-Josef Kösters war der Professor für die Exegese des Neuen Testamentes, derzeit Prodekan und damit designierter Anwärter auf das nächste Dekansamt – „mit Kösters wird das schon wieder passen."

Dann war aber alles anders gekommen. Gerstmaier hatte zur Überraschung aller für eine zweite Dekanatszeit kandidiert. Kösters, froh, sich weitere zwei Jahre nur der geliebten Forschung und der gewohnten Lehre widmen zu können, hatte den Vorschlag vehement unterstützt, wohl wissend, dass nicht alle in der Fakultät eine Fortsetzung des Dekanats Gerstmaier gutheißen würden.

Angesichts dieses einmütigen Vorschlags hatte der Fakultätsrat den einzigen Kandidaten Gerstmaier tatsächlich in geheimer Wahl wiedergewählt, auch wenn es anfangs beträchtliche Vorbehalte gegen eine zweite Amtszeit gegeben hatte. Letztlich wurde er jedoch mit erstaunlich deutlichem Ergebnis in seinem Amt bestätigt. Sichtlich verärgert hatte der Dekan die skeptischen bis kritischen Äußerungen im Vorfeld registriert.

Und seitdem regierte er die Fakultät mit eiserner Hand. Die ehemals kollegiale, konstruktiv-kooperative und leichte Stimmung im Kollegium war verschwunden. Jeder versuchte, sich nach bestem Vermögen auf seinen eigenen Bereich zu konzentrieren, dort gute Arbeit zu leisten und mit den Mitarbeitern am jeweiligen Lehrstuhl gut zurechtzukommen.

Dass Silvia Hoberg trotzdem weiterhin gern zur Arbeit ging, lag hauptsächlich an zwei Faktoren. Zum einen mochte sie den Trubel, die vielen unterschiedlichen Menschen, mit denen sie zu tun hatte. Auf ihrem Schreibtisch stand immer eine Schale mit Süßigkeiten zur Selbstbedienung. In der Kaffeemaschine des Dekanats fand sich immer ein rettender Trank für Stressgeplagte, und wenn nötig, brühte sie auch einen Tee auf.

Der andere Grund für ihre – nach wie vor ungebrochene – Freude an der täglichen Arbeit war ihr guter Kontakt zu ‚ihren Studis‘. Jahr für Jahr wählten die Studierenden eine fünfköpfige Fachschaft. Das waren eigentlich immer besonders engagierte und eifrige Studentinnen und Studenten, die sich nicht nur für ihre eigenen Belange einsetzten, sondern auch das Wohl der ganzen Fakultät vor Augen hatten.

Silvia Hoberg hatte es sich angewöhnt, die ihr am besten geeigneten Fachschaftsvertreter zugleich als studentische Mitarbeiter für das Dekanat zu gewinnen. So ließen sich einerseits die Kommunikationswege zwischen Fakultätsleitung und Studentenschaft ganz eng verknüpfen, andererseits konnte sie auf verlässliche und einsatzfreudige ‚Hiwis‘ zurückgreifen.

Dass diese Regelung ihre eigene Machtposition zusätzlich stützte, war ihr wohl eher instinktiv bewusst, als dass sie dies strategisch einsetzte. Enttäuscht worden war sie von diesen studentischen Mitarbeitern fast nie. Im Gegenteil: Meistens duzte man sich schon nach wenigen Wochen. Und ihr, der alleinstehenden Vierundfünfzigjährigen, tat der intensive Austausch mit ‚ihren jungen Leuten‘ gut.

Als sie am zehnten Mai die Tür zu ihrem Sekretariat aufschloss, war sie gut gelaunt. Ein erholsames Wochenende lag hinter ihr. Sie hatte eine alte Schulfreundin in Freiburg besucht, der Austausch der Erinnerungen hatte einen Wärmestrom pulsieren lassen, den sie immer noch als angenehme Tiefenstimmung spürte. Der sonnige, warme, blau strahlende Maimorgen tat sein Übriges.

Sie war die zwei Kilometer von ihrer Wohnung an die Arbeitsstätte zu Fuß gegangen. Zwar hätte sie dabei lieber den Vögeln gelauscht, die sich in den zartgrün sprießenden Ästen des Stadtparks einander überbietende Melodien zuflöteten, aber sie mochte auch das tobende Lärmen der Kinder auf dem Weg zu ihren Schulen oder an den überfüllten Bushaltestellen. ‚Leben‘, dachte sie, ‚so muss es sein!‘

Silvia Hoberg hängte ihre Kostümjacke über den Schreibtischstuhl und öffnete das große Fenster so weit wie möglich, um die milde Frühlingsluft einzulassen. Ein frischer Blütenduft vertrieb binnen kurzer Zeit den leicht muffigen Bürodunst, der über das Wochenende Besitz von ihrem Raum ergriffen hatte. „Verena!“, rief sie durch die offene Tür zur anderen Seite des Flures hinüber. „Verena, bist du schon da?“

Eine Frage, auf die es wenn, dann nur die Antwort „ja“ geben konnte, aber diese Antwort blieb aus. Verena Obmöller, Studentin der katholischen Theologie und Germanistik für das Lehramt am Gymnasium im achten Semester, war schon seit mehr als zwei Jahren als studentische Hilfskraft im Dekanat beschäftigt. Sie war zur rechten Hand der Dekanatssekretärin geworden und trotz des Altersunterschieds fast so etwas wie eine Freundin. Montags war sie meistens als Erste im Dekanat und hatte dann bis mittags dort Dienst. Heute allerdings war sie ganz gegen ihre sonstige zuverlässige Art noch nicht erschienen.

„Morgen", tönte eine hohe männliche Stimme durch die offene Tür, als die Sekretärin gerade dabei war, ihren Computer hochzufahren. Erschrocken zuckte sie zusammen, erblickte dann aber das vertraute Gesicht von Dr. Winfried Schachner, Assistent im Fachbereich Dogmatik. „Ist der Chef da?", fragte er und wies mit dem Daumen der rechten Hand auf die Zimmertür direkt neben dem Dekanatssekretariat, eben auf das Dienstzimmer des Dekans. „Nein, der kommt doch montags immer erst gegen zehn", erwiderte die Sekretärin, „kann ich ihm vielleicht etwas ausrichten?"

Sie kannte Dr. Schachner nicht besonders gut, er war erst vor eineinhalb Jahren von der Universität in Regensburg hierhergekommen, um sich in seinem Fach zu habilitieren. Wie etwa die Hälfte des wissenschaftlichen Personals an der Fakultät war auch er Kleriker und betreute zusätzlich zu seiner wissenschaftlichen Tätigkeit eine kleine Gemeinde am Rand von Friedensberg. Er konzentrierte sich wohl auf seine doppelte Arbeit als Seelsorger und Wissenschaftler, so dass ihm kaum Zeit blieb, um aktiv am Leben der Fakultät teilzunehmen.

Als einziger unter den Priestern an der Fakultät hatte der asketisch wirkende, schlanke, kleinwüchsige Mittdreißiger ständig den gestärkten weißen Priesterkragen umgelegt, neben dem Dekan natürlich, der auf derartige Äußerlichkeiten außerordentlich großen Wert legte. War das ein Zeichen einer eher konservativen Gesinnung? Nun antwortete er: „Nein danke, das erledige ich lieber selbst. Komme später noch einmal vorbei." Und schon war er wieder grußlos verschwunden.

Silvia Hoberg schüttelte noch unmerklich den Kopf, als das Telefon auf ihrem Schreibtisch läutete. „Ja, hier Dekanat Katholische Theologie, Hoberg am Apparat", meldete sie sich. Sie lauschte in den Hörer hinein. „Ach, Herr Professor Badstüber!" – das war der Dekan der Juristischen Fakultät vom Gebäude direkt auf der anderen Seite der breiten Allee, an der das Fakultätsgebäude lag. „Nein, der ist noch nicht da!", sagte sie dann und lauschte erneut. „Was, Sie haben sich verabredet?! Schon vor einer Viertelstunde! Das sieht dem Herrn Dekan aber gar nicht ähnlich, weil er doch immer so viel Wert auf Pünktlichkeit legt. Moment, ich sehe zur Sicherheit doch lieber einmal nach. Bleiben Sie am Apparat, bin sofort zurück!"

Sie nahm den Schlüsselbund, ging zur Tür des Dekanzimmers, klopfte zur Vorsicht dreimal, lauschte, drückte den Türgriff nach unten, fand die Tür zu ihrer Überraschung unverschlossen und trat dann vorsichtig ein. Das Nächste, was Professor Badstüber durch das Telefon hörte, war ein Schrei, wie er ihn noch nie gehört hatte und den er nie wieder vergessen sollte …

Montag, 10. Mai, abends
Von Katern und Pfaffen

„Da bist du ja endlich!", begrüßte Beate Kellert ihren Mann. Sie saß auf dem Sofa im Wohnzimmer ihrer geräumigen Etagenwohnung, hatte ihre Hausschuhe abgestreift und die Füße auf das gläserne Tischchen gelegt. Unter dem Tisch lag eine gelbweiße Katze zusammengerollt auf dem Teppich. Auf den Hereintretenden reagierte das Tier nur mit einem leisen, schnurrenden Schnarchlaut. Anders die Hausherrin: Mit der Fernbedienung schaltete sie den Ton des vor ihr stehenden Fernsehers auf stumm, ließ das Bild aber weiterlaufen, drehte den Kopf auch kaum zur Seite und fragte eher aus Gewohnheit denn aus Neugier: „Wo warst du denn nur so lange?"

Bernd Kellert, mit seinen vierundvierzig Jahren bereits seit mehr als einem Jahrzehnt Kriminalhauptkommissar von Friedensberg, ging wortlos durch das Wohnzimmer zur sich direkt anschließenden offenen Küche, öffnete den Kühlschrank, nahm sich eine dort bereitliegende Flasche Bier, hebelte mit einem Feuerzeug in geübtem Griff den Kronkorken ab, kehrte zurück und ließ sich kraftlos auf den Sessel rechts neben dem Sofa niederfallen.

Friedensberg war seine Stadt. Hier war er geboren, hier hatte er Beate kennengelernt, die als Kind mit ihrer Familie hierhergezogen war. Abgesehen von der Ausbildungszeit in Nürnberg hatte er nie für länger in irgendeiner anderen Stadt gelebt. Das wollte er auch gar nicht. Friedensberg und Bernd Kellert – das passte!

„Mach mal aus!", sagte er nun, trank einen langen Schluck und setzte die Flasche dann halbleer auf dem Glastischchen ab. Es gab ein kratzendes Geräusch. „Mensch, pass doch auf! Wie oft soll ich dir noch sagen, dass du einen Untersetzer nehmen sollst! Das ist Glas, kapierst du!", fuhr ihn seine Frau an. Der Kater erwachte aus dem Schlaf, reckte seine krallenbesetzten Vorderpfoten, stand auf und machte einen Buckel.

Bernd Kellert war nicht nach Streit zumute, er holte sich einen bastgeflochtenen Untersetzer aus der mittleren Schublade des Wohnzimmerschranks. „Für dich auch?", fragte er und blinzelte über seine Schulter zurück zu seiner Frau. „Danke, hab schon", meinte diese und wies auf ein gut gefülltes Glas Rotwein in ihrer linken Hand. Während er den Untersetzer unter sein Glas schob, schaltete seine Frau tatsächlich den Fernseher mit der Fernbedienung aus. „Na komm schon, erzähl!", forderte sie ihn auf. An seinem ganzen Verhalten hatte sie gemerkt, dass heute tatsächlich etwas Besonderes passiert sein musste.

„Du glaubst nicht, wo ich heute war", begann er, trank noch einen Schluck und machte eine effektheischende Erzählpause. „Nun sag schon!", drängte ihn seine Frau. „In der Uni", gab er zurück, „aber wo da? Na? – In der Katholisch-Theologischen Fakultät! Bei den Pfaffen!" „Warte mal, ist das nicht in der Guardini-Allee?", fragte seine Frau zurück. „Ja, genau da, dieser alte Bau mit dem schönen lauschigen Innenhof. Na, du weißt schon, ein paar Häuser weiter ist doch ‚Da Luigi'."

Beate Kellert war das edle italienische Restaurant wohlbekannt. Ab und zu gingen sie dort mit Freunden essen, das letzte Mal lag aber schon fast ein halbes Jahr zurück. Das Gebäude der Theologischen Fakultät, von außen ein strenger dreistöckiger Vierungsbau, der im Kern auf ein Jesuiteninternat aus dem 17. Jahrhundert zurückging, kannte sie ebenfalls, hatte ihm aber nie besondere Beachtung geschenkt. Warum auch? Aber was hatte Bernd Kellert ausgerechnet dort zu suchen? Kaum ein Gebäude, das weniger zu ihrem Ehemann, dem drahtigen, durchtrainierten, ein Meter zweiundachtzig großen Kommissar passen würde!

„Und, was hast du da gemacht?", wollte sie wissen, nun wirklich neugierig geworden, während sie den Kater streichelte, der sich wieder zu ihren Füßen niedergelassen hatte und zufrieden schnurrte. „Da gab es einen Toten. Irgendjemand hat den Dekan, also den Chef da, umgebracht. Drei Schüsse, jeder für sich tödlich!" Beate Kellert wirkte ratlos: „Wer macht denn so was? Wer bringt denn einen Professor um?"

„Der war nicht nur Professor, sondern auch Priester. Hatte auch noch als Toter diesen Kragen um den Hals. Noch als Leiche was Besonderes! Und wer den umgebracht hat, das möchte ich auch gern wissen. Nee, falsch, das *muss* ich sogar wissen. Ich habe den Fall übertragen bekommen. Aber", er trank die Flasche leer, stand auf und ging zum Kühlschrank, um sich Nachschub zu besorgen, „das ist nicht so leicht. Wir haben erst mal keine Spur. Da gehen so viele Leute ein und aus. Das kann jeder gewesen sein."

„Ist denn etwas gestohlen worden?", wollte Beate Kellert wissen. „Nicht, soweit wir das bis jetzt feststellen konnten", gab ihr Mann zurück und trat sanft nach dem Kater, der mit seinen Zehen spielen wollte. „Hau ab, du Vieh", sagte er halb im Ernst, denn eigentlich mochte er keine Katzen. Aber wie so oft hatte seine Familie ihn bei der Anschaffung überstimmt. Ihre Tochter Jenny wollte halt als Zehnjährige unbedingt eine Katze. Um ihr den damaligen Schulwechsel zu erleichtern, hatte er zähneknirschend zugestimmt.

Inzwischen hatte sich Bernd Kellert an den Mitbewohner ganz gut gewöhnt. „Vieh", nannte er den großen Kater meistens, aber natürlich hatte er auch einen richtigen Namen: ‚Barry'. ‚Typisch', dachte er oft, ‚da schafft man sich so ein Vieh für die Kinder an und dann gehen sie. Was bleibt, ist das Vieh!'

Für solche Gedanken war jetzt aber kein Platz. Kellert erzählte weiter: „In dem Büro, wo man ihn erschossen hat, war alles aufgeräumt. Geld oder Wertsachen gibt es dort sowieso nicht. Und auch die Computer waren alle noch an ihrem Platz. Aber wir überprüfen das noch. Die haben da eine ziemlich fitte Sekretärin, die kennt sich wohl am besten aus. Die hat ihn auch gefunden, steht aber noch unter Schock. Aus der war heute kaum etwas herauszubekommen."

„Rrrunnter!", brüllte er den Kater an, der auf die Sofalehne gesprungen und gerade dabei war, seine Krallen in den Stoffüberzug zu schlagen. Bernd Kellert nahm einen Teil des auf dem Tisch liegenden Friedensberger Anzeigers, rollte ihn zusammen und schlug nach dem Tier. „Runter!"

„Hey, lass Barry in Ruhe", fuhr ihn seine Frau an, während das Tier langsam auf den Boden sprang, davor aber wie absichtlich noch einen kleinen Faden aus dem Bezug gerissen hatte. „Na, das kann ja eine nette Woche werden", meinte Beate Kellert mit süßsäuerlichem Unterton. „Aber das bin ich ja gewohnt. Komm, ich massiere dir ein bisschen den Nacken, hm?"

Sie wusste, dass ihr Mann dabei am besten entspannen konnte. „Und, wie war dein Tag?", fragte er, nachdem er Barry auf den Balkon gelassen hatte, von wo aus er die ganze

Nachbarschaft unsicher machen konnte. Der Kater lebte mehr draußen als drinnen. Frech, klug und stark, wie er war, kontrollierte er das Tierleben der ganzen Nachbarschaft. Bernd Kellert setzte sich zu seiner Frau auf das Sofa, und beide wussten, dass er eine Antwort auf seine Frage gar nicht hören und sie auch gar keine geben wollte.

Dienstag, 11. Mai, vormittags
Ein Mord, viele Fragen

„Liebe Kolleginnen und Kollegen!" Prodekan Hermann-Josef Kösters versuchte sich Gehör zu verschaffen. Nur langsam starb das aufgeregte Gemurmel und Getuschel um ihn herum ab. Mehr als fünfzehn Personen hatten sich im Beratungszimmer der Fakultät eingefunden. Unter den zumeist gestrengen Blicken der Porträts von ungezählten Dekanen der Fakultät, gemalt oder fotografiert jeweils zur Beendigung ihrer Amtszeit, hatten sie sich an die zu einem Rechteck zusammengestellten Tische gezwängt, verwickelt in hektische Gespräche.

Alle waren der Einladung zur außerplanmäßigen Sitzung gefolgt, die ihnen per Mail oder Anruf zugegangen war. Neben Kösters waren die verbliebenen zehn amtierenden Professoren erschienen, außerdem die Religionspädagogin Klara Mechtersheim als einzige Frau im Professorium, ferner drei Damen und zwei Herren aus dem Mittelbau, daneben – ungewohnt blass und mit noch immer verweinten Augen – Dekanatssekretärin Silvia Hoberg und, zur allgemeinen Überraschung, die Studentin Verena Obmöller.

„Nun kommen Sie doch bitte zur Ruhe!", ermahnte Kösters die Anwesenden. „Bitte sehr: Kolleginnen und Kollegen!" Er musste jetzt doch die Rolle spielen, die er sich so gern noch erspart hätte. Aber es half alles nichts, als Prodekan oblag ihm die Übernahme der Dienstgeschäfte und der Verantwortung.

Kösters hatte am Vorabend noch den seit drei Jahren emeritierten Altdekan Füstner – immer noch als graue Eminenz im Hintergrund des Fakultätslebens aktiv – angerufen und um Unterstützung gebeten. Aber der Ruheständler hatte nur gesagt: „Nein, das werden Sie selbst übernehmen müssen, Kösters. Tut mir leid – und: Kopf hoch!" Nun lag es also an ihm, die Situation so gut wie möglich zu meistern. Es galt vor allem, die Form zu wahren.

„Liebe Kollegin" – hierbei verbeugte er sich leicht zu Frau Mechtersheim – „liebe Kollegen. Sie wissen, warum ich Sie hierhergebeten habe. So unfassbar das für uns alle ist: Unser Dekan, Professor Anton Gerstmaier, ist ermordet worden. Ich habe Sie zusammengerufen, um Sie über den Stand der Dinge zu informieren und um über das weitere Vorgehen zu beraten."

„Wann ist der Mord denn passiert?", rief Professor Schulze-Vorrath dazwischen, ein absichtsvoll ungepflegt wirkender Mittfünfziger mit wirren grauen Haaren und Drei-, eher Fünftagebart. Schulze-Vorrath war Fundamentaltheologe, bildete sich auf seinen offen zur Schau getragenen Nonkonformismus etwas ein, war aber der deutschlandweit und auch international bekannteste Theologe seiner Fakultät. Er hatte mehrere erfolgreiche Bücher über den interreligiösen Dialog verfasst und war als Experte in diesem Bereich in Radio und Fernsehen ein viel gefragter Mann.

„Bitte lassen Sie mich in Ruhe berichten. Ich werde versuchen, alle Fragen zu beantworten, aber der Reihe nach!" Kösters blickte – um Unterstützung bittend – in die Runde und hoffte, sein geplantes Vorgehen durchsetzen zu können. Zustimmendes Kopfnicken! „Genau", stimmte ihm einer zu. „Ja, das ist besser", ein anderer.

Schulze-Vorrath hatte nur wenige Freunde im Kollegium. Den einen gefiel seine selbstdarstellerische Art nicht, andere waren insgeheim neidisch auf seinen Erfolg, obwohl sie seine Bücher als populistisch abtaten und dagegen den wissenschaftlichen Ernst und Wert der wenigen eigenen Veröffentlichungen hervorhoben. Nun lehnte sich Schulze-Vorrath brummelnd zurück, kreuzte die Arme und wartete ab, was passieren würde.

„Danke!" Kösters nickte in die Runde. „Ich schildere Ihnen nun, was wir bislang über den Verlauf des Geschehens wissen. Ein gewisser Hauptkommissar Kellert von der Kripo wird in – Moment", er blickte auf seine Armbanduhr, „in einer Viertelstunde bei uns sein und uns befragen." „Wieso das denn?", platzte Dr. Schachner, einer der anwesenden wissenschaftlichen Mitarbeiter, dazwischen, fing sich dafür aber nur einen tadelnden Blick von Kösters ein.

„Also, was ich von Kommissar Kellert weiß, ist Folgendes", fuhr dieser unbeirrt fort: „Gerstmaier war wie jeden Freitag noch lange in seinem Büro. Es ist ja bekannt, dass er freitags oft noch lange hier im Haus ist. Frau Hoberg ging – wie immer – um ein Uhr nach Hause." „Stimmt nicht, ich war noch bis halb zwei da", unterbrach diese ihn mit leiser, aber bestimmter Stimme. „Ich musste noch das Protokoll vom Fakultätsrat fertig tippen."

„Gut, also bis halb zwei. Frau Obmöller hatte noch bis ungefähr um vier Uhr im Dekanatsbüro zu tun, stimmt's?" Er nickte der Studentin aufmunternd zu, die das Wort ergriff. Sie war eine gerade im Fachbereich Theologie auffallende Erscheinung. Lange schwarze Haare, dezent geschminkt, selbstbewusst gekleidet und – wie Kösters aus einem Seminar wusste – wissbegierig, fleißig, intelligent und redegewandt.

„Ja, ich war bis kurz nach vier hier", bestätigte sie. „Ich musste die Einladungen für den Gastvortrag übernächste Woche fertig machen. Kurz bevor ich ging, schaute Gerstmaier, ich meine: der Herr Dekan, noch einmal herein. Er suchte etwas in den Ordnern, fand es aber wohl nicht. Mit mir hat er kein Wort geredet, aber das" – sie blickte sich im Kreis Verständnis heischend um und ihr Blick blieb bei der Sekretärin haften – „das hat er eigentlich nie getan. War also nichts Besonderes."

„Haben Sie sich noch von ihm verabschiedet?", fragte unvermutet Professor Günter Brossl, ein junger Kirchengeschichtler, der erst vor einem halben Jahr an die Universität Friedensberg berufen worden war. Verena Obmöller schaute ihn kurz an und meinte dann: „Nee, das haben wir nie gemacht, das hätte ihn doch auch nur gestört!"

„In jedem Fall", so ergriff Kösters nun wieder das Wort, „sind Sie damit die Letzte, die den Dekan noch lebend gesehen hat." „Bis auf den Mörder", flüsterte die Religionspädagogin Klara Mechtersheim dazwischen, gerade laut genug, dass jeder es hören konnte. Erschrocken legte sie sich die Hand auf den Mund, zog den Kopf zwischen die Schultern und wurde rot.

Der Prodekan sprach ungerührt weiter: „Der Tod von Kollege Gerstmaier muss zwischen zehn und elf Uhr am gleichen Abend, also mindestens sechs Stunden später eingetreten sein. So lautet zumindest die Auskunft von der Gerichtsmedizin drüben in der Gmeinerstraße. Was Gerstmaier in dieser Zeit gemacht hat, ob er noch Termine hatte, ist noch nicht bekannt. Von hier aus telefoniert hat er nicht, zumindest nicht von den offiziellen Telefonen. Oder hat irgendjemand von Ihnen noch Kontakt zu ihm gehabt?", fragte Kösters in die Runde.

Das hätte er besser nicht getan. Sofort erhob sich ein Getuschel und Gemaule, in dem man kaum das eigene Wort verstehen konnte: „Wieso Kontakt?" „Ich war doch in Tübingen auf dem Ethikerkongress!" „Freitags, dass ich nicht lache!" „Mit dem spreche ich schon seit sieben Monaten nicht mehr!" „Unverschämtheit!" ...

Kösters wollte gerade wieder um Aufmerksamkeit bitten, als ein lautes Klopfen an der Tür zu hören war. „Entschuldigung." Mit diesen Worten trat Sebastian Tränkner, seines Zeichens ausgebildeter Schreiner und nun fünfundzwanzigjähriger Student der Diplomtheologie, Mitglied der Fachschaft und studentischer Vertreter im Fakultätsrat, ein und wies einem energisch eintretenden Mann Anfang vierzig den Weg. „Hier ist der Herr Kommissar Kellert."

‚Erstaunlich, wie folgsam der eben noch so wild durcheinanderredende Haufen plötzlich den Worten des Kommissars lauscht', dachte Kösters, froh, die Gesprächsführung an den Polizisten abgeben zu können. „Wir tappen noch völlig im Dunkeln", sagte der, nachdem er sich am Kopfende des Tisches aufgebaut hatte. Die Anwesenden konnten es kaum spüren, aber Kellert war sich unsicherer als sonst. Wie geht man mit Professoren um? Wie redet man zu Priestern? Das war ein Gebiet, in dem er überhaupt keine Erfahrung hatte.

„Einfach so sein wie immer", hatte ihn seine Frau Beate ermuntert. Er versuchte, ihren Ratschlag zu befolgen. „Bitte verstehen Sie, dass ich deshalb mit jedem von Ihnen sprechen muss." „Geh, sie verdächtigen doch nicht etwa uns?", rief mit tief bellender Stimme und unverkennbar österreichischer Dialektfärbung Elmar Maria Brandtstätter, ein mindestens eins neunzig großer, rundgesichtiger Mann mit mächtigem Körper, der Pastoraltheologe der Fakultät.

„Nein, nein", beschwichtigte Kellert und strich sich durch sein millimeterkurz geschnittenes blauschwarz schimmerndes Haar, „aber wir müssen alle relevanten Informationen zusammentragen. Ich bitte Sie um Verständnis und um Ihre Kooperation." „Selbstverständlich werden wir Ihnen in allem nach bestem Vermögen helfen", versicherte Kösters, der sich nun aufgefordert sah einzugreifen, eilfertig. „Wir alle haben das größte Interesse, dieses furchtbare Verbrechen so schnell wie möglich aufzuklären. Eine Bitte habe ich jedoch, Herr Kommissar: Wenn es geht, bitte ich Sie darum, den Studienbetrieb so wenig wie möglich mit den Ermittlungen zu belasten. Die Studierenden sind schon so total ausgelastet und ziemlich verstört." „Jep", ließ sich Verena Obmöller vernehmen und Schulze-Vorrath ereiferte sich: „Mein Seminar gestern, das konnte ich völlig vergessen!".

Kommissar Kellert blickte in die Runde und sagte dann: „Also versprechen kann ich nichts. Aber ich werde tun, was in meiner Macht steht, damit Ihr Betrieb hier so normal wie möglich weitergehen kann." Dabei schlug er mit der rechten Hand einen großen Bogen. „Darf ich Sie nun bitten, mir einzeln einige Fragen zu beantworten? Können wir dazu vielleicht in Ihr Büro gehen?", fragte er Kösters. „Das Dekanat wird ja noch vom Spurendienst untersucht."

Bevor Kösters antworten konnte, wurde er von Frau Hoberg unterbrochen. „Entschuldigen Sie, Herr Kommissar!", stammelte sie. „Kellert, bitte nennen Sie mich einfach Kellert", sagte er in die Runde. „Was gibt es denn?" „Mir ist noch etwas aufgefallen. Ich glaube, dass einige Akten fehlen. Bei mir im Büro, aber auch im Zimmer vom Chef, äh, vom Herrn Dekan. Ich weiß aber nicht genau, was. Er hat sich seine Unterlagen meistens selbst geholt und zusammengestellt, wissen Sie. Aber ich bin mir ziemlich sicher, dass da einiges fehlt."

Aufmerksam hatte Kellert zugehört und pfiff sich kaum hörbar durch die Zähne. Eine erste Spur! Niemand lässt grundlos Akten verschwinden! Das vergrößerte die Wahrscheinlichkeit, dass der Tod des Dekans etwas mit seiner Arbeit hier an der Universität zu tun hatte. Womöglich war einer der Anwesenden in den Mord verstrickt. ‚Sei vorsichtig! Hör genau hin, auch auf die Zwischentöne! Stelle die richtigen Fragen!', gab er sich mit auf den Weg.

„Danke, Frau, äh" – „Hoberg" – „Ja, danke für die Information, das ist sehr wichtig. Bitte versuchen Sie herauszufinden, was genau alles fehlt. Ich werde Mansfeld, meinen Kollegen von der Spurensicherung, gleich anweisen, dass er Sie in das Dekanszimmer hineinlässt und dort mit Ihnen auf die Suche geht. Wir aber" – hier wandte er sich an die Übrigen – „sollten uns im Zimmer des Herrn Prodekan unterhalten. Kommen Sie bitte mit!"

Dienstag, 11. Mai, abends
Pizza, Pasta und ProfessorInnen

Ganz dezent untermalte italienische Musik die gedämpften Gespräche und Geräusche bei ‚Da Luigi'. Eine geschmackvolle Einrichtung betonte zwar den italienischen Charakter des Ambientes, versagte sich aber jeglichen Eindruck von billigem Kitsch. Die Tische standen so weit voneinander entfernt, dass man sich an jedem von ihnen ungestört unterhalten konnte. Bernd Kellert hatte die Idee gehabt, sich abends hier mit seiner Frau zu verabreden. Das würde ihm lange Wege ersparen und sie würde sich auf den Abend bei gepflegten Speisen in angenehmer Atmosphäre freuen.

Gerade hatten sie sich über ihre Kinder ausgetauscht. Tobias studierte Wirtschaftsingenieurswesen im zweiten Semester in München. Er hatte die Metropole ihrer überschaubaren Universitätsstadt vorgezogen. „Friedensberg, da kennt jeder jeden", hatte er zum Abschied gesagt. „Das ist mir zu klein und zu eng, große Tradition hin oder her." Und Jenny, die inzwischen sechzehnjährige Tochter, war gerade für ein Jahr an einer Austauschschule in Leeds in Nordengland.

Beate Kellert fiel es auch nach mehr als acht Monaten nicht leicht, nach so langer gemeinsamer Zeit ohne ihre beiden Kinder zu leben. Selbst Barry, der Kater, war die meiste Zeit unterwegs. Sie hätte sich gern noch einen Hund angeschafft. „Zu Hunden kann man eine ganz andere Beziehung aufbauen als zu Katzen", sagte sie immer. „Außerdem sind sie treu. Treuer als Männer …"

Aber erstens war ihr Mann, der diesen letzten Halbsatz nur kopfschüttelnd und schweigend zur Kenntnis nahm, alles andere als begeistert von dieser Idee und zweitens: Solange der Kater in ihrem Haushalt lebte, war das Ganze sowieso nicht mehr als nur ein Hirngespinst „Hund *und* Katze, ich glaube du träumst!", hatte Bernd Kellert geknurrt, als sie diesen Gedanken einmal probehalber ausgesprochen hatte. Der Kater gehörte ja eigentlich Jenny, aber nun kümmerte sich eben hauptsächlich ihre Mutter darum. Sie war halbtags in einer Steuerkanzlei tätig, aber diese Tätigkeit füllte sie nicht wirklich aus.

„Ehrlich, Bernd, ich freue mich, wenn Jenny im Juli wieder nach Hause kommt", sagte sie gerade. Ihr Mann, der soeben dabei war, die letzten Reste seiner ausgezeichneten Spinatlasagne zu vertilgen, brummte zustimmend mit vollem Mund. Mutter und Tochter hatten in den letzten Jahren einige heftige Auseinandersetzungen miteinander ausgetragen. Er war gespannt, wie sich ihr Verhältnis nach diesem Jahr weiterentwickeln würde.

„Na ja, Tobias kommt ja am nächsten Wochenende auch mal wieder vorbei", sagte er, nachdem er den Bissen heruntergeschluckt und einen Schluck Rotwein getrunken hatte. Die beiden blickten sich eine Zeit lang schweigend an. Nach einundzwanzig Ehejahren waren sie es durchaus gewohnt, dass man nicht unbedingt immer reden musste. Sie wussten, wann man dem anderen die Zeit für eigene, nicht mitgeteilte Gedanken lassen musste. Dann brach Beate das Schweigen.

„Und wie geht's deinem toten Professor? Also ich meine: Was macht dein Fall mit diesem Theologen?" Bernd Kellert atmete tief durch und blies die Wangen auf. „Puhh, nicht so leicht. Eine richtige Spur haben wir noch nicht. Aber hoi, also bei denen arbeiten möchte ich nicht!" „Wieso das denn?" „Na, da herrscht eine Spannung, dagegen ist das bei der Polizei richtig angenehm. So etwas von … Verschrobenheit, von Neid und Eifersucht! Da gönnt keiner dem anderen auch nur den Dreck unter dem kleinen Fingernagel!"

Dann besann er sich. „Das gilt bestimmt nicht für alle, okay. Manche duzen sich sogar, aber das ist die Ausnahme. Kannst du dir das vorstellen: Arbeiten dreißig Jahre zusammen und siezen sich! Das sagt doch alles!" Beate seufzte zustimmend und fragte dann nach: „Ja, und der Fall?"

„Schwierig, schwierig! Diese Uni ist ja ein offenes Haus, da kann jeder raus und rein. Es gibt eine Bibliothek, die hat wochentags bis dreiundzwanzig Uhr geöffnet. … Eh, Moment …" Er winkte einen vorbeigehenden Kellner herbei: „Für mich noch einmal einen Rotwein, den Chianti. Für dich auch?" Er blickte zu seiner Frau. Als diese kaum merklich nickte, verbesserte er sich: „Also zwei, noch zwei Chianti bitte!"

Er lehnte sich wieder bequem zurück und fuhr fort: „Und der Dekan, also dieser Professor Gerstmaier, hat alle möglichen Feinde gehabt. War total unbeliebt. Aber ein Motiv, ihn umzubringen, sehe ich beim besten Willen nicht." „Unbeliebt, wieso?" „Na ja, das war wohl so ein sturer Paragraphenheini. Kannte alle Vorschriften und jeden Gesetzestext und hat alle anderen damit genau kontrolliert und gegängelt. Und das mögen Professoren offenbar gar nicht. Der war noch gar nicht so lange hier in Friedensberg. Ist erst mit über fünfzig Professor geworden und wollte es deswegen denen zeigen, die das schon mit Ende dreißig oder Anfang vierzig geworden sind. So habe ich das jedenfalls verstanden. Ehrlich, ich habe mit nicht einem geredet, der wirklich positiv über den Dekan gesprochen hat."

„Furchtbar!", gab Beate Kellert zurück. „Das wird für den ja auch nicht gerade angenehm gewesen sein, oder?"

„Ich weiß nicht", gab ihr Mann zurück. „Es gibt eben Typen, die sich am wohlsten fühlen, wenn die anderen Angst vor ihnen haben. Denen wird bei Freundschaft und Nähe richtig unwohl. Da könnte ich dir bei uns auch einige nennen. Außerdem haben fast alle übereinstimmend bestätigt, dass die Atmosphäre an der Fakultät vor ein paar Jahren viel besser war. Richtig familiär. Gerstmaier wird von den meisten als Urheber dieser unguten Entwicklung genannt. Richtig traurig hat deshalb keiner auf mich gewirkt. Geschockt schon, fassungslos – ja, aber traurig – nein."

Der Kellner brachte zwei frisch gefüllte Rotweinpokale und räumte das fast komplett geleerte Geschirr fort. „Hat es geschmeckt?", fragte er in routinierter Höflichkeit. „Ja, danke, war sehr gut", antwortete Beate Kellert automatisch. „Ein Nachtisch oder vielleicht ein Espresso?" „Später vielleicht", brummte ihr Mann, der offensichtlich in Ruhe seinen Rotwein genießen wollte. Er führte das Glas zum Mund, blickte seiner Frau in die Augen, lächelte und sagte in gespielter Förmlichkeit „Zum Wohlsein", doch statt zu trinken, setzte er das Glas abrupt ab.

„Moment, das ist doch …" Schon war er aufgesprungen und eilte zwei Personen entgegen, die soeben das Lokal betreten hatten, und sich – vergebens – nach einem leeren Tisch umschauten. Wenig später kam er mit den beiden auf den von ihm und seiner Frau besetzten Tisch zu, an dem noch zwei freie Plätze waren. Beate Kellert wunderte sich. Normalerweise hasste ihr Mann es, wenn er beim Essen gedrängt saß.

Doch schon traten die drei an den Tisch. Der Unbekannte war ein fülliger, bulliger, auffällig großer Mann Ende fünfzig, gekleidet mit einer nicht mehr ganz neuen Jeans, einem offenen karierten Hemd und einem lässigen braunen Cordsakko; die Frau eine eher zierliche Dame undefinierbaren Alters mit einem zeitlosen lindgrünen Kostüm und streng gescheiteltem kurzem braunem Haar, wirkte an der Seite ihres Begleiters zerbrechlich und fühlte sich sichtlich unwohl. Ihre Finger spielten nervös mit einer kleinen ledernen Handtasche.

„Darf ich vorstellen?" Bernd Kellert ließ erst gar keine Peinlichkeit aufkommen. „Das ist meine Frau Beate, und dies sind Frau Mechtersheim und Herr, äh" – „Brandtstätter, Elmar Maria Brandtstätter." „Freut mich", sagte Beate Kellert, erhob sich, gab beiden die Hand und wies auf die beiden freien Plätze: „Setzen Sie sich doch zu uns." Mit fragend hochgezogener Augenbraue blickte sie zu ihrem Mann, weil ihr immer noch nicht klar war, warum er so völlig gegen seine Gewohnheiten ihm ja offensichtlich kaum bekannte Menschen an seinen, an ihren Tisch bat.

„Frau Mechtersheim und Herr Brandtstätter sind Professoren an der Theologischen Fakultät", klärte er sie auf. „Und ich dachte, wir könnten hier vielleicht einiges ganz ungezwungen bereden, oder?", wandte er sich an die beiden. „Von mir aus gern", meinte der massige Mann. „Hauptsache, ich bekomme bald etwas zu essen. Ich habe heute wirklich nicht eine Minute Zeit gehabt, etwas zu mir zu nehmen. Du auch, Klara?" ‚Aha, also doch eine Duz-Beziehung!', dachte Beate Kellert.

„Ja, ich nehme die Dorade auf Rucola und wie immer einen gemischten Salat", entgegnete die Frau, die sich nach wie vor nicht sonderlich wohl zu fühlen schien. Brandtstätter bestellte für sie beide – für sich eine Pizza Hawaii, extragroß.

‚Nicht unbedingt das, was man abends bei einem Edelitaliener bestellt‘, dachte Beate Kellert, die das leichte Stirnrunzeln des Kellners sehr wohl bemerkt hatte. Ihr Blick streifte kurz die Augen von Frau Mechtersheim, die ihr Verständnis heischend zublinzelte, als wollte sie sagen: ‚So ist er nun einmal!‘ Brandtstätter schien das alles wenig zu stören. Er hatte die Speisekarte beiseitegelegt und wandte sich nun wieder dem Kommissar zu: „Was wollen Sie denn noch wissen, Herr Kommissar? Wir haben doch schon alles Wichtige zu Protokoll gegeben, oder?“ Bevor Kellert antworten konnte, mischte sich seine Frau ins Gespräch. „Entschuldigung, darf ich mal was ganz Einfaches fragen? Also, ähm, wie sag ich das denn jetzt? Sind Sie beide wirklich Theologieprofessoren? Ich habe mir die irgendwie anders vorgestellt, also in Schwarz und mit Brille oder so. Und Sie als Frau?“

Hier wandte sie sich an Klara Mechtersheim. „Ich wusste gar nicht, dass es weibliche Theologieprofessoren gibt. Geht das denn? Ich dachte, das sind alles Priester!“ Brandtstätter lachte, sein mächtiger Körper bebte und sein Bass dröhnte durchs Lokal. „Soso, das verbinden Sie also mit einem Theologieprofessor“, sagte er dann, als er sich wieder beruhigt hatte und sich auch die verwunderten Gäste von den Nachbartischen wieder ihren eigenen Angelegenheiten zuwandten. „Ja, solche Typen haben wir auch im Kollegium, stimmt schon. Aber nicht nur. Und …“, nun fixierte er Beate Kellert, „… denken Sie, ich wäre ein Priester?“

„Oh.“ So unerwartet direkt befragt, geriet Beate Kellert ins Stottern. Hilfesuchend blickte sie zu ihrem Mann, aber der schaute ausdruckslos an ihr vorbei. ‚Wenn du dich schon einmischst, dann musst du auch die Konsequenzen tragen‘, schien dies auszusagen. „Nein“, sagte sie dann, „sind Sie nicht. Oder doch?“, fragte sie nach.

Wieder fuhr ein Lachreiz durch den mächtigen Körper, aber dieses Mal unterdrückte Brandtstätter ihn. „Falsch getippt, Gnädigste", sagte er in bewusst übertrieben breiter österreichischer Höflichkeit. „Wissen Sie, ich bin Ordenspriester. Aber wir leben nicht im Kloster, sondern haben uns auf soziale Arbeit spezialisiert. Wir leben bei denen, die uns brauchen. Und glauben Sie, das geht: Bei den Arbeitslosen herumlaufen mit Anzug und Krawatte? In die Asylunterkünfte gehen in edlem und teurem Zwirn? Vierzehn Jahre habe ich bei denen gelebt, bei den Ärmsten der Armen, die man nicht sieht und nicht sehen will. Und als ich dann hier Professor für Pastoraltheologie wurde, habe ich mir geschworen, diesen Menschen treu zu bleiben. Ich muss denen noch in die Augen sehen können, verstehen Sie? Und das ist schwer genug, wenn Sie ein gesichertes und regelmäßiges Professorengehalt beziehen. Wenn Sie ständig mit den feinen Damen und Herren des Bildungsbürgertums und der Kulturschickeria zu tun haben."

„Elmar versucht sein Leben ganz konsequent an Jesus auszurichten", fiel unvermittelt seine Kollegin ein. „Aber das ist gar nicht so leicht. Wie lebt man das heute in unserer Gesellschaft, eine Nachfolge Jesu? Jedenfalls habe ich davor großen Respekt. Ich selbst könnte das so nie."

„Ja und Sie, was machen Sie denn als Frau in der Theologie?", fragte Beate Kellert nach, bevor Elmar Maria Brandtstätter zu einer weiteren Rede anheben konnte, was er offenbar sehr gern zu tun pflegte. Klara Mechtersheim überlegte, was sie antworten sollte. Bernd Kellert, nun doch interessiert an dem von seiner Frau eingeschlagenen Gesprächspfad, setzte nach: „Ja, und dann noch als einzige Frau im Kollegium. Das ist doch bestimmt nicht einfach, oder?"

„Nun zunächst mal gibt es ja bei uns im Mittelbau durchaus noch einige weitere Frauen", begann die Religionspädagogin, „aber im Professorium bin ich die einzige, das stimmt. Deswegen bin ich ja auch so froh, dass Elmar, also Professor Brandtstätter, mich immer wieder unterstützt. Aber Sie haben schon ganz Recht", hier wandte sie sich an Beate Kellert. „Bei uns in der Katholischen Theologie gibt es noch nicht lange Professorinnen. Qualifizierte Bewerberinnen gibt es natürlich genug, aber ..."

„Aber was?", fragte ihre Gesprächspartnerin nach.

„Nun", mischte sich Brandtstätter ein: „Das ist so: Manche Bischöfe wollen nicht, dass ihre zukünftigen Priester von Frauen ausgebildet werden. Deren Theologie passt ihnen nicht und überhaupt: Dass man sich von Frauen etwas sagen lassen soll, dass Frauen diese Kompetenzen mitbringen, das passt bei manchen einfach nicht in das Weltbild. Und diese Auffassung teilen leider auch einige meiner Herren Kollegen. Die wollen auch lieber unter sich bleiben. Da haben Frauen in Berufungsausschüssen von vornherein keine Chance."

„Hatte auch Dekan Gerstmaier diese Einstellung?", wollte Kommissar Kellert wissen. „Na, der an erster Stelle", knurrte Professor Brandtstätter zurück.

„Aber Sie sind ja doch Professorin geworden. Wie kam denn das?", fragte Beate Kellert verwundert nach.

„Ach, der Elmar malt das ein bisschen zu schwarz-weiß. Es gibt durchaus Bischöfe, die uns Frauen in der Theologie fördern. Und das gilt auch für die meisten meiner Kollegen. Doch, Elmar!", beharrte sie, als sie sah, dass ihr Gegenüber protestieren wollte. „Inzwischen gibt es in Deutschland schon einige Theologieprofessorinnen. Klar, es könnten mehr sein, aber lass uns mal ein paar Jahre abwarten. Das wird schon noch ganz normal werden. Also es ist *so*. Sie wandte sich wieder an die Kellerts. „Die weit überwiegende Mehrheit der Theologiestudenten will gar nicht Priester werden. Nein, fast alle studieren Theologie, weil sie Religionslehrerin oder Religionslehrer werden wollen, wenige andere Journalisten, Pastoralreferenten oder was weiß ich. Und von denen sind drei Viertel weiblich. Mindestens! Und es wäre doch absurd, wenn eine überwiegend weibliche Studierendenschaft von ausschließlich männlichen Lehrenden ausgebildet wird, oder?"

„Na ja", fuhr sie fort, nachdem sie einen Schluck Mineralwasser getrunken hatte, „und deshalb gibt es inzwischen fast überall mindestens eine Professorin." – „Alibiprofessorin", rief Brandtstätter dazwischen – „Das muss man nicht so sehen, Elmar! Gut, ich bin jedenfalls Religionspädagogin, das ist ein Fach, das die ‚hohen Herren' eh nicht so ernst nehmen. In den theologischen Kernwissenschaften, also Dogmatik und Moraltheologie, da ist es für uns Frauen noch viel schwerer. Aber mir gefällt dieser Freiraum. Ich kann forschen und sagen, was ich will, das ist ein echter Vorteil. Außerdem habe ich die bei weitem größten Studierendenzahlen in meinen Veranstaltungen. An mir kommt keiner vorbei, der irgendetwas mit Theologie zu tun hat. Das sehe ich als große Chance."

„Und wie wird man Professorin?", hakte Beate Kellert nach, die nun wirklich neugierig geworden war. „Ach so, ja! Bei mir war das so: Ich habe Theologie und Mathematik studiert." „Tatsächlich?!", entfuhr es dem Kommissar, bei dem das Wort Mathematik wohl unangenehme Erinnerungen an quälende Schulstunden hervorrief. „Ja, das hört sich zunächst komisch an, nicht wahr?", gestand die Professorin, um dann jedoch unbeirrt weiterzusprechen. „Aber Sie glauben gar nicht, was die beiden Fächer alles gemeinsam haben.

Die innere Logik, die klare Struktur, die ... oh" – sie sah, dass ihre Gesprächspartner ihre spontane Begeisterung nicht teilten – „Entschuldigung, ich schweife ab. Nun, dann habe ich mein Referendariat gemacht und drei Jahre an einem Gymnasium gearbeitet, das hat mir auch richtig Freude bereitet, meistens zumindest.

Und dann kam die Anfrage von meinem Professor aus Freiburg, wo ich ja studiert hatte, ob ich nicht bei ihm eine wissenschaftliche Assistentinnen-Stelle annehmen wollte, verbunden mit einer Promotion. Nach kurzem Überlegen habe ich zugestimmt. Ja, und dann ging alles seinen Gang. Erst die Doktorarbeit, dann die Habilitation, dann der Ruf hierher nach Friedensberg. Das war vor sechs Jahren und seitdem bin ich hier. So war das", schloss sie ihre Ausführungen ab.

Inzwischen hatte der Kellner das Essen gebracht und die beiden später Hinzugekommenen ließen es sich schmecken, während die beiden anderen in Ruhe ihren Rotwein genossen. „Und Gerstmaier?", fragte Kommissar Kellert nach einigem Nachdenken. „Hat der nicht etwas gegen Ihre Berufung unternommen, wenn er doch so ein Frauenhasser war, wie Sie gesagt haben", hiermit wandte er sich an Brandtstätter.

„Moment", murmelte dieser zwischen zwei großen Pizzabrocken, trank einen großen Schluck Bier und ergänzte dann: „Frauenhasser, das habe ich nicht gesagt. Er wollte bloß keine Frau als Kollegin in der Theologie. Das ist etwas anderes. Aber ja doch, klar, er hat einiges auf die Beine gestellt damals, um die Berufung von Kollegin Mechtersheim zu verhindern!" „Elmar", warnte ihn seine Kollegin und legte ihm die Hand auf den Arm, „das gehört jetzt aber nicht hierher!"

40

„Doch, doch, lass mich nur, was wahr ist, ist wahr", meinte dieser nur, schüttelte ihre Hand ab und schnitt sich den Pizzarest in mundgerechte Happen. „Also, ich dürfte Ihnen das jetzt offiziell nicht erzählen, weil es unter das Dienstgeheimnis fällt, aber erstens soll man Jesus zufolge sowieso eigentlich niemals irgendwelche Eide schwören, also auch keinen Diensteid, zweitens ist das ja schon lange vorbei und drittens ist Gerstmaier ja nun tot. Er hat ein Sondergutachten geschrieben, in dem er die Qualifikation von Klara anzweifelte. Und der Bischof wollte dem auch schon nachgeben."

Er überlegte kurz, redete dann aber weiter: „Da hat die Frauenbeauftragte der Gesamtuni, Kollegin Bartels-Fritsche von der Germanistik, sich eingeklinkt und mächtig Druck gemacht. Wir haben zwei Zusatzgutachten von auswärtigen Fachkollegen eingeholt, die die Qualifikation eindeutig bestätigt haben, und Frau Bartels-Fritsche hat angedroht, im Falle einer Änderung der Berufungsliste zuungunsten von Kollegin Mechtersheim nicht nur im Ministerium zu protestieren, sondern sich auch an die Presse zu wenden. Ob eine solche Fakultät überhaupt noch staatlich tragbar sei und so. Da haben die Herren schnell den Schwanz eingezogen!" – „Elmar!" – „Ist doch wahr! Und es übrigens auch nicht bereut. Klara Mechtersheim macht hervorragende Arbeit!"

Sichtlich geschmeichelt trank die so Gelobte einen weiteren Schluck, während ihr Kollege sich über die restlichen Pizzastücke hermachte. Kommissar Kellerts Neugier war aber noch nicht befriedigt: „Und Ihr Verhältnis zu Dekan Gerstmaier, hat das nicht unter dieser Vorgeschichte gelitten?", wandte er sich an die Professorin.

„Das war kein Verhältnis, Herr Kommissar", gab diese ruhig, aber bestimmt zurück. „Wir haben in den sechs Jahren, seitdem ich hier bin, keine zehn vernünftigen Sätze miteinander gesprochen. Der hat mich einfach ignoriert. Das war mir aber irgendwie auch am liebsten so." „Ja, aber dass er dir die Böhm nehmen wollte, das war schon eine Frechheit!", polterte Brandtstätter dazwischen.

„Wie, was?", wollte Kellert wissen. „Ach, das war so", erklärte die Professorin, der das Thema sichtlich unangenehm war. „Seit drei Jahren habe ich eine wissenschaftliche Mitarbeiterin, Caroline Böhm. Deren Promotion ist fast fertig und ich möchte sie gern weiter an meinem Lehrstuhl beschäftigen. Vor ein paar Monaten schickte mir Gerstmaier dann aber ein Schreiben mit der Mitteilung, dass meine Assistentinnen-Stelle gestrichen werden sollte. Einfach so. Ohne Erklärung. Ohne Abstimmung im Fakultätsrat. Das habe ich mir natürlich nicht gefallen lassen und protestiert."

„Ja, darf der das denn einfach so?", schaltete sich Beate Kellert mit ehrlicher Empörung ein. „Eigentlich nicht", übernahm wieder Brandtstätter das Wort. „Aber er hat mit notwendigen Sparmaßnahmen argumentiert und sich auf einen Eilbescheid berufen. Das stünde ihm als Dekan zu, meinte er. Na, da hätten wir ihm jedenfalls im Fakultätsrat schon noch einen Strich durch die Rechnung gemacht, das können Sie mir aber glauben! Soll er doch auf seinen eigenen Assistenten verzichten! Das war jedenfalls klasse, dass du dem mal so richtig die Meinung gesagt hast."

„Wieso?", fragte Kellert dazwischen. Klara Mechtersheim wand sich auf ihrem Stuhl, es war ihr offensichtlich nicht wohl bei diesem Gesprächsthema. „Nun, ich bin ins Dekanat gegangen und habe ihm sehr deutlich gesagt, dass ich sein Vorgehen nicht akzeptiere!", antwortete sie.

„Gesagt? Komm, Klara, das war schon mehr! Richtig gebrüllt hat sie, das habe ich noch nie von ihr gehört", – wandte sich Brandtstätter an seinen Sitznachbarn. „Traut man ihr gar nicht zu, oder? Unterschätzen Sie die Klara mal nicht, Herr Kommissar! Die lässt sich ja nicht leicht aus der Ruhe bringen, aber wenn, dann Vorsicht, die Herren vom Gesangsverein! Haha! Na ja, und der Gerstmaier! Klein wie ein Zwerg, stumm wie ein Fisch, eisig wie ein Cornetto Nuss – haha! Dass die Studenten dann auch noch Beifall geklatscht und gejohlt haben, als du die Dekanatstür ins Schloss geworfen hast, das hat ihm dann den Rest gegeben, glaube ich."

„Jaja, ist ja schon gut", versuchte ihn die Kollegin zu bremsen, der der Gesprächsverlauf sichtlich unangenehm war. „Wie, die Studierenden haben das mitgekriegt und geklatscht?", fragte Kellert nach, den diese Geschichte natürlich gewaltig interessierte.

„Ja", gestand Klara Mechtersheim, „ein paar von der Fachschaft. Die mögen, äh, mochten den Dekan ja auch nicht, weil der sie reihenweise durch die Prüfungen rasseln ließ und überhaupt. Der hatte es nicht so mit den Studierenden. Ich glaube, die waren ihm eher lästig. Das Ganze war trotzdem sehr unangenehm und mir überhaupt nicht recht. Und hat ja Folgen gehabt …"

„Nämlich?" „Nun, zwei der Studierenden waren auch als Hiwis im Dekanat beschäftigt. Deren Verträge wurden natürlich nicht verlängert. Und zwei anderen hat er angedroht, sie durchs Examen fliegen zu lassen." „Kann er das denn?", wunderte sich Beate Kellert. „Offiziell natürlich nicht", erwiderte der Österreicher, „aber wenn Sie einen Studenten unbedingt durchfallen lassen wollen, können Sie die mündliche Prüfung schon so gestalten, dass der kaum eine Chance hat."

„Hmm." Kellert schwieg, trank wieder einen Schluck und dachte über das Gehörte nach. „Ach, Herr Kommissar", unterbrach Professor Brandtstätter seine Gedanken. „Ich muss Ihnen jetzt einfach einmal ein kleines Geständnis machen. Früher, als Bub, da wollte ich auch immer Polizist werden. So wie die Kommissare im Fernsehen. Ihnen kann ich es ja anvertrauen: Der ‚Tatort‘, das war meine Lieblingssendung, nein: ehrlich gesagt ist er das heute noch."

„Sie wissen aber schon, dass die Wirklichkeit unseres Polizistenlebens ganz anders aussieht, oder?", fiel ihm Kellert ins Wort. „Aber sicher. Das ist genauso wie bei der Darstellung von Pfarrern im Fernsehen. Weit weg vom wahren Leben. Aber gut, darauf kommt es ja auch nicht an, oder? Ein Film soll unterhalten, aber nicht die Wirklichkeit abbilden, finde ich jedenfalls. Äh, wo war ich gerade?" Klara Mechtersheim blickte ihren Kollegen mahnend an. Sie mochte alles an ihm, nur nicht seinen Hang zur Geschwätzigkeit. Er ignorierte ihren Blick jedoch, oder hatte er ihn gar nicht bemerkt?

„Richtig, Polizist wollte ich werden. Und nun bin ich Priester, haha. Aber das Erstaunliche ist, dass beide Berufe erstaunlich eng miteinander verwandt sind." „So", knurrte Kellert, „also den Zölibat muss ich nicht leben. Gott sei Dank, hm, Beate?" Seine Frau lächelte müde. Doch die polternd-bärbeißige Art des Professors, dem sie sich nun wieder zuwandte, gefiel ihr offensichtlich.

„Nein, das nicht", fuhr der fort. „Aber schauen Sie: Sie und ich haben zu tun mit Schuld. Sie und ich kümmern uns um Opfer und Täter. Sie und ich versuchen mit der Aufklärung und Überwindung von Schuld umzugehen. Sie und ich wollen ein gelingendes Leben für alle sicherstellen." Beate Kellert warf ein: „Ach wie interessant! So habe ich das noch nie betrachtet. Bernd, da bist du also fast so etwas wie ein

Priester!" Sie grinste ihren Mann an. „Fast, fast!", fiel der ein. „Vergessen wir bitte die Unterschiede nicht. Die sind letztlich doch weitaus größer! Sie" – hier wandte er sich an die beiden Theologen – „sprechen doch vor allem von Sünde, oder? Das Wort gibt es bei uns gar nicht."

„Mag sein, aber sie gehören doch zusammen, Sünde und Schuld!", warf Frau Mechtersheim vorsichtig ein.

„Wie denn? Sünde – ich weiß wirklich nicht, was das sein soll!", gab Kellert zurück, während er sich ein wenig wunderte, was für ein Gespräch er hier gerade führte.

„Schauen Sie, das ist einfach!", dozierte Brandtstätter, sichtlich in seinem Element. „Schuld entsteht dann, wenn man als Mensch absichtlich und selbst verantwortet unter seinen eigenen Möglichkeiten bleibt!"

„So definierst *du* das, Elmar!", warf seine Kollegin ein, „das kann man auch ganz anders bestimmen." „Ja geh, das interessiert mich nicht!", erwiderte der Professor.

„Ich meine, wann immer Sie etwas tun oder unterlassen, was Sie eigentlich könnten und sollten, dann werden Sie schuldig. Egal, ob in den kleinen Dingen des Alltags oder in der Tötung eines anderen Menschen. Das gilt übrigens für Einzelne genauso wie für Gesellschaften, also für Staaten – oder auch Kirchen."

„Und Sünde?", fragte Beate Kellert nach. Brandtstätters Antwort ließ nicht lange auf sich warten. In solchen Gesprächen, war er offensichtlich ganz in seinem Element. „Sünde, das ist das Bleiben unter den Möglichkeiten, die Gott einem gegeben hat. Also eigentlich dasselbe, nur denkt man dann von Gott aus. Dass Sie und ich, dass jede und jeder von Gott bestimmte Fähigkeiten und Stärken geschenkt bekommen hat. Und wenn man die nicht nutzt oder schlecht nutzt, verstößt man nicht nur gegen sich selbst, gegen die Mitmenschen, sondern eben auch gegen den, der sie uns gegeben hat – Gott."

‚Jetzt hat er endgültig angefangen zu predigen‘, dachte Kellert. ‚Holen wir ihn mal ein bisschen zurück auf den Boden der Realität.‘ „Das macht aber natürlich nur für solche Menschen Sinn, die an diesen Gott glauben, oder?", gab er zu bedenken.

„Gewiss, gewiss, auf den ersten Blick schon", pflichtete ihm Brandtstätter zunächst bei. „Da *ich* allerdings fest daran glaube, gehe ich davon aus, dass das grundsätzlich für alle Menschen gilt, egal, ob ihnen das bewusst ist oder nicht!"

Kellert strich sich nachdenklich über das Kinn. ‚Sünde, Schuld, Gerstmaiers Umgang mit den Kollegen …?‘ Auch die anderen hatten sich stumm geredet. „Wie wäre es mit einem Cappuccino oder Latte macchiato?", fragte seine Frau in die plötzliche Stille hinein, was dazu führte, dass der Abend mal ein vergnügliches Ende fand.

Mittwoch, 12. Mai, morgens
Chaos, Struktur und ein Streit

Kommissar Bernd Kellert saß seit einer knappen Stunde an seinem Schreibtisch im Friedensberger Kriminalkommissariat. Er hatte die beiden Fenster seines Büros geöffnet, um die regenfeuchte Morgenluft hereinzulassen, von fern drang Straßenlärm herauf, irgendwo in der Nähe sang eine Amsel. In einem der vollgestopften Wandregale stand ein kleines schwarzes Taschenradio, von dem aus eine leise Tonwolke aktueller Popmusik in den Raum hineindampfte. Irgendeine aktuelle amerikanische Sängerin, austauschbar wie die Handtücher am Waschbecken hinten in der Ecke des Büros, sang zu einem gewöhnlichen Grundbeat.

Kellerts Mitarbeiter, Kriminalhauptmann Dominik Thiele, achtundzwanzig Jahre alt, zwei Fingerbreit größer, aber genauso durchtrainiert wie sein Chef, saß an der anderen Seite der gegeneinandergeschobenen Schreibtische und recherchierte etwas in seinem Computer. Ab und zu tippte er irgendwelche Informationen in sein Notebook. Hinter dem Flachbildschirm war sein flachsblonder mittellanger Haarschopf für Kellert kaum zu sehen. Der Kommissar brummte missmutig vor sich hin: „Wie soll man sich das alles bloß merken?"

„Was ist los, Chef?", fragte Dominik Thiele und wendete sich seinem Vorgesetzten zu. Schlechte Laune kannte er bei ihm gar nicht. Kommissar Kellert galt bei seinen Kollegen als stets konzentrierter und trotzdem gut gelaunter Polizist. „Beim Kellert wirst du arbeiten?", hatten einige ältere Kollegen den Kriminalhauptmann beglückwünscht, als vor etwas mehr als zwei Jahren feststand, wo er seine erste Stelle in Friedensberg antreten würde.

„Da wirst du was lernen. Und menschlich ist der auch okay. Der wird aber von dir vollen Einsatz verlangen, darauf kannst du dich gleich einstellen." ‚Voller Einsatz? Den kann er haben', hatte er sich damals gedacht. Und so war es keine große Überraschung, dass Chef und Mitarbeiter sehr gut miteinander auskamen, obwohl oder vielleicht weil sie Beruf und Privatleben strikt voneinander trennten.

Nun schaute Kellert von den vielen Blättern auf, die vor ihm auf seinem Schreibtisch lagen, scheinbar ungeordnet. Dass es eine ganz persönliche Ordnung im Chaos gab, wusste Thiele inzwischen. „Also so eine Fakultät an der Uni ist unglaublich kompliziert. Bis man da mal klarkriegt, wer welche Aufgabe hat, wer wofür zuständig ist, wie sich die Kompetenzen verteilen: furchtbar. Und dann noch Theologie! Damit habe ich nun wirklich nichts zu tun. Klar, unsere Kinder sind getauft und zur Erstkommunion und Firmung gegangen und so, weißt du ja!"

‚Nö, wusste ich nicht', dachte Thiele, ‚ich wusste ja nicht mal, dass du katholisch bist.' Kellert fuhr fort: „Als Kind war ich sogar einige Zeit Messdiener, kannst du dir das vorstellen? Meine Güte, das ist lange her, weit weg! Heute habe ich mit dem Laden kaum noch etwas am Hut. Die leben doch irgendwie in einer anderen Welt, oder?"

Dominik Thiele zuckte nur mit den Schultern. Er war ein Kind der Großstadt, aufgewachsen in einer Frankfurter Vorstadt. Religion hatte weder in seiner Familie noch in seinen sonstigen Lebenskreisen eine Rolle gespielt. Seine ihn allein erziehende Mutter hielt nichts davon und so hatte er eine religionslose Kindheit verbracht. Und die hatte sich entsprechend in die Jugendzeit und in sein Erwachsenenalter hinein verlängert.

„Weißt du zum Beispiel, was ein Lehrstuhl für Liturgiewissenschaft ist oder was man an einem Lehrstuhl für Fundamentaltheologie macht? Hat das was mit Fundamentalismus zu tun? Aber wieso dazu ein Lehrstuhl?", fragte Kellert seinen Mitarbeiter, der aber nach wie vor völlig verständnislos dreinblickte und nichts dazu zu sagten wusste. „Okay, Moraltheologie, da kann ich mir ja etwas drunter vorstellen, Philosophie auch, aber hier: *Alte* Kirchengeschichte! Komisch, ist die nicht grundsätzlich alt?"

In diesem Moment klopfte es an der Bürotür. Automatisch unterbrach Kellert seinen Redefluss und sagte mit ganz anderer, offizieller Stimme: „Herein!" „Ich möchte eine Aussage machen", sagte ein schmächtiger, eher kleinwüchsiger jüngerer Mann in schwarzem Anzug und mit weißem Priesterkragen, während er sich unsicher und an seiner silbern eingefassten Brille nestelnd in das Zimmer vortastete.

„Ach ja, kommen Sie doch." Kellert war aufgestanden, hatte den Besucherstuhl herangeschoben und wies nun mit einladender Geste darauf. „Herr, ääh" – er starrte auf eine Aufstellung, die er sich gemacht hatte – „Herr Dr. Schachner." „Richtig", antwortete dieser beflissen und geschmeichelt darüber, dass man sich nach der gestrigen Befragung an ihn erinnerte. „Dr. Winfried Schachner mein Name. Ich bin Assistent am Lehrstuhl für Dogmatik an der hiesigen Universität."

„Ich weiß, ich weiß", kommentierte Kellert und dachte bei sich: ‚Der sieht nun wirklich genau so aus, wie Beate sich einen Theologieprofessor vorgestellt hat', sagte aber: „Was haben Sie denn auf dem Herzen? – Einen Kaffee oder ein Mineralwasser?" „Nein, nein, danke", druckste Schachner herum. „Mach mal aus", brummte Kellert zu seinem Mitarbeiter und deutete dabei auf das Radio. Der erhob sich, schaltete das Gerät aus und setzte sich dann wieder an seinen Platz.

„Nun ich ... ich weiß gar nicht, ob ich Ihnen das überhaupt sagen soll", begann Dr. Schachner, „aber nach unserem Gespräch gestern hatte ich das Gefühl, als hätte ich Ihnen etwas verschwiegen. Und das nützt ja niemandem, oder?" „Gut, dass Sie gekommen sind", ermunterte ihn der Kommissar und blinzelte seinem Mitarbeiter zu. Solche Einleitungen kannten sie schon, und oft genug wurde dann etwas wirklich Wichtiges gesagt. Manchmal freilich auch nur Belangloses. Thiele duckte sich zwar hinter seinen Bildschirm, hörte aber genau zu.

„Ja, also das war so. Mein Chef, Professor Mühlsiepe, ist ja Ordinarius für Dogmatik." – ‚Schönes altes Wort, Ordinarius', dachte Kellert, ‚das werde ich in meinen aktiven Sprachschatz aufnehmen.' – „Und er hat seit einigen Monaten einen harten Konflikt mit dem Dekan gehabt. Ich weiß nicht genau, worum es dabei ging, mein Chef hat das nie klar angesprochen, aber ..." Er suchte nach Worten.

„Aber?", wiederholte Kellert ermunternd.

„Es gab da einen besonders heftigen Streit. Das muss so vor zwei Wochen gewesen sein. Der Dekan war bei meinem Chef im Dienstzimmer. Ich habe ja das Assistentenzimmer direkt daneben und die Wände sind nicht gerade massiv. Außerdem lasse ich immer meine Zimmertür auf, damit die Studierenden sehen, wann ich da bin. Nun, so kann man zwar normalerweise nicht verstehen, was nebenan gesprochen wird, aber wenn es lauter wird, hört man es schon, ob man will oder nicht." Unsicher blickte er zum Kommissar hinüber. Kellert verstand sofort, dass sein Gegenüber unbedingt den Eindruck vermeiden wollte, als heimlicher Lauscher zu gelten, und nickte ihm deshalb aufmunternd zu.

„Also sie hatten sich eine Zeit lang angebrüllt, dann ging die Tür auf und der Dekan stürmte aufgebracht hinaus. ‚Ich habe lange genug geschwiegen!', brüllte er, ‚und ich hatte Sie gewarnt!' ‚Gehen Sie nicht zu weit!', rief mein Chef, nicht weniger aufgeregt, ‚*ich* warne *Sie*!' Inzwischen war der Dekan schon einige Schritte entfernt, nun hörte ich, wie er wieder zurückkam. ‚*Sie* wollen mir drohen?', fragte er, nun plötzlich viel gefasster und leise: ‚Sie wollen *mir* drohen! Machen Sie sich doch nicht lächerlich!' Dann ist er leise vor sich hin lachend davongegangen. So ungefähr war das."

„Und das war, sagen Sie, vor zwei Wochen?", fragte Kellert nach. „Ja, ungefähr, warten Sie mal: ja, Montag vor zwei Wochen. Genau, da musste ich mein Seminar etwas eher beenden, weil ich in meiner Gemeinde einen Info-Abend zur diesjährigen Firmvorbereitung halten musste."

Der Kommissar überlegte: „Hat noch jemand diesen Streit mit angehört?" Dr. Schachner zuckte mit den Schultern: „Weiß ich nicht, kann sein. Unsere Sekretärin nicht, die hatte da ihren freien Tag, und von den Hiwis … nein! Da war, glaube ich, auch keiner da. Aber es kann natürlich jemand von den anderen Lehrstühlen etwas mitbekommen haben."

„Und worum es bei dem Streit ging, das wissen Sie nicht?", bohrte der Kommissar nach. „Nein, wirklich nicht. Wissen Sie: Wir sind uns menschlich nicht so nahe, mein Chef und ich. Er ist ein guter Dogmatiker, auch beliebt bei den Studenten, aber als Mensch kommt niemand so richtig an ihn heran. Na ja, so ein typischer Norddeutscher eben."

,Du scheinst ja sehr klare Kategorien zu haben, Bürschchen', dachte Kellert, sagte aber stattdessen neutral: „Soso! Nun, vielen Dank jedenfalls, dass Sie gekommen sind. Ihre Beobachtung muss ja gar nichts bedeuten, aber wir sollten alle Möglichkeiten bedenken." Er erhob sich und geleitete Schachner zur Tür. Dort drehte sich dieser noch einmal um und sagte: „Ich kann mich doch darauf verlassen, dass niemand von dieser Aussage erfährt, vor allem mein Chef nicht?!" „Klare Sache", nickte Kellert ihm zu, „ist doch selbstverständlich. Auf Wiedersehen!"

„Komischer Bursche", meinte Dominik Thiele, als sich die beiden Polizisten wieder allein gegenübersaßen. „Irgendwie zu glatt, zu wenig fassbar, ich weiß nicht." „Das schon", pflichtete ihm sein Chef bei, „aber doch wohl glaubwürdig, oder? Tja, da werde ich wohl noch einmal an die Uni fahren müssen. Mal sehen, ob an der Sache etwas dran ist."

„Soll ich mitkommen, Chef?" „Nein, das mache ich am besten allein. Überprüfe du doch mal das private Umfeld von Gerstmaier und seine finanziellen Verhältnisse. Vielleicht hat der Mord ja gar nichts mit der Uni zu tun." „Aber die verschwundenen Papiere!", gab Thiele zu bedenken. „Gut, dass du die erwähnst, da muss ich auch noch einmal nachhaken. Das werden wir schon sehen, ob die wichtig sind." ,Aha', dachte Dominik Thiele, ,Kellert nimmt eine Fährte auf. So kenne ich ihn.'

Mittwoch, 12. Mai, vormittags
Ein Prodekan und viele Geheimnisse

Prodekan Hermann-Josef Kösters hockte missmutig in seinem Büro. Das mittellange braune Haar, sonst immer streng gescheitelt und gekämmt, hing ihm ungeordnet über Stirn und Hornbrille. Rechts und links an den Wänden zogen sich Regalreihen hoch, vollgestellt mit Karteikästen, Leitzordnern, Büchern. Da blieb kein Platz frei für Bilder. Auf dem gleichfalls dicht bepackten Schreibtisch fand sich je ein Foto von seiner Frau und seiner Tochter sowie – immerhin – eine unbeholfene Kinderzeichnung, auf der ein Strichmännchen einen Blumenstrauß pflückt.

In der linken Hand hielt der Professor einen dampfenden Becher Kaffee, mit der rechten fingerte er an einem Kugelschreiber herum. Ihm gegenüber saß Silvia Hoberg, die Dekanatssekretärin, auch sie mit einem Kaffee. „Aber verstehen Sie doch", stieß Kösters gerade aus, „ich habe dem Verlag fest zugesagt, dass das Manuskript bis Ende Oktober fertig ist. Fünf Jahre sitze ich an diesem Kommentar, fünf Jahre! Und jetzt brauche ich einfach noch konzentrierte vier Monate, dann kann ich das auch schaffen. Ich habe ja schon unseren Sommerurlaub abgesagt. Was glauben Sie, wie sauer Gabi und Sophie auf mich sind?!" Damit wies er auf die beiden Fotos auf seinem Schreibtisch.

Hobi kannte die Ehefrau und die spät geborene Tochter des Prodekans, die immer mal wieder in der Fakultät vorbeischauten. Sophies Grundschule lag gleich um die Ecke. Seine Tochter war sein Ein und Alles. Gerade weil er ein später Vater war, liebte er dieses Kind – ‚fast mehr als seine Frau, wenn man nach dem äußeren Eindruck geht‘, dachte die Dekanatssekretärin immer wieder, ‚aber die beiden haben ja auch lange genug auf ihren kleinen Sonnenschein warten müssen‘. Sie wusste auch, dass Kösters an einem großen Kommentar zum Johannesevangelium schrieb, eine Arbeit, die ihm alle Konzentration und Kraft abverlangte.

„Aber was sollen wir tun, Herr Kösters?", fragte sie im Wissen, bei ihm den Zusatz „Herr Professor" weglassen zu dürfen, was beileibe nicht bei allen Kollegen im Hause angesagt war. „Ich weiß ja, ich weiß", seufzte dieser, während er sich das Haar zurechtstrich. „Ich werde all das aufschieben *müssen*. Ob ich will oder nicht, als Prodekan muss ich jetzt die Fakultät führen. Ich habe heute Morgen schon die offizielle Bestätigung vom Präsidenten der Universität erhalten. Schauen Sie hier!" Er zog ein Blatt von einem der Papierstapel und las laut: „… wünsche ich Ihnen eine glückliche Hand und viel Geschick in der Behandlung der unliebsamen Angelegenheit.' Unliebsame Angelegenheit, der ist gut! Ein Mord, hier bei uns! Eigentlich unfassbar! Und alle anderen Geschäfte müssen ja auch weitergehen."

Dann blickte er auf die Uhr. „Wo bleibt er denn, der Herr Kommissar, hat sich doch für zehn Uhr angesagt?" In diesem Moment führte Verena Obmöller, die studentische Mitarbeiterin im Dekanat, Kommissar Kellert ins Zimmer. „'tschuldigung, habe nicht gleich einen Parkplatz gefunden", murmelte er, bevor er der Sekretärin und dem Prodekan die Hand reichte, „schön, dass Sie Zeit haben!" „Nun ja, wir müssen die Angelegenheit ja klären", meinte Kösters und bot dem Kommissar den zweiten Besucherstuhl neben Frau Hoberg an. „Aber was können wir denn noch für Sie tun?"

„Ja, also zunächst wollte ich wissen, ob Sie nun herausgefunden haben, welche Unterlagen entwendet wurden", wandte sich Kellert als Erstes an die Sekretärin. Die rutschte ein wenig auf dem Stuhl herum und antwortete dann: „Das kann ich leider nicht ganz genau sagen. Sehen Sie, ich bin jetzt seit zweiundzwanzig Jahren Dekanatssekretärin, und bei wirklich jedem meiner vielen Chefs wusste ich immer genau, wo sich alle Unterlagen befanden. Professor Gerstmaier war da anders. Der hat auch kaum mit dem Computer gearbeitet, alles noch auf Papier ausgedruckt. Der legte selbst seine Ordner und Mappen an, von denen ich keine Ahnung hatte. Die schloss er auch jeden Abend weg, darauf hatte ich keinen Zugriff. Ich weiß nicht, was fehlt. Von meinen Unterlagen nichts, soweit ich das bis jetzt beurteilen kann."

„Na kommen Sie", Kellert zwinkerte ihr vertraulich zu, „so ganz an Ihnen vorbei wird er das doch nicht alles betrieben haben. Sie haben den Laden doch gut im Griff, das sieht man sofort. Haben Sie nicht doch eine Vermutung, was die Unterlagen betrifft, von denen Sie da eben sprachen?"

Hobi wurde ein bisschen rot über das Lob und die charmante Anrede, die sie von ihren Theologen nicht gewöhnt war. Mit einem koketten Lächeln gab sie zu: „Na ja, ich weiß es nicht genau, aber ich hatte so die Vermutung, dass das Personalunterlagen waren. Ganz am Anfang, als er Dekan wurde, musste ich ihm sämtliche Papiere über unsere Mitarbeiter kopieren. Und ich glaube, er hat die irgendwie ergänzt, mit persönlichen Daten und so. Aber bitte: Ich weiß das nicht genau, es ist nur eine Vermutung."

„Hmm, interessant. Haben Sie denn schon mal in seinem abschließbaren Schrank nachgeschaut?", wollte Kellert wissen. „Das konnten wir doch nicht", mischte sich Kösters ein. „Ihr Mitarbeiter hat den Dienstraum des Dekans ja versiegelt, nachdem wir uns einen ersten Überblickt verschafft hatten." „Na, dann wollen wir mal", sagte der Kommissar und stand auf. „Sie haben doch den Schlüssel zu seinem Dekanszimmer, oder?"

Die Sekretärin hielt wortlos einen gut bestückten Schlüsselbund hoch, nickte und folgte dem Polizisten zusammen mit Kösters auf den Flur, in das Treppenhaus, ein Stockwerk hoch und dann den Weg bis zum Dekanat. Kellert nahm den ihm gereichten Schlüssel, ritzte das Siegel durch, schloss die Tür auf und bat die beiden anderen einzutreten.

Sofort stiegen bei der Sekretärin Erinnerungsbilder hoch: Vorgestern hatte sie hier ihren Chef tot aufgefunden. Das schien ihr gleichzeitig unmittelbar nah, andererseits unendlich weit entfernt. Das gleißende Licht des Frühlingsmorgens, das durch die beiden Fenster in den hohen Raum hineinstrahlte, tauchte die Szenerie in eine fast unwirkliche Klarheit. Alles war wie immer: aufgeräumt und in penibler Ordnung. Nur die Blutflecken auf dem Teppich vor dem Schreibtisch störten. Sie waren zu einem braunroten Farbton eingetrocknet. Silvia Hoberg lief ein kalter Schauer den Rücken herunter. Sie schluckte dreimal. „Hier, bitte", wies Kösters nach rechts zu einem blauen Metallschrank mit verschließbarem Rollgitter.

„Haben Sie dafür auch einen Schlüssel?", fragte Kellert. Beide verneinten. „Den hatte nur der Dekan selbst", kommentierte die Sekretärin mit säuerlicher Miene. Offenbar war das früher anders gewesen. Kellert brummelte etwas Unverständliches, durchsuchte lustlos den Schreibtisch, fand nichts und ging dann zum Schrank. Mit einem kräftigen beidhändigen Ruck schob er das Rollgitter beiseite: „Na also, geht doch!"

„Da fehlt etwas!", rief die Sekretärin. „Schauen Sie hier!" Tatsächlich, einer der blassgrauen Regalböden war leer. In den anderen türmten sich ungeordnete Papierstapel. ‚Erstaunlich, diese Unordnung in einem ansonsten so penibel aufgeräumten Zimmer! Seltsam!', dachte Kellert.

„Da lagen immer einige braune Hängeregistraturen, daran erinnere ich mich genau", unterbrach die Sekretärin seine Gedanken. „Die sind mir immer aufgefallen, weil man die ja eben eigentlich hängt, aber da lagen immer sieben, acht Stück übereinander." „Und über den Inhalt …" „… kann ich Ihnen nichts Genaues sagen, leider!"

„Gut, das ist ja immerhin schon etwas", fasste Kellert zusammen und ließ den Blick durch das nüchtern und zweckmäßig eingerichtete Dienstzimmer des Dekans streifen. Dann wandte er sich an Prodekan Kösters: „Sie können den Raum dann reinigen lassen und wieder nutzen. Und vielleicht fällt Ihnen dabei ja doch noch etwas auf. Kommen Sie, gehen wir lieber zurück in Ihr Büro. Und Sie", er drehte sich zu der Sekretärin herum, „brauche ich dann vorerst nicht mehr. Vielen Dank für alle Auskünfte. Ach, aber wenn Sie mir auch einen Kaffee bringen könnten, wäre ich Ihnen sehr verbunden."

„So, und womit kann ich Ihnen noch dienen?", fragte Prodekan Kösters, als die beiden Männer wieder in seinem Arbeitszimmer saßen. Ungeduldig hatte er auf die Uhr geschaut. Vielleicht bliebe ja doch noch wenigstens ein bisschen Zeit für seine Studien. Kellert hatte sich unterdessen im Zimmer umgesehen, deutete mit dem Daumen auf die kleine

Kinderzeichnung und fragte: „Von Ihrer Tochter?" „Ja, schön, nicht wahr?", antwortete der Professor und ein Strahlen trat in seinen Blick.

Dem Kommissar war aber nicht nach höflichem Geplauder zumute. Er blickte ihm scharf in die Augen. „Ich habe gehört, dass es vor zwei Wochen einen Konflikt in Ihrer Fakultät gegeben hat", begann er, wurde aber von einem trockenen Lachen Kösters unterbrochen. „Haha, vor zwei Wochen? So was haben wir hier jeden Tag. Oder", er dachte nach „*hatten* wir hier jedenfalls fast jeden Tag."

„Ja, ich meine aber eine außergewöhnlich heftige Auseinandersetzung", setzte Kellert nach, „zwischen dem Dekan und Professor Mühlhof." „Mühlsiepe heißt der, wenn Sie unseren Dogmatiker meinen!" „Richtig, genau den!" Kösters lehnte sich zurück, rollte mit den Augen und sagte dann: „Gut, also *den* Konflikt meinen Sie. Ja, der war tatsächlich außergewöhnlich." „Erzählen Sie schon!", forderte der Kommissar ihn auf.

„Na ja, jetzt wo Gerstmaier tot ist … Das ist wirklich heikel. Aber Sie müssen auch mit Mühlsiepe selbst sprechen bitte! Was ich Ihnen erzählen kann, ist Folgendes. Also: Mühlsiepe vertritt eine Christologie von unten, falls Ihnen das etwas sagt." „Nein", unterbrach Kellert, „ehrlich gesagt habe ich von Theologie und Kirche nicht viel Ahnung. Können Sie es so erklären, dass man das auch als Laie versteht? Und bitte nur das, was für unseren Fall wirklich wichtig ist."

„Okay", seufzte Kösters, „ich werde es versuchen. Also: Man hat im Christentum immer schon versucht, das Besondere an Jesus Christus zu erklären. In der Kirche hat sich – grob gesagt – die Tradition durchgesetzt, dass man das ‚von oben', sozusagen aus göttlicher Perspektive versucht hat. Alle zentralen Glaubensaussagen in den Bekenntnissen, zum Beispiel:

Jesus Christus ist ‚wahrer Mensch und wahrer‘ Gott, lassen sich so verstehen.“ „Hmm, ja und?“, knurrte Kellert, der sich für diese Spitzfindigkeiten offenbar wenig interessierte. „Nun ja, und Mühlsiepe versucht – wie einige andere auch – den Zugang ‚von unten‘, also aus menschlicher Sicht, von der biblischen Basis und unserem heutigen Verständnis her. Mir als Neutestamentler ist das natürlich sehr sympathisch.“

Wieder unterbrach Kellert mit unverhohlener Ungeduld: „Ja, und wo ist nun das Problem?“ „Genau an diesem Punkt. Eher konservative Theologen unter den Bischöfen und unter unseren Kollegen denken, dass damit der Glaube verkürzt werde, die Tradition verfälscht, dass man damit die Substanz des Christentums verrät. Gerstmaier gehörte dazu, ja, er war ein Wortführer dieser Fraktion. Und, äh, verstehen Sie, er hatte einen besonders engen Draht zum Bischof.“ „Nein, das verstehe ich nicht. Worauf wollen Sie hinaus?“, fragte der Kommissar sichtlich ungehalten nach.

Kösters wand sich auf seinem Stuhl, räusperte sich, rang mit sich. „Nun, das hatte einige Konsequenzen. Ich gebe Ihnen ein Beispiel: Wenn wir im Professorium – also dem internen Treffen aller Professoren – unsere inneren Angelegenheiten besprachen, konnten wir uns eigentlich immer darauf verlassen, dass das unter uns blieb. Nicht, dass es da große Geheimnisse zu hüten galt, aber es war einfach gut zu wissen, dass man da offen miteinander organisatorische wie inhaltliche Dinge bereden und klären konnte. Seit einiger Zeit war uns klar, dass der Bischof schon wenige Stunden nach unseren Sitzungen haarklein über alles informiert war, was wir intern besprochen hatten. Da wird man dann vorsichtiger und misstrauischer, wie Sie sich denken können.“

„Schon klar, ja“, antwortete Kellert, „aber woher wussten Sie, dass Gerstmaier die undichte Stelle war?“ „Dass die beiden häufig zusammenhockten, ist nun wirklich kein Geheimnis, das weiß man in hiesigen kirchlichen Kreisen. Friedensberg ist eben doch ein Dorf mit einer Universität. Und spätestens die Sache mit Mühlsiepe war dann der Beweis."

„Jetzt sagen Sie doch schon, was da war!" „Gerstmaier hat unseren Kollegen beim Bischof angeschwärzt. Damit, dass der eine nichtkatholische Theologie befürworte und folglich häretische Positionen, also kirchliche Irrlehre vertrete. Und das zielte darauf ab, dass man ihm seine Lehrtätigkeit und den Lehrstuhl entziehen sollte. Stellen Sie sich das vor, unter Kollegen!"

„Und wie stand die Fakultät dazu?", wollte Kellert wissen. „Wir standen und stehen geschlossen hinter unserem Kollegen, das ist doch klar!", beteuerte Kösters mit fester Stimme, um dann jedoch nachdenklich nachzuschieben: „Zumindest nach außen … Ob alle Kollegen im Inneren so denken, das weiß ich natürlich nicht. Und ob sie im Konfliktfall bei ihren Willensbekundungen bleiben würden, weiß ich auch nicht. Bei einigen habe ich so meine Zweifel."

„Das heißt aber doch, dass dann die ganze berufliche Karriere Ihres Kollegen ruiniert wäre, oder?", fragte Kellert nach, der hier natürlich sofort ein mögliches Tatmotiv witterte. „Ruiniert wäre Mühlsiepe nicht direkt, wenn es so weit käme", gab der Prodekan zu bedenken. „Wir sind ja Beamte, entlassen kann man uns also nicht so einfach. Die Universität müsste im Extremfall einen Ersatzposten für ihn bereitstellen. So etwas gibt es an einigen anderen Universitäten schon: Ersatzstellen im Bereich Religionswissenschaft oder Ethik oder was immer sich im Einzelfall anbietet. Das macht natürlich keine Universität gern, aber dazu sind sie nun einmal verpflichtet. Für die wissenschaftliche Karriere von Mühlsiepe wäre es aber natürlich das Aus. Wer liest dann schon noch seine Bücher, wer publiziert Aufsätze, wer lädt zu Vorträgen ein?"

„Aber kann einem das nicht sogar noch mehr Aufmerksamkeit bringen?", überlegte Kellert. „Nur kurzfristig", gab Kösters zurück. „Es gibt zwar einige Stars der Szene, Küng und Drewermann zum Beispiel, deren öffentliche Bekanntheit durch den Entzug der kirchlichen Lehrerlaubnis sicherlich eher noch gesteigert wurde, aber im Normalfall versinkt man nach kurzer Zeit in der Anonymität."

„Ganz schön heftig!", meinte Kellert nach einigem Überlegen, massierte sich die rechte Schläfe, fügte dann aber hinzu: „Und wie steht es denn nun mit dieser, äh Denunziation, also mit diesem Verfahren?"

Kösters kratzte sich am Hinterkopf und runzelte die Stirn: „Das weiß man nicht so genau. Wissen Sie, in der Kirche läuft so etwas eher hinter den Kulissen. Da gibt es keine klaren öffentlichen Prozesse mit Anklage, Verteidiger und Richter. Soweit wir informiert sind, verhält sich unser Bischof zögerlich. Der ist kein Scharfmacher oder Polarisierer, eher ein ausgewogener und nachdenklicher Mensch. Entweder teilt er die Einschätzung des Dekans nicht, oder er will den Fall nicht hochkochen lassen. Unsere Fakultät hat ja auch einen guten Ruf zu verlieren. Doch, doch, wir gehören in Deutschland zu den führenden Fakultäten! Katholische Theologie aus Friedensberg, die kennt man in den USA und in Lateinamerika. Und das setzt man nicht so leicht aufs Spiel. Gerstmaier war jedenfalls nicht begeistert. Beim letzten Konflikt im Professorium – vorletzte Woche war das – hat er gedroht: ,Dann wende ich mich eben direkt an Rom!'"

„Und, kann er das denn?" „Sicherlich kann er das! Er hat seine Kontakte, seine Netzwerke und Verbindungen. Mit welchen Aussichten – keine Ahnung … Aber welche Mittel einem Dekan ganz legal zur Verfügung stehen, dazu könnte ich Ihnen vieles sagen. So hat Gerstmaier dem Kollegen Mühlsiepe zum Beispiel letztes Jahr ein Forschungsfreisemester verweigert.“

Kellert blickte auf, drehte an seinem Kugelschreiber herum und unterbrach: „Ein was?“ „Ein Forschungsfreisemester!“, erwiderte Kösters. „Das muss ich Ihnen natürlich erklären! Bitte entschuldigen Sie! Es gibt so viele Begriffe, die für uns hier in der Uni so selbstverständlich sind. Kritiker sagen ja, die Universitäten sind wie Elfenbeintürme, ganz eigene geschützte Welten. Mit einer eigenen Sprache und mit Regeln und Gesetzen, die nur hier gelten.“

‚Von wegen, eigene Gesetze. Mord bleibt Mord!‘, dachte Kellert, unterbrach den Prodekan aber nicht, der fortfuhr: „Also das ist so: Jeder Professor hat die Möglichkeit, sich alle vier bis fünf Jahre für ein Semester von der Lehrverpflichtung freistellen zu lassen. Er muss also weder Vorlesungen noch Seminare halten.“ „Nett, warum gibt es so etwas bei uns nicht“, entfuhr es Kellert.

„Ja, das ist schon ein Privileg von uns Professoren, da haben Sie Recht“, räumte Kösters ein. „Andererseits sind wir an den Universitäten ja für zwei Bereiche zuständig: Lehre *und* Forschung. Und zu echter Forschung kommt man im laufenden Betrieb kaum. In dem Freisemester soll Raum für diese Forschung sein. Für Prüfungen und Verwaltungsaufgaben müssen wir aber auch da weiterhin zur Verfügung stehen, und allein das frisst enorm viel Zeit.“

„Und wie war das nun mit Gerstmaier und Mühlsiepe?“, wollte der Kommissar wissen. „Nun, Mühlsiepe war eigentlich mal wieder an der Reihe. Wir wechseln in regelmäßiger Abfolge durch, so dass jeder genau weiß, wann er an der

Reihe ist. So gibt es keinen Streit und keine Bevorzugung."

„Ist doch fair, oder?", fragte Kellert dazwischen.

„Genau!", stimmte Kösters zu. „Deshalb haben wir diese Regelung ja auch so getroffen. Aber in diesem Fall hat Gerstmaier anders entschieden. Es ist so: Jeder von uns muss ein konkretes Forschungsprojekt benennen und skizzieren, das er in dieser Zeit bearbeiten will. Und der Dekan muss beurteilen, ob das valide ist oder nicht. Normalerweise ist dieser Vorgang nur ein formaler Akt. Man stimmt dem halt zu, egal, was man davon hält. Wir kennen uns ja auch nicht genau im Fachgebiet der anderen aus, können das also kaum kompetent bewerten. Und ob nun jemand die Freiheit *zur* Forschung nutzt oder das als ‚Semester frei *von* Forschung' definiert, das steht letztlich im Belieben des Einzelnen."

„Aber?" „Ja, dieses Mal hat Gerstmaier die Zustimmung verweigert", meinte Kösters, lehnte sich in seinem Stuhl zurück und rückte seine Brille zurecht. „Und wie hat er das begründet?" „Offiziell gar nicht!", erwiderte der Professor. „Das muss er aber auch nicht. Inoffiziell hat er etwas verlauten lassen wie ‚Theologie der 80er Jahre. Das ist keine Forschung. Alles schon geschrieben. Wiederholungen brauchen wir nicht.' In diesem Sinne!"

Kellert grübelte nach und beugte sich vor: „Und Ihr Kollege Mühlsiepe? Wie hat er das alles hingenommen?" Kösters stand auf und ging in seinem Zimmer auf und ab: „Mühlsiepe? Der war natürlich aufgebracht. Total sauer. Aber auch tief getroffen. Ich glaube, die Sache schlägt ihm ganz schön auf die Gesundheit. Aber bitte, das müssen Sie ihn wirklich selber fragen. Überhaupt, ich glaube, ich habe schon viel zu viel erzählt."

„Nein, das denke ich nicht", beruhigte ihn der Kommissar. „Denken Sie daran: Hier geht es nicht um die Aufklärung von Querelen und Intrigen unter Kollegen, sondern um Mord. Ich danke Ihnen für Ihre Mitarbeit!" Mit diesen Worten stand er auf und verabschiedete sich von seinem Gesprächspartner: „Auf Wiedersehen. Und mit Ihrem Kollegen werde ich sprechen, keine Sorge. Bitte sagen Sie ihm aber vorläufig noch nichts von unserem Gespräch, ich würde gern seine unmittelbare und eigene Version hören."

„Ach Herr Kommissar", rief ihm Kösters nach, „noch eine Frage!" Kellert blieb in der Tür stehen. Der Prodekan kam näher und sprach mit verhaltener Stimme: „Ist die Leiche von Gerstmaier eigentlich schon zur Bestattung freigegeben? Wir müssen uns dann ja um die Beerdigung kümmern, wissen Sie. Das wird sicherlich ein ziemlich großes Ereignis."

Kellert schaute ihn fragend an. „Ach so? Nun, ich fürchte, Sie werden sich da noch ein wenig gedulden müssen. Ich habe heute Morgen die Information erhalten, dass er einen Organspende-Ausweis bei sich gehabt hat. Und das entsprechende Prozedere zieht sich noch ein wenig hin." „Wie, Gerstmaier hatte einen Organspende-Ausweis!?" Kösters schaute wirklich überrascht. „Das sieht ihm aber gar nicht ähnlich. Nein, das hätte ich bei ihm nicht erwartet … Sagen Sie mir dann Bescheid, wenn er bestattet werden kann?" „*Das* kann ich Ihnen gern zusagen."

Mittwoch, 12. Mai, nachmittags
Streit um die Wahrheit

„Es ist vielleicht doch besser, wenn du mitkommst", hatte Kommissar Kellert beim Mittagessen in der Kantine des Polizeigebäudes zu seinem Mitarbeiter Dominik Thiele gesagt. Nun saßen sie in ihrem Dienstwagen auf der Fahrt zur Theologischen Fakultät, einem unauffällig mittelblauen VW Passat-Kombi. Thiele fuhr, Kellert blätterte in einem hellgrünen Notizbuch, in dem sich seine Einträge ansammelten. Während der Kommissar immer noch am liebsten mit Handschrift und auf Papier arbeitete, hatte sich sein Mitarbeiter ganz und gar auf elektronische Medien eingestellt. Notebook und Timer, das war für ihn normal. ‚Da ist der Kellert ein bisschen altmodisch', dachte er immer. ‚Na ja, ist eben doch sechzehn Jahre älter, daran merkt man es.'

Kellert räusperte sich: „Stell doch mal das Gedudel ab!", schimpfte er mit seinem Mitarbeiter, der stets eine CD einschaltete, sobald er sich in den Wagen setzte. „Das ist kein Gedudel, Chef, das ist Musik, wie man sie heute eben hört", gab dieser mit leicht säuerlicher Miene zurück, schaltete aber gehorsam das Gerät ab. Dann fügte er grinsend hinzu: „Okay, ist nicht gerade Mozart oder die Rolling Stones oder was man in deiner Generation eben so gehört hat, damals im letzten Jahrhundert."

„Mach dich nur lustig, Junior", knurrte Kellert zurück, schlug dann aber einen freundschaftlichen Ton an: „Was hast du denn eigentlich über Familie und finanzielle Situation des Opfers herausgefunden?" Thiele antwortete, während er den Wagen an einer roten Ampel anhielt. „Noch nicht so viel. Ein ganz schön armes Schwein war das, so rein menschlich gesehen. Eltern seit Jahren tot, eine Schwester, die irgendwo bei Berlin lebt und zu der er kaum Kontakt hatte. Auch von Freunden war kaum die Rede. Ganz schön einsam war der, wenn du mich fragst." „Kein Wunder", murmelte Kellert, der an seine Informationen über das Verhalten von Gerstmaier dachte.

„Na geh schon, blöde Kuh!", fluchte Thiele über eine ältere Frau, die ihren Gehwagen noch im letzten Moment auf die Straße setzte, kurz bevor das Zeichen für Fußgänger auf Rot sprang. Ungeduldig und mit einem Ruck fuhr er los. „Hey, hey!", mahnte ihn sein Vorgesetzter, aber Thiele redete einfach weiter: „Finanziell ging es dem jedenfalls gut. Du glaubst nicht, was so ein Prof verdient, verglichen mit unserem jämmerlichen Gehalt. Und dann allein für eine Person! Also: großes eigenes Haus im Dombezirk, Haushälterin, ein dicker Benz, so sieht das aus."

Kellert nickte wortlos: „Hast du mit der Haushälterin gesprochen? Vielleicht weiß die etwas!" „Nee, noch nicht, sollten wir morgen früh erledigen, habe ich schon abgemacht." Thiele beschleunigte und überholte in rasanter Kurve ein Auto, das ihm offenbar zu langsam fuhr. „Hast du eigentlich schon mal Probleme mit den Kollegen vom Verkehr gehabt?", knurrte Kellert.

„Nö, wieso?", grinste sein junger Mitarbeiter zurück. „Vielleicht gebe ich denen mal einen Tipp", meinte der Kommissar trocken, lächelte aber dabei und fuhr fort: „Ach, wissen wir eigentlich inzwischen, mit welcher Waffe Gerstmaier erschossen wurde?" „Habe ich dir das noch gar nicht gesagt?", wunderte sich Thiele. „Klar wissen wir das! Bringt uns aber nicht viel weiter: eine Smith & Wesson 7,65 Millimeter, die kannst du inzwischen im Internet ersteigern. Die Dinger gibt es wie Sand am Meer. Auf den Kugeln hat die Kriminaltechnik auch nichts besonderes feststellen können."

„Davon habe ich mir auch nicht viel versprochen!", winkte Kellert ab. „So, da drüben links! Es wird aber schwer, einen Parkplatz zu finden. Da bin ich heute Morgen schon lange herumgekurvt." „Schwer, wieso?", meinte Thiele lapidar und wies nach vorn. „Schau doch, da ist einer frei. ‚Parkplatz reserviert für den Dekan'. Nun, der braucht den heute nicht, so viel steht fest."

Nachdem sie das Gebäude betreten hatten, schaute sich Thiele neugierig um. Er kannte die Uni in Friedensberg nur von außen. Einen Anlass, einmal hineinzugehen, hatte es nie gegeben. Lange, eher dunkle Flure, breite Treppenhäuser mit ausgetretenen Steinstufen, versteckte nachträglich eingebaute Fahrstühle, rechts und links fahle braune Türen, die entweder zu Büros, Sekretariaten und Professorenzimmern führten oder aber zu Seminarräumen und Hörsälen.

Links neben den Türen befand sich ein kleines Schild, das die jeweilige Nutzung des Raumes angab. Hinter schmalen verglasten Vitrinen-Hängeschränken waren wenig attraktiv gestaltete Bücher aufgestellt, wohl Publikationen der Lehrenden. Hier hingen aber auch Ankündigungen von Lehrveranstaltungen, Hinweise auf Gastvorträge, Prüfungstermine und -ergebnisse sowie allerhand andere Informationen für die Studierenden. Das Ganze wirkte nicht gerade einladend. ‚Keine Bilder, wenig Farbe, wenig Leben', ging es Dominik Thiele durch den Kopf. Stattdessen fiel sein Blick auf einen an die Wand geklebten Aufdruck: „Wände unbedingt freihalten. Bekleben, anheften und plakatieren verboten! Der Dekan" ‚Aha‘, dachte Thiele, ‚Ein Plakat bestimmt, dass Plakate verboten sind. Na toll!‘

Zwei Gestaltenkamen ihnen mit hohl schallenden Schritten entgegen: ein sehr großer, fülliger Mann, an seiner Seite eine zierliche Frau. Sie waren in ein heftiges Gespräch vertieft, bis sie die beiden Männer vor ihnen erkannten. „Na schauns, der Herr Kommissar", tönte ihnen Brandtstätters Bass entgegen, „was verschafft uns heute die Ehre?"

‚Die beiden scheinen ja häufig miteinander unterwegs zu sein‘, dachte Kommissar Kellert, der die Dame an der Seite des Österreichers natürlich gleich als Frau Professorin Mechtersheim erkannt hatte. Nach den gegenseitigen Vorstellungen und Begrüßungen verabschiedete sich Brandtstätter eilig: „Ich muss in mein Seminar. Habe die Ehre. Und ..." – in Richtung des Kommissars mit einer angedeuteten Verbeugung – „... beste Grüße an die Frau Gemahlin."

„Sie wollen doch nicht etwa zu mir?", fragte Frau Mechtersheim mit ängstlichem Blick, als ihr Kollege um die Ecke verschwunden war. „Nein, zu Ihrem Kollegen Mühlsiepe, dem Dogmatiker, wo finden wir denn sein Büro?", beruhigte sie Kellert. „Ach zum Michael wollen Sie", stellte die Religionspädagogin erleichtert fest. ‚Aha, noch ein Duzverhältnis‘, registrierte Kellert. „Sein Büro liegt ein Stockwerk höher, dann im Flur die dritte, nein: die vierte Tür rechts!"

„Danke, und ..." Weiter kam Kellert nicht. Links vor ihnen öffnete sich eine Tür und heraus drängten – leise miteinander murmelnd – sechs oder sieben junge Männer, allesamt unauffällig in Braun oder Grau gekleidet, unter ihnen ein Inder. Als sie ihre Professorin erkannten, grüßten sie höflich, aber zurückhaltend. Kellert meinte ein hingemurmeltes „Grüß Gott" entziffern zu können, nicht eben üblich in Friedensberg.

„Unsere Herren Priesterseminaristen", erklärte Klara Mechtersheim, nachdem die jungen Männer im Treppenhaus verschwunden waren. „Die können Sie daran erkennen, dass sie im Rudel auftreten, fast nie allein." „Aha!" – Kellert und Thiele schauten sich wortlos an. „Das sind aber eigentlich ganz nette junge Burschen", fuhr die Professorin fort, „zumindest die meisten. Oft noch ein bisschen unsicher, ob das wirklich ihr Lebensweg sein soll, Priester zu werden. Viele entscheiden sich im Studium doch noch einmal um und suchen eine andere Berufsperspektive."

Aus dem Seminarraum war unterdes noch ein leises Stimmengewirr zu hören. „Ich verstehe das noch nicht so ganz, aber ich werde das bis nächste Woche nachlesen. Danke, Professor Gehrke!", sprach eine junge Frauenstimme. Dann traten zwei junge Frauen in den Flur, die eine mit langen schwarzen Haaren, die andere mit pfiffigem blonden Kurzhaarschnitt, beide modisch gekleidet. Was für ein Gegensatz zu den männlichen Studenten! Thiele pfiff kaum hörbar durch die Zähne. Das hatte er hier wohl nicht erwartet. Wieder schaute er zu seinem Chef hinüber, dieses Mal aber mit vieldeutig hochgezogenen Augenbrauen.

„Ja, das sind zwei von unseren Studentinnen. Frau Obmöller kennen Sie ja", meinte Klara Mechtersheim zu Kommissar Kellert, „die andere ist Marie Stadler, beide achtes Semester, machen bald Examen." Kellert blickte in den Seminarraum. Ein dicklicher und bleichgesichtiger Student mit schütterem Bartwuchs unterhielt sich noch mit dem Dozenten, einem mittelgroßen, völlig kahlen Mann mittleren Alters mit randloser Brille.

„Wer ist das denn, den Kollegen kenne ich ja noch gar nicht", raunte er Frau Mechtersheim zu.

„Ach so, das ist Klauspeter Gehrke, Ordinarius für Altes Testament. Der ist ein Jesuit – wie unser Papst – und montags jedenfalls immer in Nürnberg, wo der Ordensnachwuchs ausgebildet wird. Er hat da irgendeine Funktion, keine Ahnung. Außerdem arbeitet er noch in der Hochschulseelsorge mit. Mir wäre das ja ein bisschen viel, aber er ist halt einer von den schlauen Jungs."

„Wie bitte?" Kellert war nicht sicher, ob er das richtig verstanden hatte, und fragte nach: „Haben Sie gesagt ‚von den schlauen Jungs?'" „Ach so", lachte sie auf, „das sagt Ihnen nichts, klar! Die Jesuiten nutzen als Abkürzung für ihren Orden die Buchstaben SJ, was *Societas Jesu* bedeutet, also ‚Gesellschaft Jesu'. Aber wir sagen immer nur SJ, schlaue Jungs!" „Hmm", brummte Kellert zurück und dachte ‚Wieder was gelernt!'. Thiele grinste zweideutig in sich hinein, ihm war wohl eine andere Assoziation in den Sinn gekommen.

Professorin Mechtersheim fragte: „Soll ich Sie miteinander bekannt machen?" „Nein, danke", gab Kellert nach kurzem Nachdenken zurück, „später vielleicht. Wir sollten Ihren Kollegen Mühlsiepe nicht zu lange warten lassen, bei dem haben wir jetzt einen Termin. Also, Frau Mechtersheim, Ihnen einen schönen Tag noch."

Im Treppenhaus fanden sich dann doch einige Plakate, offenbar hielten sich nicht alle an die entsprechende Anordnung des Dekans. „Frühlingsfest im Innenhof", las Thiele auf dem einen, „Informationsabend zum Referendariat" auf einem anderen. „Hallo, Frau Hoberg", grüßte Kellert eine gepflegte Dame Mitte fünfzig, die ihnen – einige Ordner unter den rechten Arm geklemmt – auf der Treppe entgegenkam.

„Nanu, Herr Kommissar", gab diese zurück, während sie Dominik Thiele mit prüfendem, aber anerkennendem Blick streifte: „Immer noch da oder schon wieder?" „Schon wieder", gab dieser lachend zurück und hob die Hände. „Was will man machen? ... Die Dekanatssekretärin", raunte er seinem Mitarbeiter zu, sobald sie außer Hörweite waren. „Die eigentliche Chefin des ganzen Betriebs hier, wenn du mich fragst. Bei der laufen die Fäden zusammen."

„Mist, was ist das denn?" Aus Kellerts Hosentasche bimmelte die Melodie von „Yellow Submarine" der Beatles. Sein privates Handy! Die Nummer hatten nur ganz wenige, er wollte normalerweise gerade bei der Arbeit nicht gestört werden. „Ja?", schnappte er kurz. „Oh, hallo Beate ..." Er drehte sich zur Wand weg. Dann lauschte er lange, brummte manchmal ein „hmm" oder ein „das wird sich schon regeln", schließlich ein „... mach dir keine Sorgen, der kommt schon zurück. Ist er doch immer ... Gut, bis heute Abend."

„Was ist denn los?", wollte Thiele wissen. „Ach nichts, lächerlich. Barry, unser Kater, ist seit zwei Tagen nicht mehr zu Hause aufgetaucht. Beate macht sich Sorgen. Unnötig, der ist doch immer wieder zurückgekommen!" ‚Aber zwei Nächte nacheinander war er noch nie weg', überlegte Kellert. ‚Seine Mahlzeiten holt sich der Bursche schon meistens bei uns ab. Und dass ich beim letzten Mal ein bisschen – ein bisschen! – mit dem Fuß nachgeholfen habe, um ihn nach draußen zu treiben, habe ich Beate auch nicht gesagt. Na, so empfindlich ist das Vieh doch nicht! Wird schon wieder auftauchen! Hoffentlich!'

Inzwischen waren sie vor der gesuchten Bürotür angelangt. „Prof. Dr. Dr. Michael Mühlsiepe, Lehrstuhl für Dogmatik, Sprechstunde donnerstags von 10 bis 11", lasen sie auf dem

71

schon etwas ausgeblichenen Schild links neben der Tür. „Nu denn man tau!", meinte Kellert, nun wieder voll auf seinen Beruf konzentriert, in gespieltem, künstlichem Dialekt. Er klopfte und kurz darauf öffnete ihnen ein etwa sechzigjähriger rotgesichtiger Mann in Bluejeans, Hemd und Strickjacke, ein ganzes Stück kleiner als Kellert und nicht mehr ganz schlank.

„Ah, die Herren von der Polizei", ertönte eine leise, aber klare Stimme, „nur herein! Bitte, nehmen Sie doch Platz!" Er wies zu zwei bereitstehenden Bürostühlen an einem kleinen leeren Rundtisch und ließ sich in seinem vom Schreibtisch herübergerollten gepolsterten Stuhl nieder. Kellert hatte mit einem schnellen Rundblick erfasst, dass das Büro anscheinend nicht häufig benutzt wurde. Nur wenige Bücher standen etwas verloren in den Regalen, daneben einige wenige Ordner. Zwei schmalblättrige Zimmerpflanzen in grauen Übertöpfen standen vor dem Fenster. An der Wand hinter dem penibel aufgeräumten Schreibtisch sah man zwei abstrakte gerahmte Kunstdrucke. Insgesamt wirkte der Raum kahl und unbewohnt.

„Ich bin nicht oft hier, arbeite lieber zu Hause", erklärte Mühlsiepe, der den forschenden Blick des Kommissars sehr wohl registriert hatte. „Hier halte ich vor allem meine Sprechstunden und nehme Examensprüfungen ab." „Schön, wenn Sie sich das so aussuchen können, das würde ich auch gern", bemerkte Kellert und lächelte sein Gegenüber vertrauenerweckend an. Der Professor litt definitiv unter Bluthochdruck, wie die rote Hautfarbe verriet. Der weiße, gekräuselte Haarkranz hob sich umso deutlicher davon ab. Der Blick aus den blaugrauen Augen wirkte irgendwie verschwommen, und auf den Wangen und um die Nase zeichneten sich einige blauviolette Äderchen deutlich ab. ‚Der könnte ein Alkoholproblem haben!', schoss es Kellert durch den Kopf.

„Womit kann ich Ihnen denn helfen?", fragte Mühlsiepe und ergänzte: „Ich nehme an, dass es etwas mit Dekan Gerstmaier zu tun hat, habe ich Recht?" „Ja, natürlich", antwortete Kellert. „Ich falle gleich mit der Tür ins Haus, Herr Professor, dann sparen wir uns die langen Vorreden." „Gern!", pflichtete ihm Mühlsiepe bei.

Thiele hatte die Beine lässig übereinandergeschlagen, beobachtete Mühlsiepe und versuchte, aus dessen Gestik und Mimik herauszulesen, was seine Worte vielleicht verschwiegen. „Sie hatten einen Streit mit dem verstorbenen Dekan, richtig? Und zwar nicht nur eine alltägliche Auseinandersetzung. Darüber wüsste ich gern mehr!", sagte Kellert. Er blickte seinem Gegenüber mit festem Blick in die Augen.

Mühlsiepe senkte den Blick, seufzte und verlagerte sein Gewicht auf dem Stuhl. „Wenn Sie es denn schon wissen! Na ja, ist vielleicht besser so. Also: Ja, ich hatte einen Streit mit Gerstmaier, und ja: Wir waren keine besonderen Freunde, um es vorsichtig zu sagen." „Feinde?", warf Dominik Thiele ein und erntete dafür einen bösen Blick seines Chefs. „Ach Gott, Feinde", wich der Professor aus, „Feinde? Ich weiß nicht. Ich will eigentlich niemandes Feind sein. Aber gemocht habe ich ihn nicht, diesen Gerstmaier, und in vielem war ich komplett anderer Auffassung als mein Bruder im geistlichen Amte."

‚Aha', dachte Kellert, der sich diese Frage schon seit dem Eintreten gestellt hatte, ‚er ist also auch Priester!' Mühlsiepe fuhr fort: „Gegner, das ja, das würde ich akzeptieren. Gegner waren wir, gewiss, aber Feinde? Feinde nicht! … Gut, ich sage es, wie es ist: Er hat mich beim Bischof angezeigt. Ich würde eine häretische Theologie lehren, meinte er. Aber unser Bischof ist Gott sei Dank ein bedächtiger Mann und hat sich nicht hinter diese Verleumdung gestellt."

„Aber hat der Dekan sich nicht an Rom gewendet?", unterbrach Kellert. „Das wissen Sie also auch! Nein, hat er nicht, er hat mir allerdings damit gedroht. Aber hinter dem Rücken seines Bischofs hätte er das nicht gemacht. Wissen Sie, diese Kerle sind hierarchiegläubig. Wenn es der Vorgesetzte unterstützt, dann ja, wenn nicht, dann nein."

„Sind Sie sicher?", unterbrach Kellert erneut. Mühlsiepe zögerte: „Nein, sicher bin ich mir nicht. Wie kann man sich da sicher sein? Aber der Anlass ist so lächerlich!" Entrüstet war er aufgesprungen, fuhr sich mit den Händen durchs schüttere, aber lockige Weißhaar und schüttelte stumm den Kopf. „Bitte erklären Sie uns doch, worum es dabei ging. Aber Vorsicht, wir sind keine Theologen, sondern diesbezüglich Laien", bat der Kommissar.

„Genau darum geht es ja!", ereiferte sich der Professor, der sich nun wieder gesetzt hatte. „Sehen Sie, ich bin ganz und gar im Geiste des Zweiten Vatikanischen Konzils aufgewachsen ..." – er sah die fragend-leeren Blicke vor allem bei Dominik Thiele –, „das war die letzte große maßgebliche Versammlung der katholischen Kirche in den 60er Jahren des vergangenen Jahrhunderts. ‚Aggiornamento‘ hieß das Stichwort der Zeit, Verheutigung, Öffnung zur Gegenwart, auf den Spuren der Zeichen der Zeit sein. Die Kirche sollte für uns, für unsere Gesellschaft gerüstet sein. Das hat mich begeistert. Dabei wollte ich mithelfen. Deshalb bin ich Priester geworden und dann auch Professor. Aber heute wollen einige das Ruder zurückwerfen. Hinein in die feste Gläubigkeit einer Vergangenheit, die sie idealisiert haben. Das geht doch nicht! Man muss doch das Evangelium für *heute* auslegen, es muss doch für *unsere* Zeit wichtig werden."

Mühlsiepe war wieder aufgestanden, ging mit kurzen hektischen Schritten im Zimmer umher, gestikulierte heftig mit den Händen. Seine Rede hatte etwas von einer Predigt; nein, von einer Beschwörung. Kellert und Thiele lauschten überrascht, ließen ihn aber gewähren. Vielleicht würde er etwas für ihren Fall Entscheidendes sagen.

„Hören Sie, junger Mann", wandte er sich nun an den überraschten Dominik Thiele. „Diese Sprache der Kirche, das versteht heute doch niemand mehr. ‚Erlösung', ‚Erbsünde', ‚Sühne', ‚Opfertod' – können Sie mir sagen, was das bedeutet? Oder Sie?", wandte er sich an den Kommissar. Beide schwiegen betreten.

„Ja, also ... nee, beim besten Willen nicht", stotterte Kellert nach einer kurzen Bedenkpause.

„Sehen Sie, sehen Sie!", rief Mühlsiepe triumphierend. Sein Gesicht hatte sich dunkelrot verfärbt. ‚Vorsicht, guter Mann!', dachte Kellert. ‚Beruhige dich!' „Das weiß heute kein Mensch mehr. Was soll das sein, Erlösung? Wovon denn? Und wie? Und wohin? Klar, ich könnte Ihnen lang und breit erklären, wie das in der kirchlichen Tradition verstanden wird" – ‚Bloß nicht!', dachten Kellert und Thiele gleichzeitig –, „aber Sie würden es eben doch nicht verstehen. Es hätte mit Ihrem, mit unserem Leben rein gar nichts zu tun."

„Und was heißt das nun für Sie?", unterbrach Kellert den Redeschwall. Mühlsiepe hatte sich wieder gesetzt, trank einen Schluck Tee aus einem henkellosen Becher, wischte sich über die Stirn und antwortete dann mit müder Stimme: „Das liegt doch auf der Hand. Wir müssen die Botschaft Jesu neu sagen, anders, zeitgemäß, so dass die Menschen es wieder verstehen. Die da oben sollen ihre alten Sprachformeln wiederholen, da habe ich ja gar nichts dagegen, aber sie sollen uns an der Suche nach einer zeitgemäßen Übersetzung nicht hindern."

Wer ‚die da oben' waren, blieb ungesagt, aber Kellert hakte nach: „Und Gerstmaier war einer von denen, die Sie dabei behinderten?" „Ja, das war er. Zumindest hat er es versucht", gab Mühlsiepe zu. „Aber das war mir letztlich egal. Sehen Sie" – er ging zu einem der Regale und holte ein Buch aus einer Reihe von mehreren identisch aussehenden Exemplaren hervor, „hier: mein neues Buch, im Herbst letzten Jahres erschienen. Bei Echter in Würzburg, kein schlechter Verlag." „Freund Jesus – Glaube in der Sprache der Menschen von heute", las Kellert, nachdem er das schmale Bändchen in die Hand genommen und ziellos durchgeblättert hatte. Er gab es weiter an Thiele, der es sich ebenfalls pflichtschuldig ansah.

„Und so etwas lesen die Leute?", fragte Kellert mit offensichtlicher Skepsis. „Ach, der Verkauf könnte besser sein, aber ja doch, meine Bücher finden ihre Leser. Und Leserinnen!", fügte er hinzu. „Und so etwas will Gerstmaier verbieten, mundtot machen! Selbst mein Forschungsfreisemester hat er mir gestrichen." Thiele schaute irritiert, aber sein Chef nickt, schien also wieder einmal mehr zu wissen als er. ‚Wie macht der das nur, dass er immer alles weiß?', fragte sich Thiele. „Das darf man sich doch nicht gefallen lassen, oder?", regte sich Mühlsiepe unterdes auf.

Kellert horchte auf: „Wie, ‚nicht gefallen lassen'? Was haben Sie denn dagegen unternommen?" Mühlsiepes Augen weiteten sich. Beschwörend hob er die Hände: „Ach Gott, was werden Sie jetzt denken? Ich habe den doch nicht umgebracht, das denken Sie doch jetzt nicht, oder? Ich bitte Sie, ich bin ein Priester! Nein, ich habe halt dagegengehalten, so gut es ging. Hier in der Fakultät gibt es gottlob einige vernünftige Kollegen." Nach kurzem Nachdenken fügte er hinzu: „und Kolleg*innen* natürlich. Die gibt es anderswo auch. Auch die Bischöfe sind da uneins: Einige wollen das Zweite Vatikanische Konzil weiter nach vorn entwickeln, andere wollen dahinter zurück. Nein, nein: Wir lassen uns nicht so leicht kleinkriegen."

„Eines verstehe ich noch nicht", lenkte Kellert das Gespräch nun in eine andere Richtung. „Wenn die Mehrheit doch eher Ihre Richtung unterstützt, wie Sie sagen, warum haben Sie Gerstmaier dann noch ein zweites Mal zum Dekan gewählt? Sie wussten doch, wie er war und wofür er stand?"

„Ja, das war ein großer Fehler, da haben Sie Recht!", stimmte der Professor sofort zu. „Aber einerseits gab es keinen Kandidaten, der sich wirklich anbot …" „Kösters?", warf Kellert ein. „Der wäre doch eigentlich an der Reihe gewesen."

„Hermann-Josef Kösters!" Mühlsiepe verzog das Gesicht. „Ach wissen Sie: ein lieber Mensch, ein netter Kollege, ein guter Wissenschaftler, aber weder ein Diplomat noch ein Kämpfer. Und beides müssen Sie sein als Dekan. Glauben Sie mir, ich war das gleich zweimal. Das reicht mir. Bevor ich mir das noch einmal antue, gehe ich lieber in den vorzeitigen Ruhestand!"

„‚Einerseits' haben Sie gerade gesagt, als es um den Grund ging, warum Gerstmaier noch ein zweites Mal zum Dekan gewählt wurde. Und andererseits?", mischte sich nun Thiele ein. „Ja, andererseits …", antwortete der Professor langsam, während er sich mit der linken Hand über das unsauber rasierte Kinn strich. „Andererseits war das Wahlergebnis trotzdem überraschend. Ich hätte ihn ja abgewählt, dann hätte sich schon irgendein Kandidat für einen zweiten Wahlgang gefunden. Aber er hat fast alle Stimmen im Fakultätsrat bekommen, hören Sie: fast alle. Ich bin da ja nicht mehr als

Mitglied dabei, das habe ich nun wirklich lange genug gemacht. Trotzdem kenne ich natürlich das Ergebnis. So etwas bleibt an einer so kleinen Fakultät nicht geheim."

„Ja, und wie erklären Sie sich das?", hakte Kellert nach.

„Ich habe eine Vermutung, mehr nicht, hören Sie!" Energisch und nun mit klarem Blick schaute Mühlsiepe dem Kommissar in die Augen. „Und ich würde das auch öffentlich nicht wiederholen. Ich glaube, er hatte etwas gegen die anderen in der Hand und hat ihre Zustimmung erzwungen." „Erpressung meinen Sie?", fiel Thiele ein.

„Nennen Sie es, wie Sie wollen, ich weiß es nicht. Aber selbst der studentische Vertreter im Fakultätsrat, dieser Sebastian Tränkner, hat für ihn gestimmt, das sagt doch alles." Kellert schaute verblüfft, denn er erinnerte sich an den Studenten, der ihn gestern in das Beratungszimmer der Fakultät geführt hatte. Ein schlaksiger, kurzhaariger Typ mit Brille und fein getrimmtem Bärtchen, so hatte er ihn in Erinnerung. „Wieso ‚sagt das alles', verstehe ich nicht!", warf er ein.

„Das ist alles so kompliziert!", jammerte Mühlsiepe. „Also, der Tränkner, der hat im Dekanat als Hiwi gearbeitet, und Gerstmaier hat ihn rausgeschmissen" – „… weil er bei Professorin Mechtersheims Auftritt im Dekanat Beifall geklatscht hat", ergänzte Kellert sehr zur erneuten Überraschung seines Assistenten. „Das wissen Sie also auch schon!", wunderte sich nun auch Mühlsiepe.

„Ja, allerdings nicht, dass es sich dabei um diesen Tränkner handelte", erklärte Kellert und drängte: „Und was weiter?" „Ja, das war leider noch nicht alles. Gerstmaier war fuchsteufelswild. Und er ist, äh, war nachtragend. Er hat Tränkner dann auch noch durch die Diplomvorprüfung fallen lassen. Und angedroht, dafür zu sorgen, dass er aus dem Bewerberkreis fliegt."

„Dem was?", fragte Thiele erneut dazwischen. „Dem Bewerberkreis. Also: In fast jedem Bistum gibt es einen Kreis von Theologiestudierenden, die sich auf das Berufsziel Pastoralreferent vorbereiten. Das sind hochqualifizierte Mitarbeiter in der praktischen Arbeit der Kirche vor Ort, ein wichtiges Amt, das es seit dem Zweiten Vatikanischen Konzil gibt. Für die meisten Laien, die das theologische Diplom erwerben, ist das die wichtigste Berufsperspektive. Da das Bistum aber pro Jahr nur drei, höchstens vier Leute einstellen kann, gibt es schon im Studium diesen Bewerberkreis, in dem man den Beruf und seine Anforderungen kennen lernen kann und in dem umgekehrt die Verantwortlichen im Bistum die künftigen Kandidaten kennen lernen können."

„Aha, und wenn man da rausfliegt, kann man den Beruf praktisch vergessen, oder wie?", fragte Thiele nach. „Ja, das wäre das Aus für seinen Berufswunsch. Aber entschieden ist da noch nichts, soweit ich weiß", gab Mühlsiepe zu. „Noch etwas, nur damit Sie verstehen, wie Gerstmaier als Dekan war", fuhr er fort. „Er wollte der Studierendenvertretung ihr Zimmer entziehen. Das ist so: Direkt gegenüber vom Dekanat hat die Fachschaft einen Raum, immer schon, seitdem ich hier in Friedensberg bin. Für Studierendenberatung, für ihre Besprechungen, als Anlaufstelle für alles Mögliche. Und dieses Zimmer war Gerstmaier ein Dorn im Auge. Er wollte einen Dekanatsassistenten einstellen und ihm diesen Raum geben. So war sein Plan. Sie können sich vorstellen, wie sauer die Studierenden waren." „Vor allem dieser Tränkner?", wollte Kellert wissen. „Ja, der auch", bestätigte der Professor.

Alle schwiegen eine Weile. Dann erhob sich Kellert, Thiele zog nach. „Danke, Professor Mühlsiepe, für das offene Gespräch!" „Moment, einen Moment noch", bat der Professor, während er sich seinerseits mühsam und mit leicht gequältem

Gesichtsausdruck erhob und seinen Rücken durchdrückte. „Ich trauere Gerstmaier nicht nach, wirklich nicht. Und ich will ganz ehrlich sein: Ich bin sogar froh, dass er nicht mehr da ist. Aber trotzdem finde ich es furchtbar, dass er umgebracht worden ist, verstehen Sie? Und ich will, dass die Tat aufgeklärt wird, was immer dabei herauskommt."

Nachdenklich stiegen die beiden Polizisten die Treppe hinab. „Der war's nicht", raunte Thiele seinem Chef zu. „Kann ich mir auch nicht vorstellen", gab dieser zurück. „Aber wenn die Ehrlichkeit nur vorgeschoben ist? Wäre doch keine schlechte Masche!" „Und dieser Student, dieser Tränkner, was hältst du von dem?", fragte der Assistent, während er seinem Chef die Tür zum Parkplatz offen hielt.

„Den werde ich mir vorknöpfen, ganz klar", meinte Kellert, während sie blinzelnd über den sonnenüberfluteten Vorplatz des Universitätsgebäudes zu ihrem Auto auf dem Dekans-Stellplatz schlenderten. „Moment, den kenne ich doch irgendwoher!", rief Thiele verblüfft und wies seinen Chef auf einen mit einem edlen silbergrauen Anzug bekleideten Mittfünfziger mit wirren grauen Haaren hin, der gerade in ein elegantes goldglänzendes Jaguar-Coupé mit offenem Verdeck einstieg, die Anzugsjacke lässig auf den Rücksitz legte und nach schnellem Start mit dröhnendem Motor davonfuhr. Auf dem Beifahrersitz hatte eine auffällig gestylte und deutlich jüngere Blondine gesessen, das hatte Thiele noch aus den Augenwinkeln erkannt. Dafür hatte er einen Blick. Outfit, Verhalten, Beifahrerin und Auto passten so gar nicht auf den von eher unauffälligen Mittelklassewagen gefüllten Parkplatz der Theologischen Fakultät.

„Wie, den kennst du?", fragte Kellert, der seinerseits das Gefühl hatte, den Mann schon einmal gesehen zu haben. Richtig, das war doch dieser Fundamentaltheologe, wie hieß er noch gleich, so ein launischer Doppelname. ‚Schulze-Vorrath‘, zuckte es durch sein Hirn.

„Ach, jetzt weiß ich woher!", erinnerte sich auch sein Mitarbeiter. „Klar doch: aus dem Fernsehen. Der war mal in der ‚Tagesschau‘ oder in ‚Heute‘. Bei irgendeinem terroristischen Anschlag von Muslimen war das, ist schon einige Zeit her. Da haben Sie den als Fachmann interviewt. Und er ist mir aufgefallen, weil er so blasiert und hochtrabend daherkam. Und dann noch hier aus Friedensberg kam, deswegen kann ich mich noch daran erinnern. Na, wie der hierherpasst, das möchte ich mal wissen."

„Später, Dominik, später. Genug für heute, oder? Kannst du mich bitte bei mir zu Hause absetzen? Ich gehe noch eine Runde Joggen und bin dann zum Squash verabredet. Muss ja unbedingt etwas tun für meine Kondition. Wir sehen uns dann morgen im Büro." „Okay, Chef, wird gemacht!"

Donnerstag, 13. Mai, vormittags
Die Haushälterin, Studierende und ein Kollege

‚Gut, dass ich nicht alles alleine machen muss‘, dachte Kommissar Kellert, während er auf der Autobahn zurück in Richtung Friedensberg fuhr. Beate, seine Frau, hatte ihn am Vorabend mit einer weiteren schlechten Nachricht empfangen: nicht nur, dass der Kater Barry verschwunden war. Ihre Tochter Jenny, die sich ja gerade für ein Jahr in England aufhielt, war wohl an einer rätselhaften Virusinfektion erkrankt. Beate machte sich furchtbare Sorgen und hatte sich sofort einige Tage Urlaub genommen, um in Leeds nach dem Rechten zu sehen. „Kümmer du dich gefälligst um Barry, wozu bist du schließlich bei der Polizei?“, hatte ihm Beate noch mitgegeben. Wie sollte er das anstellen? Vermisstenplakate aufhängen? Er hatte gerade wirklich Besseres zu tun.

Frühmorgens hatte er seine Frau zum Flughafen nach Frankfurt gebracht, war auf dem Rückweg in einen Stau geraten und musste so seine Pläne kurzfristig ändern. Er hatte Dominik Thiele telefonisch im Büro erreicht und ihm mitgeteilt, er solle das Gespräch mit der Haushälterin von Professor Gerstmaier allein führen. Er selbst führe direkt zur Katholisch-Theologischen Fakultät, um sich dort unter den Studierenden umzuhören. ‚Vielleicht erfahren wir dort etwas, was uns weiterbringt. Vor allem diesen Tränkner werde ich mir mal etwas genauer anschauen.‘

82

Kriminalhauptmann Thiele machte unterdes große Augen. Noch nie war er wirklich bewusst durch das alte Stadtviertel rund um den Dom gegangen. Wenn er mal hier gewesen war, dann immer mit dem Blick auf das nächstbeste Straßencafé. Die engen Gassen waren von turmhohen Häuserfronten gesäumt, zwischen denen sich mächtige Mauern erstreckten, die jeden Blick hinüber unmöglich machten. „Hinter dem Dom 12a" lautete die Adresse, nach der sich Thiele nun umschaute.

Die entsprechende Straße lag tatsächlich genau hinter dem Dom. Sie entpuppte sich freilich als enge kopfsteingepflasterte Sackgasse, in die man mit dem Auto weder hineinfahren konnte noch durfte. Hier war kein Platz für Beet oder Baum, rechts und links führten Türen oder Torbögen in nicht einsehbare Welten. ‚12a, da vorne!‘ Thiele klingelte an einem schwarzen Knopf rechts neben einem imposanten zweiflügeligen Tor, das so aussah, als sei es seit Jahrhunderten nicht mehr geöffnet worden. Nach einem Namensschild suchte er vergeblich.

„Ja", meldete sich eine ferne weibliche Stimme aus einem metallenen, von ihm zuvor noch gar nicht entdeckten Lautsprecher. „Thiele hier, Kriminalpolizei Friedensberg. Wir hatten telefoniert", sprach er in Richtung des Lautsprechers, ohne genau zu wissen, ob die Sprecherin ihn so hören konnte. Offensichtlich ja, denn die Stimme antwortete: „Moment. Kommen Sie rein, immer dem Weg nach." Im rechten Flügel des Tores öffnete sich mit leisem Summen eine Tür, deren Umrisse er vorher gar nicht bemerkt hatte. ‚Alles auf neuestem technischen Stand‘, murmelte er vor sich hin, während er durch die Öffnung schritt. Dann pfiff er laut durch die Zähne und blieb vor Verblüffung stehen.

‚Alle Achtung!‘, dachte er. Vor ihm breitete sich ein überraschend großer und perfekt gepflegter Garten aus, fast schon ein Park. Vielfarbige Frühlingsblumen wiegten sich in sorgsam abgegrenzten Beeten, blühende Apfelbäume standen neben schon fruchttreibenden Kirschbäumen, ein fürsorglich getrimmter Rasen bot Platz für Ballspiele, die andererseits in diesere Umgebung kaum denkbar waren. Die Tür hatte sich automatisch und lautlos hinter ihm geschlossen und er befand sich in einer unwirklichen Oase der Ruhe, allein das Zwitschern einiger Vögel war zu hören. ‚Wer hätte das gedacht, mitten in der Stadt!‘, sprach er leise vor sich hin und ein weiterer Gedanke schlich sich ein: ‚Es gibt sie also doch, die Vorzüge des Priester-Daseins.‘

Am Ende eines sauber gekiesten Gartenwegs stand ein zweistöckiges, sicherlich einige Jahrhunderte altes Haus, angestrichen in beruhigenden Ocker- und Brauntönen. Soeben öffnete sich die Haustür und eine ältere, leicht gebückte Frau in einer Küchenschürze trat heraus. Mit raschen Schritten ging Thiele auf sie zu, schüttelte ihr die Hand und sagte: „Wow, schön haben Sie es hier. Äh, Entschuldigung, Thiele, Kriminalpolizei Friedensberg!"

Mit heiserer Stimme antwortete die Frau: „Grüß Gott, kommen Sie herein. Bächtle heiße ich, Maria Bächtle. Und dass es hier schön ist, junger Mann, das stimmt schon. Aber Sie glauben gar nicht, was für einen Ärger man mit solch einem alten Haus hat. Oft haben wir uns gewünscht, in einer moderneren Wohnung zu leben, glauben Sie's mir!" ‚Wir‘, hat sie gesagt, notierte sich Thiele in Gedanken. Das Gespräch begann er, noch während sie in das Gebäude hineingingen: „Und Sie waren also die Haushälterin von Professor Gerstmaier?"

Durch einen engen Flur, an dessen einer Seite rußgeschwärzte Landschaftsbilder hingen, an dessen anderer ein riesengroßes Kruzifix stand, gelangten Sie in eine gemütliche

Wohnstube. Frau Bächtle hatte ihm einen Platz an dem großen Holztisch zugewiesen, setzte sich ihm gegenüber und goss ihm, ohne ihn zu fragen, eine Tasse Tee ein. Erst dann antwortete sie seufzend: „Ja, so kann man das wohl nennen. Wissen Sie, der Anton, also der Herr Prälat, das war mein Cousin. Als der Priester wurde, brauchte er doch jemanden, der sich um ihn kümmerte. Ihr Mannsbilder könnt das ja nicht, kochen, spülen, putzen und so weiter."

Thiele, der allein lebte, kam ganz gut mit seinem Haushalt zurecht, fand er zumindest, sagte aber nichts. ‚Eine andere Generation', dachte er, betrachtete die Frau genau und schätzte ihr Alter auf irgendetwas über siebzig. „Ja, und da mein Fredi damals schon viereinhalb Jahre tot war – ein Verkehrsunfall, fürchterlich – und da ich keinen anderen Mann wollte, haben wir uns halt zusammengetan, der Anton und ich. Und so bin ich mit ihm von Station zu Station gezogen, zuletzt hierher, vor über zehn Jahren. Jaja …"

Die alte Frau versank in Nachdenken, eine Träne löste sich aus dem rechten Augenwinkel und lief ihr die Wange hinab. Mit weinenden Frauen konnte Thiele gar nicht gut umgehen, deshalb fragte er schnell nach: „Und, haben Sie sich gut verstanden?"

„Ach Gott", Frau Bächtle nippte an ihrem Tee, „was heißt schon ‚gut verstanden'? Wir haben uns aufeinander eingestellt, der Anton und ich. Das hat schon gepasst. Wissen Sie", sie rückte den Stuhl näher zu ihm heran und legte ihm die Hand auf den Unterarm, den er sorglos auf dem Tisch ausgestreckt hatte: „Der Anton, das war ein schwieriger Mensch. Er hat es sich und den Menschen um ihn herum nicht leicht gemacht. Tief in seinem Innersten war er schon ein Guter, doch ja, aber das hat er nur selten irgendjemandem gezeigt.

Ich habe mich oft gefragt, warum er so war. Er wusste es wohl selbst nicht. Und ich ... ich konnte ihm da auch nicht helfen." Wieder versank sie in ein grübelndes Schweigen, stand dann überraschend auf, ging zu einer alten hölzernen Kommode, öffnete eine Schublade, suchte eine Weile und holte dann zwei Bilder heraus.

„Da, schauen Sie: Das war der Anton bei seiner Priesterweihe!" Thiele betrachtete die Gesichtszüge eines ernsten jungen Mannes, dessen Augen strahlten. Er wirkte selbstsicher, erfüllt, hoffnungsfroh. „Und das hier", fügte die alte Frau hinzu, „das war vor sechs Jahren, als er zum päpstlichen Ehrenprälat ernannt wurde."

Auch dieser Mann lächelte selbstbewusst in die Kamera. Die einst strammen Gesichtszüge waren jedoch einer etwas feisten Weichlichkeit gewichen. Die ehemals dichten schwarzen Haare waren grau und in langem Bogen von rechts nach links über die kahle Kopfhaut gezogen. Und das Lächeln wirkte nicht mehr einnehmend, sondern verschlagen. ‚Das glaube ich, dass es nicht leicht war, mit dem auszukommen', dachte sich Thiele.

„Frau Bächtle, ich muss Sie noch etwas fragen, tut mir leid", warf er ein, während er die beiden Photographien auf den Tisch legte. „Fragen Sie nur, deshalb sind Sie ja gekommen", ermutigte ihn die Haushälterin. „Können Sie sich vorstellen, wer Ihren Bruder, äh, Ihren Vetter umgebracht haben könnte? Haben Sie irgendeinen Verdacht?"

„Ja, das müssen Sie wohl fragen", sinnierte Maria Bächtle, lehnte sich zurück und strich sich zwei grauweiße Locken hinter das linke Ohr. „Dass der Anton kein einfacher Mensch war, das habe ich ja schon gesagt. Er hatte kaum Freunde. Nicht einmal unter seinen Mitbrüdern. Wir haben hier sehr zurückgezogen gelebt. Dass es an der Universität immer wieder Streit gab, das habe ich wohl mitbekommen, aber er hat fast nie etwas Genaueres erzählt. Er konnte sehr herrschsüchtig sein, sehr egoistisch und sehr nachtragend, aber er war immer gerecht. Verstehen Sie: Gerechtigkeit, das war ihm wichtig. Deshalb ist er ja auch Kirchenrechtler geworden. Alles musste bei ihm seine Ordnung haben. Aber wehe, wenn man dagegen verstieß. Dann konnte er wirklich hart sein."

„Können Sie ein Beispiel nennen?", unterbrach der Polizist. „Ein Beispiel? Warten Sie, ja: Die Tante Lizzy fällt mir ein oder der arme Dr. Reutter. Tante Lizzy, das war eine Schwester seines Vaters und meiner Mutter. Ist ja jetzt schon lange tot. Jedenfalls: Die hatte einen furchtbaren Mann geheiratet, Onkel Franz. Der schlug sie und ich weiß gar nicht, was noch. Jedenfalls hat die sich dann scheiden lassen, das kann man doch verstehen, oder? Und dann, da war sie schon in Rente, dann hat sie einen wirklich netten Herrn kennen gelernt und auch geheiratet. Anton hat ihr das nie verziehen: ‚Wiederverheiratet geschieden, das geht nicht. Umstände hin oder her!' Ja, so war er. Er hat sofort den Kontakt mit ihr abgebrochen und ist nicht einmal zu ihrer Beerdigung gekommen." Wieder verstummte sie, versunken in den Erinnerungsbildern.

„Und der ‚arme Dr. Reutter'? Den haben Sie doch eben auch noch erwähnt", erinnerte sie Dominik Thiele nach einiger Zeit. „Ach der! Ja, der arme Reutter!" Frau Bächtle war jetzt wieder ganz aufmerksam und wach. „Das war der Korbinian Reutter, der hat acht Jahre mit dem Anton zusammengearbeitet. Hier in Friedensberg, da fingen die beiden gemeinsam an. Erst war er der wissenschaftliche Mitarbeiter, dann hat er beim Anton seinen Doktor gemacht, dann wurde er Akademischer Rat und arbeitete an seiner Habilitation. ‚Aus dem Reutter, da wird mal was!‘, hatte Anton oft gesagt. Der war als einziger der Kollegen auch mal ab und zu hier bei uns zu Gast. Der war zwar kein Priester, aber trotzdem glaubte der Anton, dass er mal Professor wird, vielleicht sogar mal sein Nachfolger hier in Friedensberg. Ich glaube, das hat er sich insgeheim gewünscht."

„Ja, und dann?", unterbrach Thiele ungeduldig. „Dann gab es diese böse Geschichte", seufzte die Haushälterin. „Ich weiß gar nicht ganz genau, was da war. Ich glaube, der Herr Reutter hat in einem Aufsatz irgendwelche Gedanken vom Anton dargestellt, ohne das genau zu kennzeichnen. Anton war völlig außer sich vor Zorn! Ich weiß noch, wie er hier durch den Raum tobte: ‚Plagiat!‘, hat er gebrüllt, ‚undankbarer Flegel‘ und ich weiß nicht, was sonst noch. ‚Den mach ich fertig!‘, hat er gerufen, ‚der kriegt hier kein Bein mehr auf den Boden!‘ Ach, ich weiß gar nicht, ob ich Ihnen das alles überhaupt erzählen sollte."

„Doch, doch", beruhigte sie der Polizist, „das müssen Sie sogar. Sie wollen doch auch, dass wir den Mörder Ihres Cousins fassen. Und um das tun zu können, müssen wir uns ein ganz genaues Bild machen. Sie helfen mir wirklich sehr", beteuerte er und legte nun seinerseits eine Hand begütigend auf den Arm der alten Frau.

„Und wie ging das weiter?", fragte er dann nach. „Reutter hat sich natürlich zwanzigmal entschuldigt, sprach von einem Irrtum, wollte alles richtigstellen, aber Anton wollte davon nichts hören. Ließ sich auf nichts ein, so war er halt. Reutter kam sogar einmal zu mir, bettelte darum, ob ich nichts für ihn tun könnte, aber auf diesem Ohr war der Anton völlig taub. Er ließ den Vertrag seines Mitarbeiters auflösen und schwärzte Reutter beim Bischof an."

„Und, was macht der jetzt, dieser Reutter? Lebt der noch hier in Friedensberg?" „Was er macht? Da fragen sie mich zu viel! Ich glaube kaum, dass der von der Kirche angestellt ist, dafür wird der Anton schon gesorgt haben. Aber in Friedensberg ist er anscheinend geblieben. Ich habe den irgendwann einmal beim Wochenmarkt am Dom gesehen. Er hat so getan, als würde er mich nicht kennen, da habe ich ihn auch in Ruhe gelassen. Vielleicht will er ja mit der ganzen Geschichte einfach nichts mehr zu tun haben."

‚Kann sein, kann aber auch nicht sein', dachte Thiele, stand auf und sagte: „Vielen, vielen Dank für alle Auskünfte, das hilft uns wirklich weiter. Ach, da fällt mir noch etwas ein." Er tippte sich an die Stirn und stützte sich dann auf die Stuhllehne. „Wer erbt denn nun das Vermögen des Verstorbenen? Wie ist das bei einem Priester? Sind Sie die Alleinerbin?"

Die alte Frau schaute ihn mit großen Augen an, kniff den Mund zusammen und meinte dann: „Für mich ist schon gesorgt, da brauche ich mir keine Gedanken zu machen. Aber Anton hat fast alles einer Stiftung vermacht. ‚Pro Ecclesia Catholica' heißt die, er war da schon seit vielen Jahren im Vorstand tätig. Für die wird ganz schön etwas abfallen, denke ich mal. Aber das ist mir ganz recht. Was soll ich alte Frau mit so viel Geld?"

„Ach so!" Thiele nickte bestätigend. „Na, die werden sich freuen." Plötzlich fiel ihm noch etwas ein: „Wussten Sie eigentlich, dass Professor Gerstmaier einen Organspende-Ausweis hatte? Das hat einige seiner Kollegen ziemlich überrascht. Die meinten, das passe eigentlich gar nicht zu ihm."

„Sehen Sie, die kannten ihn eben nicht", eiferte sich die alte Frau und fühlte sich in ihrer Einschätzung bestätigt. „Der hatte schon seine guten Seiten, der Anton! Und mit dem Spenderausweis – natürlich wusste ich das. Ich habe auch einen. Sie etwa nicht?" Thiele schüttelte überrascht den Kopf. ‚Warum eigentlich nicht?', überlegte er. Aus irgendeinem Grund schreckte er davor zurück. Schon der bloßen Beschäftigung mit der Frage, ob er sich einen solchen Ausweis ausstellen lassen sollte, wich er wenn möglich aus. Deswegen war er ganz froh, als Frau Bächtle einfach weitersprach: „Wissen Sie, seine Mutter ist doch früh gestorben, da war er erst vierzehn. Nierenversagen. Sie hätte dringend eine Spenderniere benötigt, aber es gab damals keine. Ja, das hat ihn geprägt, den Anton!"

‚Das erklärt vieles', dachte Thiele. ‚Aber Moment: Dürfen Christen denn überhaupt Organe spenden? Die glauben doch an die körperliche Auferstehung, oder nicht? Fehlt denen dann nicht ein Organ im Himmel?' Dass diese Frage irgendwie kindlich war, war ihm wohl bewusst. Trotzdem blieb sie bestehen. Aber die wollte er jetzt der alten Frau nicht stellen. ‚Das kläre ich noch!', nahm er sich vor.

Frau Bächtle brachte ihn bis zum Gartentor. Während sie eine Fernbedienung berührte und die Tür im Torbogen aufsprang, fragte Thiele: „Und Sie? Was wird nun aus Ihnen? Bleiben Sie hier wohnen?" „Nein!", die Alte schüttelte energisch den Kopf. „Das kann und will ich nicht! Ich denke, ich ziehe zu meinem Neffen, der lebt in der Nähe von Berlin. Nein, das hier" – sie wies mit der rechten Hand in weitem Bogen über Mauer, Garten und Gebäude – „das ist vorbei!"

Kommissar Kellert war inzwischen in der Universität angelangt, hatte den Dienst-Passat auf dem Parkplatz des Dekans abgestellt – ‚Ab jetzt mein Stammplatz', – grinste er in sich hinein – und war auf dem Weg ins Zimmer der Fachschaftsvertretung, das ja direkt dem Dekanat gegenüberlag. Mit Mühe bahnte er sich einen Weg durch eine Schar von Studentinnen – ‚Wie jung!‘, ging ihm durch den Kopf –, die wohl gerade ihre Scheine im Sekretariat abgeholt hatten. „Das ist total unfair!", maulte eine in ihr Handy. „Nur eine Vier!" Eine andere entrüstete sich: „Der spinnt, der Baumjohann! Was hast denn du?" „Ich habe eine Zwei!" „Ich eine Eins!" „Zeig mal her!" So ging das wild durcheinander. ‚Aha, es kann also auch mal richtig laut werden in diesen heiligen Gängen‘, dachte Kellert.

Nach einer kurzen Begrüßung der Dekanatssekretärin stiefelte er in das Büro der Fachschaft. Breite, ausgesessene rote Plüschsofas bildeten ein Sitzkarree, in der anderen Ecke standen ein abgestoßener Schreibtisch mit Computer, einige alte Holzstühle, Regal und Schrank. „Ah, nur herein, Herr Kommissar!", rief Sebastian Tränkner, als er den Kommissar erblickte. „Welch Glanz in unserer bescheidenen Hütte! Setzen Sie sich doch! Wollen Sie einen Kaffee? Garantiert fair gehandelt." Kellert lehnte dankend ab und ließ sich auf den freien Platz in das tief nachgebende Sofa fallen.

„Verena kennen Sie ja schon", meinte Tränkner, während er mit einem Bügel seiner schmalen Brille auf Frau Obmöller wies, die am Schreibtisch saß. „Das ist Rolf" – „Gerstner", ergänzte der Gemeinte – „das hier Conny, das Christoph und das Thomas." Kellert nickte in die ihn neugierig anblickenden Gesichter. ‚Alles junge Leute um die 20‘, dachte er. ‚Sehen ganz normal aus: unverbraucht, offen, unbelastet.‘

„Tja, und was können wir denn nun für Sie tun?", mischte sich Verena Obmöller in das Gespräch ein. Sie schätzte die Art des Sich-in den-Vordergrund-Spielens von Sebastian Tränkner offensichtlich nicht besonders, lächelte Kellert aber freundlich an. ‚Tja, Dominik, das würde dir auch ganz gut gefallen, jetzt hier zu sein', sprach er im Gedanken zu seinem Mitarbeiter, konzentrierte sich dann jedoch auf seine Anliegen.

„Sie wissen ja, dass ich den Mord an Ihrem Dekan untersuche", fing er an. „Und dazu brauche ich jeden Hinweis, der uns helfen kann, den Fall aufzuklären. Zum Beispiel muss ich einfach noch besser verstehen, wie so eine Uni eigentlich funktioniert." Dann entschloss er sich spontan, es gleich mit einer Provokation zu versuchen. „Ich habe zum Beispiel gehört, dass Sie, Herr Tränkner, einen ziemlichen Streit mit dem Dekan hatten. Und ihn dann trotzdem im – wie heißt das – Fachbereichsrat?" „Fakultätsrat!", rief Rolf Gerstner dazwischen. „… ja, genau: dass Sie ihn dort trotzdem wiedergewählt haben."

Nun brach ein ziemlicher Tumult aus: Mehrere aufgeregte Stimmen ertönten gleichzeitig: „Du hast was?" „Das gibt es doch gar nicht!" „Woher wollen Sie das wissen?" „Kann gar nicht sein!" Kellert hob die Hand und verschaffte sich so tatsächlich Ruhe. Sebastian Tränkner rutschte nervös auf seinem Sofaplatz hin und her und rieb mit Daumen und Zeigefinger der linken Hand sein schmales Kinnbärtchen. „Nun?", fragte Kellert und bedankte sich wieder einmal im Geiste für das psychologische Stresstraining.

„Ja, äh", stotterte der Student, der nun aufgesprungen war und zwischen dem Schreibtisch und seinem Stuhl hinund herlief. „Egal, woher Sie das wissen, ist ja eigentlich eine geheime Wahl und so, aber es stimmt!" „Basti", rief die Studentin, die Tränkner als Conny vorgestellt hatte, ungläubig und vorwurfsvoll, während der als Thomas Benannte eine wegwerfende Handbewegung machte. „Okay, okay, ich erkläre es euch", fügte Tränkner hinzu, „aber später, ja?" Er sah ein bisschen ängstlich zu Verena Obmöller herüber und blickte dann zu Kellert.

„Dann wissen Sie wahrscheinlich auch, dass Gerstmaier mich als Dekanats-Hiwi gefeuert hat?", „... und durch die Prüfung fallen und aus dem Bewerberkreis streichen ließ, ja, weiß ich auch", fügte Kellert hinzu, der sich mit diesen Details nicht länger aufhalten wollte. Der, der Christoph hieß und den Kellert als einen jener Priesterseminaristen wiederzuerkennen glaubte, die ihm am Vortag im Gang begegnet waren, mischte sich ein: „Der Gerstmaier wollte uns als Fachschaft aber auch noch diesen Raum wegnehmen! Wir haben den alle nicht besonders gemocht!"

,Nett, der Knabe', dachte Kellert, ,der will wohl seinen Kumpel aus dem Kreuzfeuer herausholen, indem er gleich auf ›uns alle‹ lenkt. Langsam, Freundchen!' „Gut, aber das wusste ich auch schon. Ist doch mein Job, alles zu wissen!", sagte er leichthin. „Alles!", schnaubte Conny dazwischen, Kellert ließ sich dadurch aber nicht aus dem Konzept bringen und wandte sich wieder Tränkner zu: „Also, wieso haben Sie Gerstmaier dann trotzdem als Dekan wiedergewählt? Beste Freunde waren Sie ja wohl nicht gerade."

Der Student rang mit sich, das war deutlich zu sehen. Die anderen schauten ihn nun mit unverhohlener Skepsis misstrauisch an. Auch sie wollten wissen, wie sich das zusammenreimte. „Äh, nee, Herr Kommissar, ehrlich: Der Gerstmaier war ein Assi, Verzeihung! So ein Typ, dem man einfach gern einmal eine dissen will, ich sage es, wie es ist, oder?"

Nicken im Raum, nur Verena Obmöller verzog keine Miene. „Aber das macht man natürlich nicht, ist doch klar!", fügte Tränkner hinzu. „Denken darf man das aber, oder, Herr Kommissar? Kommen Sie, das geht Ihnen bestimmt auch ab und zu mal so." ,Klar Bürschchen', dachte der, ,aber das werde ich dir gerade auf die Nase binden!' So blickte auch er, ohne mit der Wimper zu zucken, auf den Studenten,

der sich sichtlich unwohl fühlte, sich wand und nach einem
Ausweg suchte.

„Herr Kommissar, ich müsste Sie mal unter vier Augen
sprechen", druckste er dann mühsam herum. „Hey, wieso
das denn, Basti? Hast du Geheimnisse vor uns?", rief Rolf.
Auch die anderen guckten empört. Kellert gab seinem Gegenüber ein Signal, mit ihm vor die Tür zu gehen. „Tag, Herr
Kösters", murmelte er dem Prodekan zu, der eben draußen
vorbeiging, die beiden in den Flur Tretenden aber nicht zu
bemerken schien. Sie gingen bis an das Ende des Ganges zu
einem hohen Fenster. Hier konnte sie niemand belauschen.

Tränkner blickt nach draußen auf die knospenden mächtigen Kastanien der Allee. „Das ist so – aber bitte: Sie müssen das für sich behalten!" „Mal sehen!", knurrte Kellert.
Tränkner rückte zögerlich mit der Wahrheit heraus: „Ich …
ich bin mit der Conny zusammen, schon über zwei Jahre. Ja,
und in der Zeit, da hatte ich mal kurz was mit einer anderen
Studentin – Marie, Marie Stadler, egal, die kennen Sie ja
nicht." ‚Moment!', dachte Kellert. Der war er doch gestern
kurz begegnet, oder? Die mit dem blonden Kurzhaarschnitt!?
Er behielt sein Wissen aber für sich, denn der Student hatte
sowieso schon aufgeregt weitererzählt. „Das mit der Marie,
davon hat die Conny keine Ahnung. War auch nur ganz kurz,
so für zwei Wochen." ‚Soso, das gibt es also auch bei den
Theologen!', dachte Kellert überrascht und amüsiert.

Tränkner sprach weiter: „Das mit Conny und mir, das
wissen ja alle. Und der Gerstmaier, der hat mich dann mal
mit der Marie erwischt, im Fachschaftszimmer. Nichts
Schlimmes, aber eindeutig war's schon. Da kam er ohne
anzuklopfen rein. Peinlich, Mann, das weiß ich noch wie
heute. ‚Ja, da schau her!', hat er nur gesagt und ist wieder
gegangen. ‚Coole Reaktion', hab ich noch gedacht. ‚Der ist

ja doch nicht so steril, wie du immer dachtest.' Von wegen! Der große Streit mit ihm war dann ein paar Wochen danach. Die Geschichte kennen Sie ja. Na, und kurz vor der Wahl bestellt der mich zu sich. Ich war vielleicht verblüfft. ,Was will er denn jetzt noch?', dachte ich. Aber damit hab ich nun wirklich nicht gerechnet: ,Ich brauche Ihre Stimme bei der Wahl zum Dekan', hat er gesagt. ,Und ich bin sicher, dass Sie mich auch wählen werden.' Drüben im Dekansbüro war das. Und dann hat er aus einem Ordner ein Blatt Papier gezogen, kurz daraufgeschaut, eiskalt gegrinst und hinzugefügt: ,Sie wollen doch nicht, dass Ihre Verlobte etwas von Ihrem kleinen Fehltritt mit Fräulein Stadler erfährt, oder?' Ich konnte das echt nicht glauben. Wollte der mich erpressen, oder was? Aber so war's. Na ja und Conny, die versteht da keinen Spaß. Das wollte ich nicht aufs Spiel setzen. Ich liebe sie nämlich, Herr Kommissar, echt! Also habe ich ihn halt gewählt."

„Moment, Moment. Das ist aber doch wohl eine geheime Wahl oder, wenn es um Personen geht? Wie hätte er denn kontrollieren können, ob Sie ihm wirklich Ihre Stimme gegeben haben?" „Ja, das habe ich damals auch erst überlegt!", stimmte Tränkner dem Kommissar zu. „Aber das wollte ich dann einfach nicht riskieren. Was wäre, wenn alle gegen ihn stimmen, dann wüsste er es doch? Oder wenn er irgendwie die Stimmzettel manipuliert und meinen erkannt hätte? Doch, das musste man dem zutrauen," fügte er hinzu, da er Kellerts skeptischen Blick sah.

„Okay, das leuchtet mir ein", gab dieser zu. „Klingt plausibel. Aber wie Sie das Ihren Kumpels erklären, das überlasse ich Ihnen." „Da wird mir schon was einfallen", antwortete der Student, sichtlich erleichtert, dass der Kommissar ihm anscheinend glaubte. Der dachte kurz nach und schob dann doch noch etwas in ganz anderer Tonlage nach: „Aber wenn ich Ihnen einen persönlichen Rat geben darf: Ich bin über zwanzig Jahre lang verheiratet. Eine Beziehung, die auf Lüge oder Verschweigen aufgebaut ist, das geht nicht. Irgendwann sollten Sie das Ihrer Conny beichten. Besser bald!" Tränkner blickte in die Augen des Polizisten, schlug den Blick nieder und nickte kaum merklich. „Kommen Sie, gehen wir zu den anderen!", meinte der Polizist.

„Ach, guten Tag, Herr Kommissar", erklang eine männliche Stimme, als sie gerade am Dekanatssekretariat vorbeigegangen waren. Als Kellert sich umdrehte, sah er Professor Mühlsiepe, der gerade das Zimmer verließ. „Guten Tag, Herr Professor", grüßte er zurück, aber der so Angeredete war schon auf dem Weg zum Treppenhaus. „Tut mir leid, hab's eilig", tönte es den Flur entlang, „muss in die Vorlesung!"

„War das nicht Professor Mühlsiepe?" Verena Obmöller hatte die Stimme gehört und war aus dem Fachschaftszimmer herausgeeilt. Tränkner schlug die Augen nieder und wurde ein bisschen rot. So antwortete Kellert auf die an niemanden direkt adressierte Frage: „Ja klar, der war das."

„Moment, Herr Professor!" Schnell eilte die Studentin in Richtung Treppenhaus und schwenkte dabei ein Konvolut von mehreren bedruckten Blättern durch die Luft: „Sie haben am Freitag etwas vergessen!"

Kellert wollte sich soeben von den Studierenden verabschieden, da klingelte in seinem Hirn eine Alarmglocke: ‚Am Freitag'! Rasch drehte er sich um und ging nun seinerseits eilig in Richtung Treppenhaus. Da kam ihm aber schon die schnaufende Studentin wieder entgegen, dieses Mal freilich mit leeren Händen.

„Frau Obmöller!", sprach er sie an. Sie lächelte zurück und meinte, noch immer etwas außer Atem: „Sie dürfen ruhig Verena sagen!" „Ja, gut. Was war das gerade mit ‚Freitag'? Sagen Sie nur, Sie haben Professor Mühlsiepe am Freitag hier getroffen? „Sie dürfen mich aber wirklich duzen, Herr Kommissar", wiederholte Verena mit einem freundlichen Lächeln, „das ist hier so üblich. Und ja klar: Ich schreibe doch meine Zula bei Mühlsiepe." „Ihre, äh, deine was?", unterbrach Kellert. „Na meine Zulassungsarbeit. Wir müssen doch eine ausführliche Abschlussarbeit zum Staatsexamen schreiben, und die schreibe ich bei ihm. ‚Rahner und von Balthasar: Innovation und Restauration der Christologie'."

„Aha", erwiderte Kellert, dem das ganz offensichtlich nichts sagte und auch völlig egal war. Ihn interessierte etwas anderes: „Und wann genau war das Gespräch am Freitag?" „Nun, nachdem ich hier mit den Erledigungen fertig war, ab vier und bis halb sechs oder so, ich habe nicht auf die Uhr geschaut." ‚Dann war Mühlsiepe also am Freitag hier', überlegte Kellert. ‚Weil er so viel zu Hause arbeitet und freitags keine Lehrveranstaltungen an der Uni abhält, habe ich ganz automatisch gedacht, er wäre nicht da gewesen. Dumm, Bernd, dumm! Da werde ich noch einmal nachfragen müssen. … So, das wäre es hier erst einmal.' Mit diesem Gedanken verabschiedete er sich von der Studentin und drehte sich um.

Nachdenklich schlenderte er in Richtung Ausgang, als er hinter sich eine ihm zunächst unbekannte männliche Stimme hörte: „Herr Kommissar?" Er drehte sich um und blickte auf einen gepflegten Herrn in dunklem Anzug, einem perfekt gebügelten weißen Hemd und schwarzer Krawatte. Die frisch frisierten Haare waren kurz geschnitten und sauber gescheitelt, eine Lesebrille mit halbmondartigen Gläsern hing an einer goldenen Kette. ‚Moment, mit dem habe ich am Montag doch auch gesprochen, wer war das denn gleich wieder?', dachte er gerade, da stellte sich der andere bereits in wohl gesetzten Worten vor: „Sie werden sich kaum an mich erinnern, Reinhard Baumjohann, Professor für Moraltheologie, wir hatten uns am Montag kurz ausgetauscht."

„Ach ja, natürlich", erwiderte Kellert, „der Nachfolger von Altdekan Füstner, nicht wahr? Was kann ich für Sie tun?" „Sie haben ein gutes Gedächtnis!", sicherte Baumjohann ihm zu. „Ich müsste mit Ihnen etwas bereden, es wird auch nicht lange dauern. Haben Sie kurz Zeit?"

Kellert blickte rasch auf seine Uhr, schon kurz vor zwölf, bald Mittag, aber gut. „Selbstverständlich, gern! Worum geht es denn?" „Darf ich Sie bitten, mit in mein Büro zu kommen? Es ist gleich hier. Dort sind wir ungestört." Baumjohann führte ihn in ein geschmackvoll und exklusiv eingerichtetes Büro, das Kellert eher bei einer Versicherungsagentur als in einer Theologischen Fakultät vermutet hätte. Dunkle Designermöbel, ein perfekt abgestimmter cremefarbiger Teppich, zeitgenössische Ölgemälde an der Wand. ‚Oha, ein echter Gentleman, mit Geschmack und Geld', dachte Kellert.

„Ich habe mitbekommen, dass Sie gestern lange bei meinem Kollegen Mühlsiepe waren", begann Baumjohann, „und ich kann mir schon denken, worum es dabei ging. Ich möchte aber nicht, dass Sie einen falschen Eindruck von unserer Fakultät bekommen. Oder dass Sie ein einseitiges Bild von Dekan Gerstmaier erhalten. Mühlsiepe", er räusperte sich, „Mühlsiepe ist extrem, wissen Sie. Und nicht so harmlos, wie er auf den ersten Blick scheinen mag. Hat er Sie auch eingelullt?" Kellert zog überrascht die Augenbrauen hoch. ‚Was wird das? Der Versuch, einen Kollegen anzuschwärzen?'

„Lassen Sie mich eines klarstellen", sagte Baumjohann mit einer Stimme, der man anmerkte, dass sie erstens einem professionellen und begabten Redner gehörte und zweitens nicht gewohnt war, Widerspruch zu ernten. „Ich war kein Freund von Gerstmaier. Vieles hätte ich anders gemacht. Aber er war ein guter Dekan. Hat die Fakultät mit starker Hand durch schwierige Zeiten gesteuert. Sie können sich vielleicht vorstellen, dass die Existenz einer theologischen Fakultät heute keine Selbstverständlichkeit mehr ist. Viele an dieser Universität würden uns nur zu gern auflösen oder wenigstens zu einem überschaubaren Institut verkleinern. Doch, das ist anderswo auch geschehen, in Bamberg und Passau zum Beispiel! Nicht mit Gerstmaier! Er hat uns einiges an Ansehen und Sicherheit gebracht. Und auch an innerer Struktur. Er hat zum Beispiel den Betriebsausflug wieder eingeführt. Das ganze Kollegium und die Angestellten waren einen Tag zusammen unterwegs – zur Wallfahrtskirche Vierzehnheiligen in Oberfranken. So etwas ist doch wichtig, oder? Aber all das vergessen einige meiner sehr verehrten Herren Kollegen" – Professorin Mechtersheim übersah er – „sehr leicht. Außerdem war er gerecht, bei allem, was man ihm vorwerfen mag."

„Danke für Ihre Einschätzung", gab Kellert zurück und relativierte damit implizit den Anspruch des Gesagten, was sein Gegenüber auch durchaus wahrzunehmen schien, denn er zuckte leicht mit der Oberlippe. „Aber wieso haben Sie gesagt, Ihr Kollege Mühlsiepe sei ‚nicht so harmlos'?"

„Nun, da sollte ich Ihnen drei Punkte klarmachen", sprach er in einem dozierenden Tonfall, fast so, als erwartete er, dass der Kommissar mitschreiben würde. „Ich würde das alles lieber für mich behalten, glauben Sie mir, aber hier geht es um die Wahrheit und das Wohl der Fakultät." Kellert blickte ihn kommentarlos an. Baumjohann fuhr fort: „Der erste Punkt betrifft die Theologie meines Kollegen. Hat er Ihnen auch diese Szene des ‚Wir müssen die alte Sprache in die unserer Zeit übersetzen‘ vorgespielt? Das macht er nämlich immer. Wenn Sie in seinen Büchern nachlesen" – ‚Gott bewahre!‘, dachte Kellert –, „werden Sie sehr schnell feststellen, dass das eine ganz andere Theologie ist. Das ist nicht die Theologie, die sich in zwei Jahrtausenden als verlässliche Grundlage des Christentums und der katholischen Kirche herausgebildet hat, sondern etwas anderes, eigenes, die Mühlsiepe-Theologie. Da ist Jesus vielleicht ein Freund oder ein Prophet, aber doch nicht der ewige Gottessohn!"

Kellert hatte kaum Interesse, sich diese Spitzfindigkeiten weiter anzuhören, und entschloss sich, auf die kritischen Punkte hinzusteuern. „Sie haben also den Dekan in seiner Eingabe beim Bischof gegen Mühlsiepe unterstützt!" Empört blickte Baumjohann zu ihm hinüber. „Wie kommen Sie denn auf diese Idee? Das gehört sich nicht unter Kollegen, das macht man einfach nicht. Obwohl man über die Sache wirklich ernsthaft diskutieren muss. Aber im wissenschaftlichen Diskurs hier an der Universität, dafür ist sie schließlich da, nicht vor der Autorität eines Bischofs. Ich wollte Ihnen nur deutlich machen, dass es hier um ein wirkliches Konfliktfeld geht, nicht um eine bloße Lappalie. Und dass der Dekan hier nicht aus Lust an der Intrige tätig wurde, sondern aus ehrlicher theologischer Sorge. Noch einmal: Ich teile diese Einschätzung Gerstmaiers, aber den von ihm dazu eingeschlagenen Weg halte ich nach wie vor für falsch."

„Gut! Sie sprachen von drei Punkten", drängte Kellert, dem sein Gegenüber alles andere als sympathisch war. Und das beruhte wohl auf Gegenseitigkeit. Aus Erfahrung wusste er jedoch, dass gerade in solchen Konstellationen oft wichtige Hinweise fielen, welche die Aufklärung von Verbrechen maßgeblich vorantreiben konnten.

„Richtig", stimmte Professor Baumjohann zu und schloss gleich in leicht überheblichem Tonfall die Frage an: „Wissen Sie, was Drittmittel sind?" „Sagen Sie es mir bitte!", forderte der Kommissar ihn auf. „Nun, der heutige Forschungsbetrieb finanziert sich zu einem beträchtlichen Teil nicht mehr allein aus den internen Geldtöpfen der Universität, sondern aus so genannten Drittmitteln, projektgebundenen Zuschüssen von Geldgebern von außen, sei das aus der Wirtschaft, der Industrie oder der staatlichen Forschungsförderung. Dazu müssen Sie interessante Projekte entwerfen und ausführen."

„Was hat das nun mit Mühlsiepe zu tun?", unterbrach Kellert ungeduldig. Langsam wurde er hungrig. Und er hasste es, sich belehren lassen zu müssen. „Nur Geduld. Also: Gerade wir in den Geisteswissenschaften – ich zähle die Theologie dazu – haben es natürlich nicht leicht, an derartige Drittmittel zu gelangen. Ich selbst bin da – bei aller Bescheidenheit – ganz gut im Geschäft, wie Sie sehen."

Er wies mit zurückhaltender Geste auf die exklusive Einrichtung seines Büros und fuhr fort. „Einige meiner Kollegen versuchen es erst gar nicht. Kennen Sie den geschätzten Kollegen Schulze-Vorrath?" Kellert nickte. Er hatte den ironischen Unterton der Frage natürlich herausgehört. Klar stand ihm der Fundamentaltheologe vor Augen, den ja sogar Thiele aus dem Fernsehen wiedererkannt hatte.

„Natürlich, wer kennt den nicht?", kommentierte Baumjohann mit säuerlicher Miene. „Wissen Sie, was der sagt? ‚Entweder man schreibt Anträge oder man schreibt Bücher' oder ‚Entweder man schreibt seine Bücher selbst, oder man lässt andere für sich schreiben.' Der hat gut reden. Veröffentlicht jedes Jahr ein Buch, genauer gesagt immer wieder das gleiche unter je anderem Titel, was aber niemand zu bemerken scheint. Und er hat Verlage an der Hand, mit denen er auf sagenhafte Auflagen kommt, das kann ich Ihnen versichern! Nun, ‚entweder man schreibt für die Masse, oder man betreibt ernsthafte Wissenschaft', so sage *ich* immer. Andererseits, in einem muss ich Schulze-Vorrath Recht geben, und das kommt nicht oft vor. Ganz Unrecht hat er da nicht. Unsere Aufgabe als Professoren ändert sich. Immer mehr werden wir eher zu Organisatoren von Forschung als selbst zu Forschern. Sie ahnen nicht, wie viel Zeit man in diese ganzen unsinnigen Anträge und Berichte steckt. Nur damit Mitarbeiter dann die Arbeit tun, die wir früher selbst und meistens auch besser erledigt haben. Sinnvoll ist das nur zum Teil. Aber man kann sich dem nicht entziehen. So sehen die Gegenwart und Zukunft international perspektivierter universitärer Forschung aus."

„Und Mühlsiepe?", mahnte Kellert mit entnervter Stimme, selbst überrascht über seine unprofessionelle Ungeduld. Aber diese ganzen Universitätsinterna überforderten ihn gerade. „Ja doch, ich bin doch schon dabei." Kopfschüttelnd sah Professor Baumjohann den Kommissar an.

„Wie wollen Sie das denn verstehen, wenn Sie den Kontext nicht kennen? Also: Mühlsiepe ist Gutachter der DFG" – fragender Blick Kellerts – „der Deutschen Forschungsgemeinschaft. Die vergibt im Auftrag des Staates die meisten und renommiertesten Drittmittel. Mühlsiepe ist in seiner Branche ein bekannter Mann, er *war* wohl wirklich gut, vor fünfzehn oder zwanzig Jahren." ‚Arschloch!', dachte Kellert. „Deswegen fällt ihm diese ehrenvolle und einflussreiche Aufgabe zu. Noch zumindest." ‚Aufgeblasener Widerling!', dachte Kellert. „Letztes Jahr hat nun Gerstmaier einen großen Forschungsantrag bei der DFG eingereicht. Dafür hatte er lange und intensiv gearbeitet, hatte internationale Kollegen gewonnen und sich viel davon versprochen. Es sollte sein letztes großes Forschungsprojekt sein."

„Und?" „Die DFG hat dem Antrag nicht stattgegeben. Er scheiterte vor allem am Einspruch von Mühlsiepe. Offiziell darf man zwar nichts über die internen Beratungen der Auswahlkommission wissen, aber es hat sich eben doch herumgesprochen. So: Da haben Sie Ihren Mühlsiepe. Nicht so harmlos, wie er vorgibt." Das musste Kellert sich selbst eingestehen. Noch ein Grund mehr, diesen zu einem weiteren Gespräch aufzusuchen. Vielleicht im Kommissariat? Nein, das würde ganz falsche Deutungen aufkommen lassen. Wohl oder übel also hier, in der Theologischen Fakultät.

„Nur deshalb hat sich Gerstmaier ja auch noch mal als Dekan aufstellen lassen", ergänzte der Moraltheologe. „Eigentlich wollte er sich ganz seinem Forschungsprojekt widmen. Aber das war ja nun geplatzt." „Und sich an Mühlsiepe rächen?", fragte Kellert nach. „Nein, das glaube ich nicht. So schätze ich Gerstmaier nicht ein. Der war nicht emotional, sondern nüchtern berechnend und präzise kalkulierend. Nein, der war von dem, was er tat, überzeugt."

„Da war noch ein dritter Punkt, den Sie mir über Mühlsiepe sagen wollten", hakte der Kommissar nach. „Reicht das nicht?", gab Baumjohann zurück, der offensichtlich plötzlich keine Lust mehr verspürte, das Gespräch unnötig in die Länge zu ziehen. Aber Kellert ließ nicht locker: „Ich würde Sie bitten, mir alles mitzuteilen. Vielleicht hilft es uns, den Fall zu klären, egal, wie nebensächlich es zunächst auch scheinen mag."

„Also gut! Da war noch diese Sache mit der Festschrift. Ich weiß nicht, ob Sie diesen akademischen Brauch kennen …" – Kellert schüttelte den Kopf und musste wiederum passen – „Wir ehren verdiente Kollegen zu einem runden Geburtstag, meistens dem sechzigsten oder fünfundsechzigsten, mit einer Festschrift. Da stellen Kollegen, Schüler und Freunde Beiträge zusammen, die dann zu Ehren des Jubilars als Buch herausgegeben werden. Meistens sucht man ein Rahmenthema, das zu dem Kollegen passt. Man setzt ein Bild von ihm hinein und druckt seine Bibliographie ab oder so." Kellert brummte ein leises „M-hm".

Sein Gegenüber fuhr fort: „Ehrlich gesagt, ist das die sinnloseste Literaturgattung überhaupt. Festschriften braucht und liest niemand. Die verrotten in Bibliotheken vor sich hin. Und die meisten Beiträge sind entweder kaum veränderte Variationen von bereits anderswo Publiziertem oder Material, das irgendwo in den Schubladen vor sich hindämmerte und hier dann mal einen Platz fand. Aber so ist es nun einmal Brauch. Und natürlich gibt es auch wirklich gute Festschriften, selbstverständlich. Das ist aber die Ausnahme."

Wieder unterbrach der Kommissar den dozierend-selbstgewissen Wortfluss des redegewandten Professors. „Und …?"

„Und als Gerstmaier auf seinen Sechzigsten zuging, wurde auch für ihn eine solche Festschrift geplant. Sein damaliger Assistent Dr. Reutter hat sich da ziemlich engagiert, hätte die auch herausgegeben. Wir haben alle unsere zuvor zugesagten Beiträge pünktlich eingereicht, alle bis auf Mühlsiepe."

„Und, war man denn auf den angewiesen?", wollte Kellert wissen. „Nein, natürlich nicht. Aber Mühlsiepe hat bei dem Verlag interveniert, bei dem die Festschrift erscheinen sollte. Kurz vor dem sechzigsten Geburtstag hat es mal wieder irgendeinen heftigen Streit zwischen den beiden gegeben. Ich weiß nicht mehr, worum es dieses Mal ging. Da war ja ständig irgendetwas los. Nun ja, und dann hat Mühlsiepe seinem Verlag die Pistole auf die Brust gesetzt. ‚Entweder ihr veröffentlicht meine Bücher oder diese Festschrift. Beides zusammen geht nicht. Gegebenenfalls muss ich mir einen anderen Verlag suchen …‘ – irgendwie so wird das gewesen sein. Nun, der Verlag verdient mit Mühlsiepe nicht schlecht. Vor allem seine Bücher aus den neunziger Jahren sind Standardwerke, echte Longseller. In jüngster Zeit" – hier blickte er verächtlich zur Decke – „kommt da ja nicht mehr viel. Kurzum: Die Festschrift erschien nicht."

„Gab es denn keinen Vertrag?" „Nein, das hat Reutter wohl versäumt. Mehr als mündliche Absprachen gab es nicht und dafür auch keine Zeugen", erklärte Professor Baumjohann und blickte demonstrativ auf seine Armbanduhr.

„Aber warum hat man das Buch nicht woanders veröffentlicht? Es wird doch wohl mehr als nur einen Verlag für ein solches Buch geben, oder?", fragte Kellert unbeeindruckt weiter. „Weil es zu spät war. Eine Festschrift muss eben pünktlich erscheinen oder gar nicht. Uns Autoren war das relativ egal. Die Beiträge sind dann eben in Zeitschriften oder in anderen Büchern erschienen. Aber für Gerstmaier war es hart. Er hatte fest mit einer Ehrengabe gerechnet. Das war ihm wichtig als sichtbares Zeichen öffentlicher Wertschätzung. Und als er später erfuhr, warum die nicht erschienen war, war er verbittert. Kann ich verstehen! Aber jetzt müssten Sie mich wirklich entschuldigen, ich muss wirklich wieder an die Arbeit!" „Ich danke Ihnen für das Gespräch!" Förmlich verabschiedete sich Kommissar Kellert von Professor Baumjohann und eilte erschöpft dem Parkplatz entgegen. ‚Mühlsiepe!‘, dachte er.

„He, Bernd!“, unterbrach ihn eine Stimme, „bist du hier fertig?“ „Ach du, Dominik! Ich wusste gar nicht, dass du auch hier im Haus bist!“ Verwundert blickte er auf seinen Assistenten, der soeben aus einem Nebengang auf ihn zukam. Dann erst antwortete er auf dessen Frage: „Ja, absolut fertig.“

Überrascht sah er, wie sein Mitarbeiter soeben dabei war, ein offenbar angeregtes Gespräch mit den beiden Damen der Fachschaft Theologie zu beenden. Er bemerkte, wie Verena Obmöller seinem Kollegen ein – wie er fand – überaus reizendes Lächeln zuwarf. Der lächelte ebenso übertrieben zurück, grimassierte dazu eine rätselhafte Botschaft und wandte sich dann seinem Chef zu: „Dachte, wir gehen vielleicht eine Pizza essen und bringen uns dabei gegenseitig auf den Stand der Dinge?“ „Gute Idee, aber nicht hier in der Nähe. Ich brauche ein bisschen Distanz. Kennst du das ‚La Paloma‘ in der Wertinger Straße?“

Donnerstag, 13. Mai, nachmittags
Gerüchte und Verdächtigungen

Ob er wollte oder nicht: Kommissar Bernd Kellert musste noch einmal zurück an die Universität. „Das Bild vom inneren Aufbau dieser Fakultät wird mir immer klarer", hatte er seinem Mitarbeiter beim Mittagessen gesagt. „Ein echtes Mordmotiv sehe ich aber immer noch nicht. Es hilft nichts, ich muss mich dort weiter umhören."

„Ja, mach du das nur", hatte Thiele gemeint. „Ich werde mich noch einmal um die Spuren am Tatort kümmern. Vielleicht hat die kriminaltechnische Untersuchung etwas gefunden, das uns weiterhilft, Fasern, Fußspuren, irgendetwas. Ach ja Mensch, noch etwas, habe ich ganz vergessen: Gestern Abend kam eine Nachricht von der Gerichtsmedizin. Kollege Steinhöfer hat es mir in einer SMS mitgeteilt. Die Leiche ist freigegeben. Morgen um neun ist die Beerdigung auf dem Stadtfriedhof." „Upps, morgen schon! Na gut. Du weißt, was das heißt?", hatte sein Chef ironisch gefragt. „Klar", hatte Dominik Thiele geantwortet: „Zweimal schwarzer Anzug!"

Kellert hatte sich schon den Schlüssel für den Dienstwagen gegriffen, als er kurz innehielt, nachdachte und dann den Schlüssel wieder zurück an den Wandhaken rechts neben der Bürotür hängte. ‚Komm, geh die paar Meter zu Fuß, wird dir guttun!', dachte er. Er hatte wiederholt die Erfahrung gemacht, dass ihm im Gehen tatsächlich wichtige Gedanken kamen. Mit zügigen, aber keineswegs eiligen Schritten ging er durch die Straßen seiner Stadt. ‚Friedensberg!‘, ging es ihm durch den Kopf. ‚Schöner Name. Stimmt aber leider nur zum Teil. Ist zwar wirklich friedlich hier, verglichen mit anderen, vor allem größeren Städten, aber das ganze Elend, die ganze Skala menschlichen Lebens, die hast du natürlich auch hier!‘

Er ging durch die Parkanlage, welche die historische Innenstadt als grüner Gürtel umgab. ‚Mist, immer noch keine Spur von Barry, langsam wird mir das ein bisschen unheimlich!‘, fuhr es ihm durch den Kopf, aber schon wanderten seine Gedanken weiter. Ein paar ältere Schüler lümmelten an einer Parkbank herum, rauchten, stießen sich an, riefen sich unflätige Sprüche zu. Kellert hörte gar nicht richtig hin. ‚Lass sie, das brauchen die halt!‘, dachte er bei sich.

Vor einer Hecke abseits des Weges hockten zwei Penner – ‚Darf man jetzt nicht mehr sagen!‘, wies sich Kellert selbst innerlich zurecht –, abgerissene Gestalten mit verfilzten Haaren und Bärten, Plastiktaschen um sich herum, auf dem Boden eine geöffnete Weinflasche. Ein weiterer stocherte mit einem Ast in einem Mülleimer herum auf der Suche nach etwas Brauchbarem.

Früher hatte sich Kellert immer über diese Gestalten aufgeregt und denjenigen seiner Kollegen zugestimmt, die meinten: „Solche Typen haben hier bei uns in Friedensberg nichts zu suchen. Die verschandeln das Stadtbild. Eine Schande ist das! Abschieben!" Ungefragt teilten sie den anderen ihre Meinung mit, unabhängig davon, ob man das nun hören wollte oder nicht.

Inzwischen sah Bernd Kellert das anders. Guido, einer seiner Cousins, mit dem er fast keinen Kontakt gehabt hatte, war ein selbstständiger Elektriker gewesen, hatte einen kleinen Betrieb mit drei oder vier Mitarbeitern geführt. In der wirtschaftlichen Rezession war er trotz aller Bemühungen pleitegegangen, hatte zu trinken angefangen und war schließlich von seiner Frau verlassen worden. Er hatte alle Brücken hinter sich abgebrochen und lebte seitdem auf der Straße. Innerhalb eines halben Jahres war aus dem angesehenen Handwerkermeister mit Eigenheim und Wagen der gehobenen Mittelklasse ein Ausgestoßener geworden.

Nachdem Kellert damals diese traurige Geschichte von seiner Mutter gehört hatte, hatte er zunächst versucht zu helfen. Unmöglich, Guido wollte auf der Straße leben und lehnte alle Versuche der Kontaktaufnahme rigoros ab. Ein Jahr lang hatte der Kommissar befürchtet, seinem Cousin in der Stadt zu begegnen, womöglich bei einem Einsatz. Wie hätte er ihm gegenübertreten sollen? Tatsächlich hatte er ihn jedoch seit dieser Zeit nicht wieder gesehen. Er fragte sich manchmal, ob er ihn überhaupt noch erkennen würde. ‚Wahrscheinlich nicht!‘, dachte er. Aber seitdem sah er die Penner seiner Stadt mit anderen Augen. Jeder von ihnen konnte sein Vetter sein. Auch den Kollegen gegenüber verbat er sich seitdem jede pauschalisierende Verunglimpfung, wenn auch mit wenig Erfolg. Ohne Blickkontakt ging er nun an den Gestalten vorbei in Richtung Theologische Fakultät.

„Guten Tag, Frau Hoberg“, sagte Kellert, während er wenig später durch die wie immer geöffnete Tür des Dekanatssekretariats schritt. „Herr Kommissar“, lächelte sie ihn an, „Sie werden ja ein richtiger Stammgast bei uns.“ Und dann, mit einem Augenaufschlag und charmantem Lächeln: „Daran könnte ich mich richtiggehend gewöhnen.“ „Besser nicht“, grinste er komplizenhaft zurück. „Ich bringe selten

Gutes. Zumindest im Dienst", fügte er hinzu. „Ich wollte eigentlich noch einmal zu Professor Mühlsiepe, aber da scheint niemand da zu sein."

„Ja, der Herr Professor ist donnerstagnachmittags nie da. Da arbeitet er zu Hause. Und seine Sekretärin und sein Mitarbeiter sind, glaube ich, auch nicht da." „Ach schade!", seufzte Kellert.

„Wissen Sie, unsere Herren Professoren sind nicht so leicht erreichbar. Entweder sind sie in ihren Veranstaltungen oder in irgendwelchen Konferenzen oder unterwegs. Am besten ist es, wenn Sie einen festen Termin ausmachen."

„Danke für den Tipp", brummte Kellert nicht mehr ganz so frohgelaunt, „das werde ich tun!" „Hoppla!" Fast wäre er beim Verlassen des Raumes mit einer Dame zusammengestoßen, die soeben das Dekanatsbüro betreten wollte: Frau Professorin Mechtersheim, beladen mit mehreren schweren Aktenordnern. „Oh, Entschuldigung!", sagte er. „Kann ich Ihnen helfen?" Er nahm der Professorin einige Ordner ab und legte sie auf die ihm dafür angewiesene Ablage im Büro. „Danke. Sie sind aber oft bei uns!"

„Ja, das habe ich auch schon gesagt", stimmte die Sekretärin ein. Kellert beobachtete, wie Frau Mechtersheim nervös mit den Fingern der einen Hand über die Außenfläche der anderen strich. ‚Da stimmt doch etwas nicht', dachte er. ‚Immer wenn die mich sieht, wird sie so nervös. Dem werde ich jetzt auf den Grund gehen. Dann war mein Besuch hier vielleicht doch nicht ganz umsonst.'

„Ach, Frau Professorin! Gut, dass ich Sie treffe, ich hätte da noch eine Frage." „Jetzt?!" Kellert sah, wie sich ihre Augen vor Schreck weiteten und sich die Haut am Hals rötete. „Wenn möglich, ja. Ich wäre Ihnen wirklich sehr verbunden", ergänzte er. „Also gut. Können wir vielleicht ein paar Schritte gehen? Ich habe den ganzen Tag herumgesessen, an einem so schönen Tag", bat sie. „Sehr gern", stimmte der Kommissar zu, überlegte aber: ‚Will sie nicht im Haus mit mir gesehen werden?'

Auf der anderen Seite der Guardini-Allee, gleich neben der Juristischen Fakultät, erstreckte sich ein kleiner, sehr gepflegter Park mit hohen Bäumen. Hier war es erstaunlich ruhig, kein Kinderspielplatz, keine Fahrradfahrer, keine lärmenden Jugendlichen, auch keine Penner. Auf einer Parkbank saß ein vielleicht fünfzehnjähriges Mädchen mit verweinten Augen, neben ihm eine Frau, die erregt auf sie einsprach. ‚Mutter und Tochter', schätzte Kellert, dem die Ähnlichkeit zwischen den beiden aufgefallen war. ‚Um was es da wohl geht?', dachte er, konzentrierte sich dann aber auf seine Aufgabe.

Er entschloss sich, das Gespräch mit einer direkten Frage zu eröffnen: „Frau Professorin Mechtersheim", sagte er zu der etwas verkrampft neben ihm Hergehenden. „Mir ist aufgefallen, dass Sie immer ganz nervös werden, wenn Sie mich sehen. Ich habe das Gefühl, dass Sie etwas vor mir verbergen. Ich glaube, es wäre besser, wenn Sie mir sagen würden, was los ist. Auch für Sie selbst."

„Es ist wegen des Gerüchts", stieß sie hervor, als sei sie erleichtert, endlich reden zu können. „Welches Gerücht?", fragte Kellert nach und versuchte, seiner Stimme alle Schärfe und Härte zu nehmen. „Sie haben es also noch gar nicht gehört? Das wundert mich aber! Gut, irgendwann würden Sie es ja doch hören, da kann ich es Ihnen auch selbst erzählen. Es ist mir so unendlich peinlich. Also: Gerstmaier …" „Es hat also etwas mit Gerstmaier zu tun!", platzte Kellert dazwischen, biss sich aber gleich auf die Lippen. ‚Anfängerfehler! Lass sie doch reden!', sagte er sich.

Die Frau neben ihm war aber viel zu sehr mit sich selbst beschäftigt, als dass sie auf ihn geachtet hätte. „Ja, Gerstmaier hat mir gedroht!" Sie sprach nicht weiter. Vier Schritte, acht Schritte. „Ich dachte, Sie hätten kaum zehn Sätze mit ihm gesprochen. Haben Sie das nicht neulich gesagt?", warf Kellert dann ein. „Ja, bis zu unserem großen Krach! Danach bestellte er mich in sein Büro. Stellen Sie sich das vor. Er hinter seinem riesigen Dekanatsschreibtisch, ich vor ihm auf dem Besucherstuhl: ‚Sie und Brandtstätter, was läuft da? Ständig sieht man Sie zusammen! Haben Sie eine Affäre mit ihm: ja oder nein?' Ich war wie vor den Kopf gestoßen, stand auf und verließ wortlos sein Büro. So was von unglaublich! So gemein, so niederträchtig, so …"

Klara Mechtersheim stampfte zornig mit den Füßen auf den Kiesweg. Sie waren an einem kleinen Brunnen angekommen, aus dem ein lustiges Rinnsal plätscherte. Kellert hatte sich inzwischen wieder im Griff. Er schwieg und wartete. Die Professorin war noch nicht am Ende ihrer Ausführungen angekommen, das war klar. „Elmar und ich, wir sind Kollegen, das wissen Sie ja. Und Freunde. Er hilft mir viel, ich bin froh, dass er da ist. Das ist aber auch schon alles. Elmar ist Priester, und zwar mit Leib und Seele. Und ich würde doch auch niemals etwas mit einem Priester anfangen. Aber sollte ich das ausgerechnet diesem Gerstmaier erzählen? Ich war so wütend und so … ohnmächtig. Das war richtig erniedrigend. Vielleicht verstehen Sie jetzt, Herr Kommissar, warum ich das gern für mich behalten hätte. Aber es hilft ja nichts, ich musste es Ihnen einmal sagen." „Ja, das ist auf jeden Fall richtig." Der Polizist nickte. „Aber wie ging die Sache dann weiter?"

Sie druckste ein wenig herum, wog wohl ab, ob und was sie jetzt noch sagen wollte. „Ich kann Ihnen das nicht beweisen, Herr Kommissar, aber es war so: Er hat mich erpresst, dieser Gerstmaier, richtiggehend erpresst! ‚Wenn Sie mich nicht als Dekan wiederwählen', hat er gesagt – das war später in einem kurzen Gespräch in meinem Büro –, ‚werde ich öffentlich bekannt geben, wie es mit Ihnen und Brandtstätter steht.' ‚Aber das stimmt doch gar nicht, ist doch bloß ein Gerücht, alles komplett erlogen!', hab ich entgegnet. Da hat er nur eiskalt gegrinst und gesagt: ‚Ja und? Beweisen Sie das mal. *Aliquid haeret!* Können Sie sich das leisten?' "

Kellert schaute neutral und reagierte nicht. Klara Mechtersheim blickte ihn kurz an und ergänzte dann: „Irgendetwas bleibt immer hängen, heißt das. Und das stimmt ja auch. Wenn ein Gerücht erst einmal die Runde macht, lässt es sich durch noch so viele Dementis nicht mehr aus der Welt schaffen. Und das sagt der Gerstmaier mir so direkt ins Gesicht! Unglaublich, oder?!" Kellert dachte nach. ‚So viel zum Thema ›Gerechtigkeitsliebe des Dekans‹, lieber Kollege Baumjohann!', dachte er an sein Gespräch kurz vor der Mittagspause zurück.

„Ja, das ist schon harter Tobak, was Sie da erzählen", versicherte er der Professorin. „Aber in einem kann ich Sie beruhigen. Das Gerücht höre ich zum ersten Mal. Wenn es wirklich in Umlauf wäre, wäre ich da bestimmt schon früher darauf gestoßen. Sie müssen also kaum befürchten, zum Gesprächsstoff der Leute zu werden. Vielleicht ist das auch gar kein Stoff mehr, aus dem man Gerüchte stricken kann. Wir leben immerhin im 21. Jahrhundert – nach Christus."

In einer Mischung aus Dankbarkeit und ungläubigem Zweifel sah ihn Klara Mechtersheim an. Langsam schlenderten sie den Weg weiter. Ein schwarzer, mittelgroßer Mischlingshund schnupperte am Wegrand, grub mit seiner rechten Vorderpfote eher lustlos an einem Beet herum, blickte auf und sah die beiden schlendernden Menschen. ‚Barry', durchzuckte es Kellert. Er musste unbedingt etwas unternehmen. Nicht auszudenken, wenn der verschwunden blieb. Das würde Beate schwer treffen und Jenny würde ihnen das niemals verzeihen. ‚So ein Mist aber auch!' Der Hund wedelte fröhlich mit dem Schwanz und lief ihnen entgegen. Frau Mechtersheim wollte sich gerade zu dem Hund herunterbeugen, um ihn zu streicheln, als Kellert unvermutet nach dem Tier trat. „Hau ab, du alte Töle!", rief er. „Los, fort! Schleich dich!" Der Hund zog den Schwanz ein und lief fort.

Die Professorin schaute überrascht auf den Polizisten, den sie bislang nur als äußerst beherrschten Zeitgenossen wahrgenommen hatte. Kellert spürte ihren Blick und hatte sofort das Gefühl, sich rechtfertigen zu müssen. „Ich hasse Hunde, kann sie nicht ausstehen!", erklärte er. „Bin als Bub mal von einem gebissen worden. Seitdem halte ich sie lieber auf Abstand. Aber was sind das auch für Viecher! Entweder kriecherisch und unterwürfig, angepasst an Herrchen oder Frauchen oder unkontrollierbar bissig und aggressiv! Außerdem hinterlassen sie überall, aber auch wirklich überall ihre ...", er suchte nach Worten, „Spuren. Ekelhaft!"

„Hm, das sehe ich anders", sagte sie mit fester Stimme. „Klar, wenn man so ein Kindheitserlebnis hatte, das bleibt hängen, das verstehe ich gut. Aber ich mag Hunde. Sie sind klug – manche zumindest – kommunikativ, haben einen eigenen Charakter und sind treu. Anders als manche Menschen ..." Der Satz klang aus, ohne dass sie die Gedanken zu Ende geführt hätte.

„Haben Sie denn einen Hund, Frau Professorin?", fragte Kellert, selbst ein bisschen verwundert über die private Wendung des Gesprächs. „Nein, leider nicht!", antwortete sie mit bedauernder Mimik. „Ich hätte gern einen. Aber dazu muss man einfach einen regelmäßigen Tagesablauf haben und Zeit für ein solches Tier, sonst ist das für beide eine Quälerei. Und als Professorin, da sind sie stets unterwegs. Routine gibt es da nicht. Das ist ja auch das Schöne an dem Beruf."

Sie gingen einige weitere Schritte, ein jeder in seine Gedanken vertieft. Auf dem schmalen Rasenstreifen zwischen den Baumreihen und den Blumenbeeten standen zwei Männer südländischen Aussehens. Sie waren mit signalroten Warnwesten bekleidet, hatten große schwarze Plastikmüllsäcke in der einen Hand, in der anderen einen längeren Metallstock, an dessen Ende sich eine Greifzange befand. Mit der Zange packten sie den herumliegenden Unrat – Papierschnipsel, knisternde Verpackungen von Süßigkeiten, feucht gewordene Zeitungsseiten, weggeworfene Batterien – und verstauten den Müll in den Säcken. ‚Unsere Stadt soll schöner werden', ging es Kellert durch den Kopf. ‚Und irgendjemand muss dafür auch den Müll wegräumen. Klar! Auch ein Job!'

Frau Mechtersheim schien von dem, was um sie herum vor sich ging, nur wenig mitzubekommen. Auf einmal blieb die Professorin stehen, berührte Kellert am rechten Ärmel, blickte ihm fest in die Augen und sagte: „Was denken Sie eigentlich von mir, Herr Kommissar?" Ehe Kellert antworten konnte, fuhr sie fort: „Sie müssen mich für eine recht seltsame Person halten, oder? Komme ich Ihnen schwach vor, hilfsbedürftig?"

Er druckste an einer Antwort herum, doch wieder kam sie ihm zuvor: „Doch, ich sehe das in Ihren Augen und an der Art, wie Sie sich mir gegenüber verhalten. Ich will Ihnen das erklären, ich …" Kellert unterbrach sie: „Bitte, Sie müssen mir gar nichts erklären, und ich sehe Sie auch gar nicht ..." Dieses Mal schnitt Klara Mechtersheim ihm das Wort ab, freundlich, aber bestimmt. „Bitte, lassen wir doch das Höflichkeitsgeplänkel. Meine Wahrnehmung stimmt schon. Und ich will, dass Sie kein falsches Bild von mir haben."

Kellert signalisierte ihr mit einer Handbewegung seine Zustimmung. „Mir geht es nicht so besonders, das stimmt ja", begann die Professorin mit klarer Stimme. Sie hatte sich offensichtlich vorgenommen zu reden, und es tat ihr gut, das nun umzusetzen. „Stefan, einer meiner Brüder, er ist viel älter als ich, ist seit einem halben Jahr schwer krank. Leukämie. Keine Aussicht auf Heilung. Ich habe für ihn gebetet, glauben Sie mir das, aber Gebete sind keine Wundermittel. Ich rechne seit Wochen ständig mit einem Anruf, dass er gestorben ist. Jeden Tag kann die Nachricht kommen, jede Stunde! Aber er wohnt in Hamburg, ich kann doch nicht ständig dort sein, jetzt, wo das Semester läuft. Und habe doch das Gefühl, ich müsste ihm und seiner Frau beistehen. Das zermürbt! Und jetzt noch diese Sache mit Gerstmaier ...." Sie schwieg.

Kellert blickte auf die Frau, die da vor ihm stand, und sah sie nun tatsächlich mit anderen Augen. „Das ist bestimmt nicht leicht", war allerdings alles, was ihm dazu einfiel. Sie nahmen ihren Weg wieder auf und gingen eine ganze Weile wortlos nebeneinander her. ‚Trost und Anteilnahme, wie drückt man das aus?‘, fragte sich der Kommissar. ‚Das hast du in all den Jahren nicht gelernt, Bernd! Beate, ja, die wüsste ganz automatisch, wie man sich in einer solchen Situation verhält und was man sagt.‘

„Wissen Sie", unterbrach die Professorin das Schweigen, „ich habe mich immer gefragt, was das Gegenteil von

Glauben ist. Glauben, das ist für mich als Theologin so normal. Aber für die meisten Menschen heute ist das keineswegs so, das weiß ich natürlich. Aber was ist das, das Gegenteil? Atheismus, hätte man in den 60er und 70er Jahren gesagt, aber kennen Sie einen wirklich überzeugten Atheisten?"

Kellert dachte kurz nach und zuckte dann die Schultern. „Sehen Sie! Zweifel, habe ich dann gedacht, das Gegenteil von Glauben ist Zweifel. Aber kennen Sie Menschen, die heute noch so richtig produktiv zweifeln, also echt über ihre Überzeugungen nachdenken?" Wieder blickte sie den Kommissar an, er überlegte und wiegte den Kopf langsam nach rechts und links, als wisse er nicht so genau, wie er darüber denken solle. „Nein, angesichts der Krankheit meines Bruders weiß ich, was das Gegenteil von Glauben ist – Gleichgültigkeit! Sie glauben gar nicht, wie gleichgültig viele Menschen reagieren. Stefan stirbt, und es ist fast allen völlig egal. Nachbarn, Kollegen, so genannte Freunde! Einfach egal! Das ist doch unerträglich." Sie hielt inne und fuhr dann fort: „Das *wäre* doch unerträglich, wenn es den Glauben nicht gäbe, oder?"

Kellert überlegte, fand den Gedankengang herausfordernd, ganz kurz versuchte er sich selbst einzuordnen in die Kategorien der Professorin. Was war er denn selbst: ein Glaubender, ein Atheist, ein Zweifler oder ein Gleichgültiger? Gab es noch etwas anderes? Oder Mischformen? ‚Ein Thema für ein Gespräch mit Beate', dachte er, murmelte aber in Richtung seiner Gesprächspartnerin: „Da bin ich wohl nicht der Richtige, um das zu beurteilen. Aber: danke für Ihr Vertrauen, Frau Mechtersheim." Da er die sich erneut anschließende Stille nicht gut aushielt, überlegte er krampfhaft, ein anderes Thema anzuschneiden. Aber welches? ‚Zurück zum

Fall, Bernd!', ermahnte er sich. ‚Du bist Polizist und kein Seelsorger, Gott sei Dank!'

„Ach, Frau Professor", wandte er sich also an seine Gesprächspartnerin – ‚Oder sagt man Frau Professorin?', überlegte er. „Ich habe noch eine ganz andere Frage, es ist eher die Bitte um eine Einschätzung!" „Fragen Sie ruhig!", ermunterte ihn Frau Mechtersheim, der es nun viel besser zu gehen schien, richtig erleichtert. „Wenn ich mich recht erinnere, so heißt doch eines der Zehn Gebote ‚Du sollst kein falsches Zeugnis ablegen!'. So haben wir das damals als Kinder jedenfalls gelernt. Und das gehört doch zu den Grundgeboten des Christentums. Ich verstehe beim besten Willen nicht, wie man, also genauer: wie Gerstmaier als Christ, dann noch als Pfarrer, als Professor und dann auch noch Kirchenrechtler so einfach gegen ein so klares Gebot verstoßen kann. Er lehrt über das Recht und bricht es! Muss man da nicht schizophren sein?"

Klara Mechtersheim schaute ihn von der Seite her aufmerksam an. „Tja, wenn ich das wüsste!", gab sie nach einiger Zeit zurück. „Wir sind ja alle nicht perfekt! Irgendwie verstoßen wir doch alle ständig gegen Gebote und Gesetze, oder nicht?" „Schon, aber wir werden Gott sei Dank nicht immer dabei erwischt, eigentlich fast nie! Und das ist auch ganz gut so, oder? Was wir sonst bei der Polizei alles zu tun hätten!", stimmte Kellert zu. „Trotzdem", fuhr er fort, „bei einem so außergewöhnlichen Verhalten, wie rechtfertigt man das vor dem eigenen Verstand? Was denken Sie?"

„Wissen Sie", begann die Professorin, „wir Theologinnen und Theologen lernen eben, alles situativ zu relativieren." Kellert blickte erneut ohne erkennbare Regung vor sich hin. Die Professorin blickte kurz zu ihm hinüber, lächelte still in sich hinein und fuhr fort: „Ich erkläre es Ihnen: Natürlich stimmt das: ‚Du sollst kein falsches Zeugnis ablegen' ist eines der Zehn Gebote. Aber wissenschaftlich fragt man dann nach: Was hieß das im damaligen Zeitkontext, an wen war das gerichtet, welche Reichweite hatte das Gebot, wie muss man es in den heutigen gesellschaftlichen Rahmen transponieren und so weiter. Und dann kann man das für sich vielleicht so hinbiegen, dass man sagt: Gut, ich lege zwar vielleicht ein falsches Zeugnis ab, aber das ist in einem höheren Sinne notwendig. Eine kleine Sünde dient einem großen Zweck und ist dadurch gerechtfertigt. Verstehen Sie, was ich meine?"

Kellert blickte seine Gesprächspartnerin skeptisch an, brummte etwas Unverständliches und ergänzte dann: „Vielleicht ja, aber ich weiß nicht, ob mir diese Erklärung wirklich gefällt!" „Mir ja auch nicht", räumte Klara Mechtersheim sofort ein. „Ich wollte ja nur versuchen mir vorzustellen, wie Gerstmaier das vor seinem eigenen Gewissen rechtfertigen konnte. Keine Ahnung, ob es dem wirklich nahe kommt. Aber ich gebe Ihnen noch ein Beispiel, wie man alles wissenschaftlich relativieren kann. Sie haben doch sicherlich auch das Gebot auswendig gelernt ‚Du sollst nicht töten!', oder?"

„Na klar", gab Kellert zurück, „das ist ja auch ganz zentral für unsere Arbeit bei der Polizei!" „Sehen Sie, und das Gebot gab es nie!", triumphierte die Professorin, blieb stehen und wandte sich direkt dem Kommissar zu.

„Was?!", fragte der überrascht. „Was soll das heißen, das gab es nie?" „Nun, es heißt im Alten Testament wörtlich ‚Du sollst nicht morden!' Das ist etwas ganz anderes. Natürlich durften die Israeliten Tiere töten, natürlich durften sie als Krieger gegnerische Krieger umbringen, sonst hätte das Volk gar nicht überleben können. Denken Sie nur an David und Goliath! Und natürlich gab es das Recht auf Notwehr oder Nothilfe. All das war mit dem Gebot nie gemeint! Es hatte immer nur den Fall vor Augen, dass man absichtlich, berechnend und zu eigenem Vorteil einen anderen Menschen tötet. Mord also: Nur das ist strikt verboten gewesen."

„Da habe ich also im Erstkommunionunterricht und in der Schule etwas Falsches gelernt?", fragte Kellert irritiert zurück. „Ja, und deshalb ist es so wichtig, dass man das den Kindern und Jugendlichen heute richtig erklärt!", fügte die Religionspädagogin hinzu, ganz in ihrem Element.

„Hm, für mich hört sich das so an, als könnte man das alles so für sich zurechtbiegen, bis es in die eigene Lebenslage hineinpasst", warf Kellert skeptisch ein, besann sich dann aber. „Und was heißt das nun für den Fall Gerstmaier? Ist der Ihrer Einschätzung nach aus irgendwelchen Gründen getötet worden? Oder eben doch schlicht ermordet?"

Erschrocken blieb die Professorin stehen und schaute ihm offen in die Augen: „Also das dürfen Sie mich nicht fragen, Herr Kommissar. Das weiß ich nun wirklich nicht! Es ist Ihre Aufgabe, das herauszubekommen. Und dabei wünsche ich Ihnen Erfolg, egal ob ich den Dekan nun mochte oder nicht. Er war ein Mensch. Man hat ihn getötet. Das ist und bleibt ein Verstoß gegen unsere gesellschaftliche und gegen die göttliche Ordnung, und es muss aufgeklärt werden."

Sie blickte auf ihre Armbanduhr, erstarrte und rief mit unterdrückter Stimme: „Was? So spät schon! Ich muss zurück! Oder brauchen Sie mich noch?" „Nein, ich denke, das war's. Danke für das Gespräch und … und: danke nochmals für Ihr Vertrauen und Ihre Auskünfte."

Kurz bevor Kellert den Park verließ, spürte er das Vibrieren seines Handys in der Hosentasche. Den Ton hatte er dieses Mal absichtlich ausgestellt, damit man ihn mitten in einem Gespräch stören konnte. ‚Yellow Submarine' passte nicht in jede Gesprächssituation. Er blickte auf das Display: die Handynummer seiner Frau! „Ja, hallo Beate", sprach er, während er sich seitlich wegdrehte, so dass ihm niemand zuhören konnte. Er hasste es, wenn er selbst zum unfreiwilligen Zuhörer von fremden Telefonbotschaften wurde, und versuchte deshalb umgekehrt, jedes öffentliche Telefongespräch in Hörweite anderer zu vermeiden.

„Ah, sehr gut!", sprach er leise und sichtlich erleichtert in das Gerät. „Das beruhigt mich ungemein. Puh! Gott sei Dank! ... Und wann kommst du zurück?" Er lauschte in das Gerät hinein. „Okay, ich hole dich am Flughafen ab, na klar. Und sag Jenny, wie froh ich bin, dass es nichts Ernstes ist, und dass ich sie liebe, ja? ... Jaja, dich natürlich auch! Tschüss!" Fünf Uhr. Was sollte man nun anfangen mit einem so wunderschönen Maitag?

Donnerstag, 13. Mai, abends
Ein Maiabend im Biergarten

Betont locker saß Dominik Thiele an einem kleinen Tischchen im Gartenbereich des Hubertushofs hoch über der Stadt. Von hier schweifte der Blick weit über die steilen Weinberghänge, auf den träge dahinfließenden breiten Fluss, auf dem noch einige Freizeitboote langsam oder angeberisch schnell ihre Bahnen zogen, und dann auf das wogende Dächermeer von Friedensberg mit seinen über zwanzig Kirchtürmen, dem Renaissance-Schloss und dem die Stadt umschließenden Grüngürtel. In der Mitte ragte der altehrwürdige Dom mit seinem mächtigen Vierungsturm deutlich heraus. Um ihn herum das Gewirr schmaler Gassen, die man von hier oben nur erahnen konnte.

‚Richtig, diese grünen Flecken dort, das müssen die Gärten der alten Domhöfe sein‘, dachte Thiele, es gelang ihm aber nicht, Haus und Garten von Professor Gerstmaier auszumachen. Rechter Hand schlängelte sich das grüne Band der Guardini-Allee durch das Dächermeer, auch der von hier aus streng und abweisend wirkende Bau der Theologischen Fakultät war deutlich erkennbar.

Es war ein lauwarmer Maiabend, an dem man zum ersten Mal in diesem Frühling ohne Jacke draußen sitzen konnte. Fliederbüsche setzten nicht nur ihre weißen, hellblauen oder violetten Farbtupfer, sondern verströmten auch ihren wundervoll süßlichen Duft, in dem sich alle Wintersehnsüchte nach Frühling bündelten. Die Mauersegler und Mehlschwalben vollführten hoch droben am schon dunkelblauen Himmel ihre Flugkunststücke, ihr durchdringend ziepender Schrei verkündete pure Lebensfreude und Frühlingslust.

Dominik Thiele hatte eine hellblaue Jeans ausgewählt, dazu ein ärmelloses rotweißes T-Shirt, das seinen durchtrainierten Körper überdeutlich herausstellte. Vor ihm stand ein bereits bis zum letzten Drittel geleertes Radler. Bei näherem Hinsehen konnte man erkennen, dass die betonte Lässigkeit nicht ganz seinem inneren Gemütszustand entsprach. Immer wieder blinzelte er verstohlen auf die silbern blitzende Uhr am linken Arm. ‚Schon zwanzig Minuten zu spät! Ob sie wohl noch kommt?‘, fragte er sich gerade. ‚Wir hatten doch halb acht ausgemacht.‘

Nervös nahm er einen weiteren Schluck und blickte in das weite Talbecken, das sich vor seinen Augen ausbreitete, als er plötzlich zusammenfuhr: „Tschuldigung", ertönte eine junge weibliche Stimme hinter ihm, „ich weiß, ich habe mich verspätet. Habe es aber einfach nicht früher geschafft!" Er blickte sich um und seine Augen weiteten sich vor freudiger Überraschung. Die dunkelhaarige junge Frau, die ihm lächelnd die Hand entgegenstreckte, sah einfach umwerfend aus, passte wie gemalt in diesen Mai-Abend: weiße Sommerhosen, eine leichte blaue Bluse, zurückhaltendes, aber wohldosiertes Make-up.

„Frau Obmöller, schön, dass Sie kommen. Ich freue mich. Kommen Sie, nehmen Sie doch Platz!" Erstaunlich, wie förmlich er auf einmal war. Locker ging anders. Schon war er aufgesprungen, hatte ihr den Stuhl zurechtgerückt und ihr so den Platz zugewiesen. Das waren Verhaltensweisen, die ihr zwar offensichtlich ganz unvertraut waren, die sie sich aber gern gefallen ließ.

„Also, um eines erst mal klarzustellen. Dieses ‚Sie' finde ich furchtbar. Wir an der Uni duzen uns alle. Also bitte: Ich bin Verena!", meinte sie lächelnd, aber bestimmt. „Okay, gern! Also: Dominik!", entgegnete er, schlug in die ihm entgegengestreckte Hand ein, grinste zurück und fragte: „Was wollen wir trinken? Ich habe schon mal angefangen" – hier wies er entschuldigend auf sein Glas –, „weil ich einfach total durstig war. Aber wie wär's: einen Sekt, einen Rotwein, einen Campari?"

Verena Obmöller schaute sich erst einmal um: überall gut gefüllte Tische, frischgrüne mächtige Kastanien und Eichen, der weite Blick. „Schön", seufzte sie, „einfach schön hier!" Dann erst antwortete sie auf die ihr gestellte Frage. „Also wenn ich jetzt einen Sekt trinke, dann kippe ich gleich um. Nein, lieber ein Mineralwasser" – ihr Gegenüber schaute enttäuscht – „und vielleicht einen trockenen Rotwein. Am liebsten einen Trollinger von hier, den trinke ich gern." „Okay, da schließe ich mich gern an."

Nachdem Dominik Thiele die Getränke bei einer der spürbar überlasteten Bedienungen bestellt hatte, entstand eine längere Pause. Beide blickten hinaus auf die Stadt, die sich zu ihren Füßen ausbreitete wie ein Spielzeugland. Verena Obmöller drehte eine Haarsträhne durch die Finger ihrer rechten Hand.

„Ich war gar nicht sicher, ob Sie", begann Thiele, wurde aber gleich durch ein mahnendes „Du!" unterbrochen, „… ob du kommen würdest. Ist wahrscheinlich nicht gerade normal, sich mit einem Polizisten zu treffen, oder?" „Nein, wirklich nicht! Ist das erste Mal! Aber die Jungs an der Uni, ach, ich weiß nicht, die kommen mir manchmal eben wie große Buben vor. Spielen ihre tollen Intellektuellenspielchen, beweisen sich, wie klug und differenziert sie denken und reden können. Das ist aber meistens nur Pose. Und langweilt mich." – „Bist du oft hier oben?", fragte sie nach einer kurzen Gesprächspause ihr Gegenüber. „Nein, eigentlich fast nie", gab der zurück. „Ich wohne erst seit zwei Jahren hier in Friedensberg, komme eigentlich aus Frankfurt. Und bin immer noch dabei, die Stadt kennen zu lernen. Wenn ich mal was trinken gehe, dann meistens unten in der Altstadt. Da ist doch immer was los. Nein, den Hubertushof" – hier blickte er schelmisch grinsend zu ihr hinüber –, „den habe ich mir für etwas Besonderes aufgehoben. Heute passt er, oder?"

Sie lächelte ihn wortlos, aber zustimmend an. „Und du", fragte er zurück, „woher kommst du eigentlich? Bist du von hier?" „Aus Friedensberg!", rief Verena Obmöller aus. „Ach was, Gott bewahre! Nein, ich stamme aus einem ganz kleinen Dorf in der Nähe von Ulm. Da gibt es noch nicht einmal Straßennamen, echt nicht. Die Häuser werden einfach durchnummeriert, das reicht!"

„So was kann ich mir überhaupt nicht vorstellen!", grinste Dominik Thiele. „Allein in dem Wohnblock, in dem meine Mutter lebt, gibt es über hundertzwanzig Wohneinheiten! Na ja, schön ist das nicht. Im Gegenteil, ganz schön hart, in so einer Gegend aufzuwachsen! Deswegen gefällt es mir hier ja auch so gut. … Aus der Nähe von Ulm kommst du, hast du gesagt? Hm, bist du dann Schwäbin? Das hört man aber gar nicht!"

„Danke, das freut mich. Weißt du, als ich hier mit dem Studium anfing, da war der zweite Satz, den alle, buchstäblich alle zu mir sagten: ‚Ach, Sie sind wohl Schwäbin!' Ich wusste gar nicht, dass man mir den Dialekt so stark anhörte. Und dann habe ich mir den systematisch abtrainiert. Aber du solltest mal hören, wenn ich mit meiner Familie oder Freunden von früher telefoniere. Dann geht's aber los!"

„Ja, das würde ich gern mal hören", antwortete Thiele, obwohl er wusste, dass sie das gar nicht so gemeint hatte. Er zupfte an seinem Bierdeckel herum und schaute hinaus über den Fluss. „Darf ich mal was fragen, was mich schon die ganze Zeit beschäftigt?", sprach er in eine weitere Pause hinein.

„Hey, aber doch wohl nicht zu diesem Fall, also zu Gerstmaier, oder? Du willst doch nicht mit mir über deine Arbeit reden?", gab sie entrüstet und mit einem leisen Hauch von Enttäuschung zurück. „Nein, nein!", fiel er ihr ins Wort, „etwas ganz anderes. Ähm, also: Ich kapier da was nicht. Wie kann denn eine Frau wie du, also: so wie du aussiehst, so wie du bist, ausgerechnet Theologie studieren, auch noch katholische Theologie? Das passt doch irgendwie gar nicht. Ich meine, ich habe davon ehrlich gesagt nicht viel Ahnung, ich bin nicht religiös, aber …"

Er ließ den Satz ausklingen, da ihre Getränke gebracht wurden. „Erst einmal: Auf dich!", sagte er und prostete ihr zu. Sie nahm still in sich hineinlächelnd ihr Glas, stieß es sachte an sein Glas, so dass es einen glockenhell klingenden Ton ergab, sah ihm in die Augen – ‚braun, tiefbraun', dachte er – und ergänzte: „Nein, auf dich, ach was, auf uns!"

„Dass du das fragst!", gab sie zurück, nachdem beide einen ersten Schluck genommen und ihn ausführlich genossen hatten. „Das klingt, als wollte ich ins Kloster gehen! Das habe ich aber nun wirklich nicht vor – auch wenn ich vor Frauen, die diesen Weg wählen, einen riesigen Respekt habe. Eine meiner Mit-Studentinnen, die Ulli, ist Franziskanerin. Das ist schon eine tolle Frau, ganz und gar überzeugend in ihrem Lebensentwurf, keine Frage … Aber ich? Nein, ich wollte immer Lehrerin am Gymnasium werden. Deutsch war klar, weil ich gern lese und diese Begeisterung weitergeben will."

‚Oje', dachte Dominik Thiele, ‚ich lese ja gerade mal die Sportmagazine und den Videotext im Fernseher.' Unterdessen sprach Verena Obmöller weiter: „Bei Reli, also Theologie, war ich mir erst unsicher. Aber das ist ein total interessantes Studium. Ich glaube, es gibt kein anderes Fach, das so vielfältig ist. Da lernst du den wissenschaftlichen Umgang mit Texten, kriegst Einblicke in die Bibel, in die Geschichte, in die Weltreligionen, in Psychologie und Pädagogik – das ist einfach spannend, ehrlich! Und deswegen sind Theologen auch in der freien Wirtschaft begehrt, wenn sie nicht an der Schule, in der Kirche oder an der Uni arbeiten. Außerdem ist das Fach nicht so überlaufen wie andere. Hier kannst du noch richtigen Kontakt zu den Profs kriegen. Die kennen dich und sind an dir und deinem Studium interessiert, die meisten wenigstens."

„Auch Gerstmaier?", entfuhr es Thiele, der sich über diese unvermutete Werberede für das Theologiestudium sehr wunderte und sich gleich darauf auf die Zunge biss: ‚Mist, du blöder Hund, du wolltest doch auf keinen Fall über die Arbeit sprechen. Polizist bleibt eben Polizist, Mist, verdammter!'

Verena Obmöller grinste ihn nur an, bewegte tadelnd den Zeigefinger hin und her und meinte nur: „Ta, ta, wir wollten doch nicht über den Fall sprechen, aber gut: Nee, also der Gerstmaier war natürlich anders. Ich weiß gar nicht, ob der uns Studierende überhaupt wahrgenommen hat. So ein typischer Prof, der sich nur für seine Forschungen interessiert; und für die Verwaltung natürlich. ... Aber zu dir: Du hast gesagt, du bist nicht religiös. Das finde ich spannend: Also, wie ist das: Glaubst du an gar nichts? All das hier" – ihre

Hand schlug einen weiten Bogen über die weite Aussicht – „ist Zufall und ohne Sinn?"

Dominik Thiele lehnte sich zurück, kippelte mit dem Stuhl und überlegte. Welche Antwort wäre jetzt taktisch klug? ‚Sag einfach, was du denkst!', gab er sich als Weisung. „Weiß ich nicht! Das kann ich dir gar nicht so richtig beantworten", murmelte er, selbst überrascht, wie unsicher er wurde. „Das war für mich einfach nie wichtig. Ich denke da einfach nicht drüber nach. Meiner Meinung nach soll jeder glauben oder nicht, jeder wie und was er will. Ist doch gut, dass wir hier in einem Land leben, in dem Toleranz herrscht. Keiner wird zu was gezwungen." „Ja, das verstehe ich schon", entgegnete ihm Verena Obmöller, „aber manchmal muss man sich doch diesen Fragen stellen. Zum Beispiel, wenn es darum geht, ob mit dem Tod alles aus ist."

Nachdenklich blickte der junge Mann sie an. „Stimmt. Letztes Jahr ist mein Opa gestorben. Da war ich echt traurig. Weißt du, meinen Vater habe ich nie kennen gelernt, und mein Opa hat sich deshalb viel um mich gekümmert, fast so wie ein richtiger Vater. Denke ich wenigstens. Der hat mich zum Beispiel immer mit zur Eintracht ins Stadion genommen. Und der fehlt mir schon. Meine Mutter hat bestimmt, dass er eingeäschert und seine Urne in einem anonymen Gräberfeld beigesetzt wurde. Ich fand das irgendwie falsch. Ich würde jetzt gern mal wieder an sein Grab gehen und mit ihm reden. Das würde ihn freuen, dass die Eintracht jetzt so gut spielt. Aber da gibt es keinen Ort, wo ich hingehen kann. Blöd! Und manchmal ertappe ich mich dabei, wie ich mit ihm in Gedanken spreche, ist doch komisch, oder?"

Dominik Thiele hatte seine linke Hand wie von selbst auf den Unterarm der jungen Frau gelegt, die das nicht zu stören schien. Er redete weiter. „Bei uns zu Hause konnte man über so etwas nicht sprechen. Und es gab auch niemanden sonst, mit dem ich darüber je geredet hätte."

Er schwieg, nahm sich mit der Rechten sein Glas und trank gedankenverloren einen tiefen Schluck. „Und du?", fragte er dann. „Glaubst du an all das, was die Kirche so sagt?" „Nee", rief Verena Obmöller spontan aus und lachte. „Das glaubt niemand, auch nicht unsere Profs. Also nicht alles, meine ich."

„Wie?", fragte ihr Gegenüber verblüfft.

„Gerade wenn du das studierst, stößt du auf so viele Aussagen und Glaubenssätze, auf so viele Verwicklungen und Gedanken, das kann wirklich kein Mensch *alles* glauben", erklärte sie. „Darauf kommt es auch gar nicht an. Wichtig ist es schon, dass man die Grundüberzeugungen des Christentums richtig findet, und das tue ich gewiss. Weißt du, meine Eltern waren überzeugte Christen. Wir mussten als Kinder immer in die Kirche gehen. Irgendwann habe ich mich dagegen gewehrt und über all das nachgedacht. Habe dann meinen eigenen Weg gesucht. Und jetzt finde ich, dass da einfach vieles wahr ist und durch das Leben tragen kann. Aber natürlich gibt es da viel anderes, das ist einfach Quatsch oder sagen wir mal so: Das ist mir völlig egal."

„Hmm, wird das denn so akzeptiert?", wollte Dominik Thiele wissen.

„Ach weißt du, das ist im Grunde doch bei allen so, sogar bei unseren Bischöfen!" „Was?!" „Doch, ehrlich, die suchen sich auch ihre Wahrheiten aus und kümmern sich um anderes nicht." Thiele schwieg verblüfft. So viel Freiheit hatte er bei einer Theologin nicht vermutet. ‚Ob das alle so sehen?', fragte er sich im Stillen.

„Moment", rief er aus, „bei euch Katholiken ist das doch so, dass Frauen nicht Priester werden dürfen und so. Das ist

doch nicht mehr zeitgemäß! Stört dich das gar nicht?"
„Doch, schon!", gab die Studentin zurück. „Aber ich habe
es halt akzeptiert. Das wird sich zu meinen Lebzeiten wohl
nicht mehr ändern, obwohl ich es falsch finde. Sagt Mühlsiepe übrigens auch." „Wie? Was sagt der auch, dieser, äh,
das ist doch dieser Professor für Dogmatik, oder?"
„Jaja, der Mühlsiepe, bei dem ich meine Zula schreibe.
Ja, der sagt auch, dass es einfach keinen überzeugenden
Grund gibt, Frauen den Zugang zum Priesteramt zu verweigern. Außer der Tradition natürlich. Warte, ich schildere dir
mal, wie er das sagt." Sie verstellte ihre Stimme, gab ihr ab-
wechselnd eine hohle Tonfärbung mit Grabesstimme, dann
wieder eine professoral-sonore Würde.

„‚Jesus hat nun einmal nur Männer zu seinen Aposteln
berufen', so sagen sie. Deshalb dürfe man leider auch nur
Männer zu Priestern weihen. Da sei man ‚nun einmal gebunden', sagen sie, das habe Jesus selbst so bestimmt.
‚Quatsch', sage ich. ‚Genau genommen hat Jesus aramäisch
sprechende, jüdische Analphabeten zu seinen Aposteln bestimmt. Aber wer würde auf die Idee kommen, von Priestern
zu verlangen, dass sie aramäisch sprechen können, jüdischer
Abstammung wären und auch noch Analphabeten? Nur das
Kriterium des Geschlechts herauszugreifen ist Willkür!', sagt
er. ‚Entweder alle Kriterien oder keins.'"

Thiele, der sich nicht ganz sicher war, was das Wort ‚aramäisch' nun ganz genau bedeutete, grinste: „Ganz schön
frech, oder? Ist aber irgendwie konsequent. Damit wird er
sich aber nicht nur Freunde gemacht haben!" „Nee, gerade
Gerstmaier war total sauer, wenn er das hörte. Huch, jetzt
spreche ich ja selbst von dem. Na, egal! Jedenfalls war auch
Mühlsiepes Assistent, der Dr. Schachner, da ganz anderer
Meinung. ‚Professor Mühlsiepes persönliche Ansicht ent-

spricht in diesem Punkt nicht der Auffassung der römisch-katholischen Kirche', hat er einmal in einem Seminar gesagt."

„Moment, das ist doch sein Assistent, oder? Also ich dürfte öffentlich nichts sagen, was meinen Chef, also den Kellert, so bloßstellen würde. Der ist voll in Ordnung, aber Loyalität, das geht ihm über alles", warf Thiele ein. „Ja, das hat mich damals auch gewundert", gab die Studentin zu. „Andererseits fand ich es gut. An einer Uni muss man doch unterschiedliche Meinungen haben und auch diskutieren dürfen. Sonst können wir gleich eine verschulte Kaderschmiede aufmachen. Mühlsiepe lässt das auch zu. Besonders gut versteht er sich mit seinem Assistenten aber nicht, glaube ich."

Nach kurzem Nachdenken fügte sie hinzu: „Ich habe mich sogar mal gefragt, ob der Schachner nicht irgendwie mit dem Dekan unter einer Decke steckte. Die beiden, die passten irgendwie viel besser zueinander ..."

„Also jedenfalls merke ich, dass du gern studierst, oder?", knüpfte Dominik Thiele nach einer längeren Gesprächspause einen neuen Kommunikationsfaden.

„Jaja, wenn bloß diese blöde Modularisierung nicht wäre", gab Verena Obmöller zurück. „Diese was?", fragte Thiele, dessen Hand immer noch auf dem Unterarm der jungen Frau ruhte. „Ach Modularisierung. Sei froh, dass du damit nichts zu tun hast. Typisches Beispiel für eine Anordnung von oben, von Leuten, die keine Ahnung von der Praxis vor Ort haben. In ganz Europa ist das Studium vereinheitlicht worden. ‚Bologna-Prozess' heißt das. Überall die gleichen Abschlüsse, der gleiche Aufbau, egal, welches Fach, welches Land."

„Klingt doch gut!", warf ihr Gesprächspartner ein. „*Klingt* gut, ist aber furchtbar. Alles wird in Module eingeteilt, so künstliche kleinere Lerneinheiten, sagen wir mal mit zwei Vorlesungen und einem Seminar. Total verschult! Ständig hast du Prüfungen! Alles vorgeschrieben! Da hast du gar keine Chance mehr, mit eigenem Interesse zu studieren, das wird auch gar nicht erwartet. Selbst die Profs beklagen sich, dass sie in eine Zwangsjacke von immer gleichen Veranstaltungen und viel zu vielen Prüfungen gesteckt werden. Das ist doch total bescheuert: Alle wissen, dass das nur Nachteile bringt, alle! Und trotzdem wird das überall in Europa durchgeführt. Massengehorsam wider besseres Wissen!" Verena Obmöller hatte ihre Rede mit heftiger Gestik und Mimik begleitet und dabei auch die Hand ihres Gegenübers abgeschüttelt.

Der hatte nicht alles nachvollziehen können, was sie erregt von sich gegeben hatte, versuchte nun aber zu beruhigen: „Kann ich mir gar nicht vorstellen, dass das *nur* Nachteile hat. Dass das *alle* eigentlich ablehnen", gab er zu bedenken. Sie überlegte: „Stimmt, da hast du Recht. Es gibt wohl Fächer, für die das System passt, kann sein. Und deren Vertreter preisen dann lauthals die Verbesserungen. Aber für andere Fächer passt das eben überhaupt nicht. Alle sollen ins gleiche System gegossen werden, so ein Schwachsinn! Ohne Not geben wir so gute, bewährte und überall anerkannte Studiengänge auf wie unsere Medizinausbildung oder den Diplomingenieur. Oder eben unsere Geisteswissenschaften und die Theologie. Bei uns geht das einfach nicht!"

„Wieso kennst du dich da eigentlich so gut aus?", unterbrach Dominik Thiele ihren Redefluss an einer dafür geeigneten Stelle. Sie blickte ihn erstaunt an. „Ach so!" Sie grinste breit, berührte mit dem rechten Zeigefinger ihren Nasenflügel und schaute ihm in die Augen. „Das klingt alles ganz schön fremd für dich, oder? Sorry, das passiert, wenn man ständig nur mit anderen Studis zusammen ist. Da denkt man, die Uni ist das wahre Leben. Also: Ich habe ein paar Semester so nebenbei Studienberatung gemacht, und dazu musste ich mich ganz schön in solche Sachen einarbeiten. Und außerdem bin ich im AStA, weißt du" – er blickte sie verständnislos aus großen blauen Augen an –, „im Allgemeinen Studierendenausschuss der Universität. Wir kämpfen gegen diese blödsinnige Reform. Aber ohne Chance, fürchte ich."

„Wow, da bist du ganz schön aktiv, oder?", staunte Dominik Thiele. „Ja, scheinbar brauche ich das!", gab sie selbstironisch zurück, wollte aber noch mehr loswerden und bemerkte so gar nicht, dass er das Gespräch gern in eine andere Richtung gelenkt hätte. Unverdrossen fuhr sie fort: „Warte, ich nenne dir ein Beispiel zu dem, was da gerade läuft: Ein Ziel dieser Reform war es, den internationalen Austausch zu erleichtern. Dass man mal ein Jahr im Ausland studieren kann. Wäre doch gut: überall die gleichen Studiengänge, die gleiche Struktur, klingt hervorragend."

„Aber?" – „Funktioniert eben nicht. Jede Uni hat die Vorgaben anders umgesetzt. Es gab überhaupt keine allgemeinen Vorgaben. Ergebnis: Jetzt kannst du nicht einmal mehr innerhalb desselben Bundeslandes wechseln, also sagen wir mal von Münster nach Bonn oder von München nach Würzburg. Geht nicht, geschweige denn in ein anderes Bundesland oder ins Ausland. Früher war das viel einfacher möglich." „So ein Schwachsinn!" „Sage ich ja, aber leider Realität. Für mich gelten Gott sei Dank noch die alten Bestimmungen, ich muss mich nur im AStA und in der Fakultät mit der Ausarbeitung der neuen Studienpläne herumschlagen. Wir versuchen unser Bestes, um die Schäden so gering wie möglich zu halten, das ist aber ziemlich umsonst. Gerstmaier" – hier grinste sie ihm wieder augenzwinkernd zu – „war mal wieder dafür. ,Vorschrift ist Vorschrift', hat er gesagt, ,und daran halten wir uns.'"

„Schau mal, ist das nicht der Kollege Thiele?" Kriminalkommissar Winfried Sacherer, Abteilung Eigentumsdelikte, stieß seinen Freund und Kollegen Bernd Kellert, Abteilung Kapitalverbrechen, in die Seite. „Da drüben, direkt am Zaun, der mit der jungen Frau!" Bernd Kellert blickte suchend durch das dicht gefüllte Gartencafé, das nun von zahlreichen Lampions dezent beleuchtet wurde.

Zusammen mit seinem besten Freund Sacherer hatte er den schönen Abend für eine große Runde auf dem Rennrad rund um Friedensberg genutzt. Den Gedanken an seine Katze – nach wie vor keine Spur – hatte er erfolgreich beiseite geschoben. Da er heute schon früh aufgestanden war, hatte er zunächst einen kurzen Müdigkeitsanfall niederkämpfen müssen. Und eine zweite Hürde hatte sich ihm gestellt. Es hatte ein bisschen Überzeugungskraft bedurft. Sacherer hatte es sich schon auf der Terrasse seines kleinen Eigenheims am Rande der Stadt gemütlich gemacht.

„Los, Winni, auf, du wirst langsam fett!", hatte Kellert lachend gemeint und den Freund mit dem Zeigefinger in den sich tatsächlich deutlich unter dem T-Shirt abzeichnenden Rettungsring gepikt. Mehr (Sacherer) oder weniger (Kellert) schnaufend waren sie am Ende schon fast im Dunkeln den Weinberg hinaufgeächzt, um den Tag bei einem kühlen Getränk gemütlich ausklingen zu lassen.

Sie hatten die Radsporthelme abgenommen, die schmalen Rennräder an einen Zaun gebunden und waren in ihrer Sportkleidung die wenigen Stufen zum Hubertushof hinaufgestiegen. Ein erster Blick genügte, um ihnen zu versichern, dass sie nicht die Einzigen in dieser fast schon zur Uniform mutierten Sportmontur waren. Überhaupt, der Hubertushof war voll. Keine zwei freien Plätze in Sicht!

Aber: Stimmt, das war ja Thiele! Und die junge Frau – ‚Moment! Das ist doch diese Studentin, diese Obmöller! Hoppla!' Kellert machte große Augen. „Wollen wir uns zu ihnen setzen?", fragte Sacherer, schon auf dem Weg in Richtung Tisch, sah dann aber, wie der junge Mann auch die andere Hand auf den Arm der Frau legte und ihr tief in die Augen blickte. „Stopp, besser nicht", meinte Kollege Kellert. „Da würden wir jetzt nur stören, glaube ich!"

Grundsätzlich respektierten Chef und Mitarbeiter ihr jeweiliges Privatleben, was gelegentliche gemeinsame Unternehmungen nicht ausschloss. Thiele hatte sie noch nicht bemerkt, schien auch kein besonders großes Interesse an seiner weiteren Umgebung zu haben. Die beiden jungen Leute hatten soeben den Tisch verlassen und gingen – Hand in Hand, wie Kellert sofort bemerkte – zu der Außentheke des Cafés neben der Tür. Thiele bezahlte und die beiden verließen das Gelände. „Los, komm!", rief Bernd Kellert seinem Freund zu, ging schnell und entschieden auf den frei gewordenen Tisch zu, ließ sich auf dem angewärmten Platz nieder, auf dem eben noch sein Mitarbeiter gesessen hatte, und sagte: „Glück gehabt!"

Freitag, 14. Mai, Sonnenaufgang
Angeln beruhigt

‚Herrlich, so ein früher Morgen am Fluss!', dachte Kellert. Die soeben aufgegangene Maisonne wärmte ihn auf seinem Klapphocker, über ihm schwirrte ein dichter Mückenschwarm, dessen einzelne Mitglieder viel zu sehr mit ihrem Tanz beschäftigt waren, als dass sie sich um den einzelnen Menschen dort unten hätten kümmern wollen. Mächtige Trauerweiden buckelten ihre bogenförmigen Äste ins Wasser. Es sah aus, als saugten sie ihr frisch sprießendes Grün direkt aus der mattgold spiegelnden Wasserfläche. Einzelne früh erwachte Rauchschwalben freuten sich an den tanzenden Mücken und taten ihr Bestes, um deren überschüssige Zahl zu reduzieren.

Nur an den Menschen dort wagten sie sich nicht allzu nahe heran. Ab und zu stießen sie in blitzschnellem Flug auf die Wasseroberfläche hinab, schnappten sich ein winziges Schlückchen und hinterließen sich konzentrisch ausbreitende Kreise, die kurz darauf auch schon wieder verschwunden waren. Im Schilf ganz hinten im Sichtfeld standen zwei reglose Graureiher, geduldig auf der Suche nach sicherer Beute, die ihnen irgendwann direkt vor den langen Schnabel schwimmen würde.

Kellert betrachtete den Schwimmer seiner Angel, der einige Meter vor ihm im stillen Nebenarm des Flusses fast reglos einen lang gezogenen, sanft zitternden Schattenstrich in die Wasserfläche zog. Diese abgeschiedene und verborgene Stelle hinter den Silberpappeln und Weiden, Schwarzerlen, Birken und Brombeerranken hatte er als kleiner Junge entdeckt. Besser gesagt: Sein Vater hatte sie ihm gezeigt. Von ihm hatte er das Angeln gelernt. Und dass er ab und zu immer noch zum Angeln ging, immer an diese Stelle, immer frühmorgens, kurz nach Sonnenaufgang, das hing auch mit seinem Vater zusammen. Fast immer war Kellert hier der einzige Mensch in einer Umgebung von Lebewesen der unterschiedlichsten Arten.

„Du, ein Angler, unmöglich!", hatte Dominik Thiele spontan ausgerufen, als sein Chef ihm vor einiger Zeit von diesem Hobby – ‚Falsches Wort', dachte Kellert, ‚ganz falsch!' – erzählt hatte. „Das passt doch gar nicht zu dir! Du bist doch ständig auf Achse, allzeit unter Strom, immer unterwegs, total sportlich! Du kannst dich doch nicht einfach reglos hinhocken und gar nichts tun, oder? Das ist doch was für Depressive – oder für Rentner, die nicht wissen, wohin sie mit ihrer Zeit sollen!" „Komm halt mal mit!", hatte er gesagt. „Du wirst schon merken, dass es nichts gibt, bei dem man besser entspannen und zur Ruhe kommen kann!"

„Wirklich nichts? Armer Kerl!", hatte Thiele frech grinsend gemeint, dann aber ein bisschen überrascht und fügsam hinzugefügt: „Okay, schau ich's mir halt mal an!" Das war keine gute Idee gewesen. Bernd Kellert hatte es gleich geahnt, aber als die Einladung einmal ausgesprochen war, konnte und wollte er sie nicht mehr zurücknehmen. Er blieb beim Angeln gern für sich allein und sein Assistent hatte gar keine richtige Lust, sich dem auszusetzen.

Zehn Minuten hatte Thiele still dagesessen, lautlos vor sich hin gegähnt, dann begonnen mit dem rechten Fuß zu wippen, schließlich war er aufgestanden und mit gehemmten Schritten einige Meter nach rechts, dann nach links gegangen, dann wieder zurück. Dass man sich beim Angeln nicht groß unterhielt, hatte er sofort gemerkt. Aber was machte man dann? Kurz: Sie hatten das Experiment nach einer beidseitig tapfer ertragenen halben Stunde abgebrochen und nie wieder aufgegriffen. Es war ihnen überhaupt eine Lehre gewesen, Dienst und Privatleben über gelegentliche Kontakte hinaus nicht zu vermischen.

Irgendwo schrie ein Eichelhäher, kündigte wohl eine Störung der Idylle an. ‚Schon komisch, dass ich ein Angler bin‘, dachte Kellert. ‚Thiele hat ja Recht. Das scheint so gar nicht zu mir zu passen. Aber vielleicht liebe ich das Angeln ja gerade deshalb, *weil* es so ganz anders ist als alles, was ich sonst so treibe.‘ Beate Kellert war genauso überrascht gewesen wie Jahre später der junge Kollege, als sie vom Hobby ihres späteren Ehemannes erfuhr.

„Mach das, wenn es für dich wichtig ist!“, hatte sie gesagt. Ohne ein Wort darüber zu verlieren, war es klar gewesen, dass sie ihn nie dabei begleiten würde. „Aber eines ist klar: Bring mir bloß keine Fische mit nach Hause. Ich ekele mich davor! Ausnehmen oder so, das werde ich nie tun!“ Daran hatte sich Bernd Kellert gehalten. Ihm ging es auch gar nicht um den Fang von etwas Essbarem. Er warf gefangene Fische meistens direkt ins Wasser zurück.

„Das ist doch Tierquälerei!“, hatte Jenny, seine Tochter, ihm letztes Jahr einmal vorgeworfen. Sie war seit zwei Jahren Vegetarierin und versuchte vehement, auch allen anderen die Lust an Fleisch, Fisch und Geflügel auszutreiben. „Stell dir mal vor, das machte einer mit dir!“ ‚Stimmt schon‘, hatte er gedacht, aber nicht gesagt, und war wenige Wochen später trotzdem wieder zum Angeln gegangen. ‚Wer will schon völlig konsequent leben? Ich nicht!‘

All das war bei seinen Eltern noch anders gewesen, klar. Sein Vater fing freitags oder samstags ein paar Fische, die Mutter nahm sie aus, briet, grillte, kochte oder dörrte sie und der Bratenduft im Haus sowie das anschließende Zerteilen – das durfte nur sein Vater! – und Verspeisen, all das gehörte zum Kindheitsgefühl von Wochenende fest hinzu. ‚Seltsam‘, ging es Bernd Kellert gerade durch den Sinn, ‚warum angeln eigentlich fast nur Männer? Ist das etwas für unser Geschlecht Spezifisches: das ruhig Dasitzen, das Schweigen, das Nachdenken oder Ausschalten des Denkens, das Warten auf einen Ruck der Angel?‘

In dem Moment zuckte der Schwimmer tatsächlich kurz auf, beruhigte sich dann aber wieder. ‚Fehlalarm!‘, dachte Kellert. Er wusste schon, warum es ihn zwar selten, aber eben doch immer wieder an diese Stelle zog. Sie verband ihn wie kein anderer Ort mit seinem Vater, der vor fünf Jahren verstorben war. Hier war er ihm nahe, näher als an seinem Grab oben auf dem neuen Friedhof von Friedensberg. Für ihn als Jungen hatte es nichts Schöneres gegeben, als mit dem Vater zum Angeln zu gehen. Nur sie zwei, niemand sonst. Fast ohne Worte, die brauchte es nicht. Geschenkte gemeinsame Zeit! Unvergesslich!

Worte hatte es sowieso kaum gegeben zwischen Vater und Sohn. Kellerts Vater war ein Schweiger gewesen. Als Oberinspektor im Innendienst der Bundesbahn hatte er vor allem mit dem Ausarbeiten von Plänen, Ausklügeln von perfekten Anschlüssen und Optimierungen der Dienstabläufe zu tun gehabt. Ein kommunikationsarmer Beruf für einen Schweiger, das hatte gepasst. Bernd Kellert war anders als sein Vater, sosehr er dessen Ruhe und die gelegentliche Vertrautheit beim Angeln schätzte. Die Neugier auf Menschen und die Freude daran, sich mit ihnen auszutauschen, hatte er fraglos von der Mutter geerbt, die immer noch in der Wohnung seiner Kindheit lebte und mit dem Alleinsein als Witwe erstaunlich gut zurechtkam.

Warum war er Polizist geworden? Vielleicht war es diese Mischung, die ihm seine Eltern mitgegeben hatten: Die Sicherheit eines Lebens als Beamter als väterliches, das Interesse am menschlichen Leben in all seinen Schichten und Schattierungen als mütterliches Erbe. ‚Wunderbar, diese Morgenstille, perfekt für diesen Morgen, an dem Beate nicht da ist. Ich muss mir einfach häufiger die Zeit nehmen!‘, schoss es ihm durch den Kopf, während er die ruhige Mai-Szene um ihn herum betrachtete. ‚Aber allzu oft möchte ich das nicht so haben. Das passt schon, mein Beruf. Doch, doch: Ich bin gern mit Menschen zusammen, immer noch!‘ Er seufzte, denn er hatte es nun wahrlich nicht immer nur mit angenehmen Zeitgenossen zu tun. Immer wieder gab es aber auch spannende Begegnungen und unerwartete Einblicke in das Leben anderer Menschen.

Niemals sonst wäre er zum Beispiel mit all den Menschen zusammengekommen, die ihm nun durch den Kopf gingen. ‚Was für eine Welt, so eine Theologische Fakultät an einer Universität! Ein Lebensraum, direkt neben dir, und du hast keine Ahnung davon, dass es so etwas gibt und was das Leben dieser Leute bestimmt!‘ Das eben schätzte er so am Angeln. Er kam meistens wirklich zur Ruhe, konnte seine Gedanken einerseits einfach frei kommen und gehen lassen, andererseits aber auch ganz gezielt nachdenken. Ganz, wie er wollte.

‚Warte mal‘, überlegte er nun. ‚Stellen wir sie doch einfach mal nebeneinander, die Beteiligten. Ziehen wir mal Bilanz!

Was steht fest? Erstens: Ich denke, der Täter stammt aus dem Umkreis der Fakultät. Das ist nicht ganz sicher, aber äußerst wahrscheinlich. Zweitens: Wen schließe ich aus? Ich glaube nicht, dass es ein Student oder eine Studentin war, nein, das passt einfach nicht. Und auch keine Sekretärin oder sonstige Bedienstete, nein, nein!'

Mit lautem Platschen landeten drei Kormorane einige Meter hinter seinem Schwimmer. Seit einigen Jahren hatten sich diese großen schwarzen Fischräuber immens vermehrt, sehr zum Ärger der Angler. Abschießen durfte man sie auch nicht, es gab da ein entsprechendes Gesetz der Naturschutzbehörde. Kellert mochte diese Vögel nicht. Er stand auf und versuchte sie durch Bewegungen und Geräusche zu vertreiben. Umsonst! Das störte sie nicht. Er suchte einige Steine und warf sie in Richtung der Kormorane. Zu kurz. Weiter! So, das passte schon eher. Einige Zentimeter vor den Vögeln spritzte das Wasser hoch. Erschrocken und verärgert erhoben sie sich, paddelten mit patschenden Schritten über die Wasseroberfläche und flogen unter krächzendem Protest fort auf der Suche nach einem ungestörteren Jagdgebiet.

Kellert hockte sich wieder hin. Es brauchte ein paar Minuten, bis sich sein Herzschlag wieder beruhigt hatte. Ganz langsam stieg die Sonne höher. Von Minute zu Minute änderte sich das Licht. ,Wo war ich stehen geblieben? Richtig, bei den Verdächtigen! Also drittens: Ich glaube, der Mörder Gerstmaiers ist in seinem Kollegenkreis zu suchen. Warum glaube ich das? Weil ich es instinktiv spüre.' Kellert kniff die Augen zusammen, blickte hoch in den tiefblauen Himmel und nickte, als wolle er sich selbst bestätigen.

,Also, da ist dieser ehemalige Assistent, dieser Korbinian Reutter. Ein Motiv hat der, keine Frage. Aber ist das vom Typ her ein Mörder? Glaube ich nicht. Zu schwach. Mal sehen, ob das Alibi stimmt. Und die Professoren? Mühlsiepe, der mit dem Dekan tief zerstritten war? Prodekan Kösters, der irgendetwas vor uns verbirgt? Brandtstätter – der wäre impulsiv genug, aber da sehe ich kein rechtes Motiv. Oder einer der anderen – meiner guten Frau Mechtersheim, die sich so gut mit den Unterschieden von ›töten‹ und ›morden‹ auskennt, wäre der so etwas zuzutrauen? Dieser eitle, aufgeblasene Pfau, Schulze-Vorrath? Einer der anderen, die ich noch nicht so genau kenne, also … Moment‹ – er kramte einen dicht mit Namen beschriebenen Zettel aus der rechten Hosentasche und ließ die dazugehörigen Gesichter vor seinem inneren Auge vorbeimarschieren – ›richtig, Reinhard Baumjohann, der Moraltheologe; dieser Jesuit und Alttestamentler, dieser Klauspeter Gehrke, Günter Brossl, der Kirchengeschichtler.

Nicht zu vergessen die anderen Damen und Herren aus dem Mittelbau, wie sie das nennen. Da fällt mir nur dieser Schachner ein. Hmm, habe ich noch jemanden vergessen? Ich weiß einfach noch nicht genug. Wo ist da ein Motiv, das stark genug wäre, um einen anderen Menschen umzubringen? Das sind doch allesamt Christen! Und wenn die etwas Besonderes haben, dann den Respekt vor dem Leben. Und es sind alles Menschen, die viel zu verlieren haben. Da belastet man sich nicht leicht mit einem Mord.‹

Kellert faltete das Blatt Papier wieder zusammen und schob es in die Hosentasche zurück. Drei seiner früheren Fälle hatte er hier geklärt, genau an dieser abgelegenen Stelle des Altarms. Einfach durch ruhiges Nachdenken war ihm plötzlich der entscheidende Gedanke gekommen, die entscheidende Schwachstelle oder Verbindung aufgefallen. Heute nicht! Er grübelte eine Weile über die Personen nach, ließ sie innerlich auf- und abmarschieren, aber ohne Ergebnis. ‚Das Motiv, wo ist das Motiv?', dachte er wieder und wieder.

‚Könntest du eigentlich einen Menschen töten, du, Bernd Kellert?' Ganz plötzlich hatte sich dieser Gedanke eingeschlichen. Er kniff die Augen zusammen und strich sich über die Stirn. ‚Na klar, das könnte ich', gab er sich selbst gegenüber zu. In seiner Berufslaufbahn hatte er viel zu viele Situationen und Konstellationen kennen gelernt, als dass er sich hier für immun erklären würde. ‚Wann?', dachte er weiter. ‚Wenn man mein Leben bedrohen würde oder das der mir liebsten Menschen, dann ja.' Er nickte sich selbst zu. ‚Und was heißt bedrohen?', drängte ihn der Gedankenstrom weiter.

„Genau!", murmelte er halblaut vor sich hin, „das ist eben die Frage!" Heißt bedrohen nur direkte, körperliche Gefährdung des Lebens? ‚Das wäre eindeutig, klar. Aber so einfach ist es nicht. Was, wenn jemand mein Leben indirekt bedroht: So, dass ich meine Arbeit verliere, meine Wohnung, das Ansehen der Menschen – wenn ich denn eines habe. Oder wenn jemand Beate oder die Kinder so schädigen könnte, dass sie ihres Lebens nicht mehr froh würden? Hmm, wo fängt Bedrohung an, wo hört sie auf? Ab wann wäre ich fähig, jemanden zu töten?'

Während Kellert so vor sich hin grübelte, zuckte es erneut an der Leine. Dieses Mal heftig und dauerhaft. Er schrak aus seinen Gedanken hoch, griff instinktiv zu der rechts neben ihm tief in den Boden gestoßenen Angel und drehte am Rad. Der Angelbogen krümmte sich, das Wasser um den in die Tiefe gerissenen Schwimmer herum brodelte, als würde es kochen. Kellert war aufgesprungen, zog die Angel hoch und holte die Leine ein. Verbissen stemmte er sich gegen den Fisch, der um sein Leben kämpfte. Endlich glitzerte ein silbriger, um die vierzig Zentimeter langer, schlanker Fischleib in der Luft, sein zuckender Körper warf goldene Blitze in das Licht der schräg einstrahlenden Morgensonne. „Na komm, lass es gut sein!", brummte Kellert, holte mit der rechten Hand die Leine ein und griff mit der linken nach dem nur noch müde zappelnden Fisch.

„Stolzer Bursche!", knurrte er anerkennend, legte die Angel nieder, griff mit der rechten Hand vorsichtig in das schnappende Maul des Fisches und zog mit einer geübten Bewegung den Angelhaken aus dem Kiefer des Tieres. Kaum Blut. „Mach's gut! Und sei das nächste Mal vorsichtiger, sonst landest du doch noch im Topf!", rief Kellert, gar nicht verlegen um diese seltsame Form des Selbstgesprächs.

Mit einer sanften Bewegung ließ er den Fisch in das Uferwasser gleiten, wo dieser kurz und wie überrascht innehielt, dann mit dem Schwanz die Wasseroberfläche zerpeitschte und in den goldbeschienenen Fluten verschwand. „Genug für heute! Die Beerdigung wartet!", brummte der Kommissar, packte seine Sachen, klappte den Hocker zusammen und stiefelte mit seiner Fracht etwas steifhüftig in Richtung Auto.

Freitag, 14. Mai, morgens
Trauerfeier und Beerdigung

„Hoi, kommst du frisch von einem Casting für ‚Germany's next Topmodel', Abteilung Männer unter 30, oder wie?" Grinsend begrüßte Bernd Kellert seinen Mitarbeiter, der sich in einem wirklich perfekt sitzenden schwarzen Anzug mit blitzend weißem Hemd und einer daumenbreiten schwarzen Seidenkrawatte an der Bürotür präsentierte. „Läster du nur, Chef", gab Dominik Thiele zurück, „dir steht Schwarz auch nicht schlecht! Und irgendwie wirkst du so ..." – Thiele suchte nach Worten – „... so frisch!"

Punkt acht Uhr hatten die beiden sich im Büro verabredet, um die Planungen für den sicherlich ereignisreichen Tag abzugleichen. ‚Auf gestern Abend spiele ich besser erst einmal gar nicht an', hatte der Kommissar sich vorgenommen. ‚Vielleicht erzählt er es mir ja von selbst. So ganz okay ist das nicht, privater Kontakt zu einer am Fall beteiligten Person, solange die Ermittlungen noch laufen. Aber sei's drum!'

„Danke, danke!", gab er daher nur zurück. „Frisch, na ja. Ich war heute Morgen schon beim Angeln. Tut gut! Und der schwarze Anzug? Mir ist aufgefallen, wie lange ich den schon nicht mehr getragen habe", fügte er stirnrunzelnd hinzu. „Das muss, na ... bestimmt drei Jahre her sein. Und irgendwie zwickt er ein bisschen. Kann sein, dass ich doch ein bisschen zugenommen habe, hm?"

Unbehaglich drehte er sich ein wenig hin und her und ließ die Schultern kreisen. „Kann schon sein, Bernd, aber unwohl ist dir wahrscheinlich eher deswegen." Mit diesen Worten und einem breiten Grinsen griff Thiele zwischen die Schultern seines Chefs und zog einen leicht verbogenen Plastik-Kleiderbügel hervor, der dort bereits einige Zeit zugebracht haben musste. „Upps", Bernd Kellert brach in schallendes Gelächter aus. „Die professorale Trotteligkeit strahlt wohl schon auf mich aus! Das kommt davon, wenn die Frau nicht im Hause ist. Beate hätte den bestimmt entdeckt! Hoffentlich hat mich keiner so gesehen, wie peinlich!" Thiele versagte sich einen Lachanfall, fragte stattdessen: „Wann kommt deine Frau denn aus England zurück?" „Heute Abend. Ich hole sie dann natürlich vom Flugplatz ab, gegebenenfalls musst du dann hier allein die Stellung halten."

„Klar, Chef, jawohl!" Thiele schlug die Innenseiten der frisch geputzten, schwarz glänzenden Schuhe zusammen und grüßte in militärischer Manier. ‚Na, du bist ja gut gelaunt heute', dachte Kellert ein wenig neidisch. „Los, an die Arbeit!", mahnte er dann. „Um neun Uhr beginnt der Gedenkgottesdienst für Gerstmaier in der Universitätskirche. Um elf ist dann die Beisetzung auf dem Stadtfriedhof. Wir sollten die Augen offen halten, aber unauffällig bleiben. Das wird bestimmt einen großen Menschenauflauf geben."

„Glaubst du, dass auch der Täter dabei sein wird?", fragte Thiele. „Wenn er hier aus dem Unibereich stammt – und davon gehe ich eigentlich aus – dann ist das ziemlich sicher", antwortete sein Chef. „Vielleicht verrät er sich ja. Wer verhält sich auffällig anders, als wir es erwarten, das ist die Frage."

„Äh, Bernd", stotterte Dominik Thiele. „Ja?", antwortete Kellert und erwartete eine Anspielung auf den gestrigen

Abend. Es kam aber etwas ganz anderes. „Ich, äh, ich war, glaube ich, noch nie auf einer katholischen Beerdigung. Und auch noch nie in einem katholischen Gottesdienst. Das hat sich irgendwie nie ergeben. Meine ganze Verwandtschaft ist entweder gar nicht religiös oder evangelisch und viele beides gleichzeitig."

„Ja, und wo ist das Problem? Ach so!" Kellert schlug sich mit der flachen Hand gegen die Stirn. „Du hast Angst, dass du nicht weißt, wie man sich da verhalten soll! Haha, halt dich einfach an mich, dann kannst du nichts falsch machen. Auf, gehen wir!"

Die Universitätskirche lag direkt neben der Katholischen Fakultät. Die gesamte Anlage hatte einst als Kloster, Internat und Schule der Jesuiten gedient und war bis heute geprägt von dem eher nüchternen Baustil des Klassizismus. Bei der letzten Renovierung vor zehn Jahren waren die Veränderungen aus der Barockzeit wieder weitgehend zurückgenommen worden. Strenge, klare Formen und dezente graurötliche Farben bestimmten den Raum. Die Kirche wurde schon lange nicht mehr für Gemeindegottesdienste verwendet. Sie diente der Universität als Gottesdienstraum, gelegentlich aber auch als Stätte für besondere Vorträge oder Kunstausstellungen. So voll wie heute war sie lange Zeit nicht mehr gewesen.

Kellert und Thiele machten große Augen. Als sie um Viertel vor neun ankamen, war die Kirche bereits bis auf den letzten Platz besetzt. Und immer noch strömten vor allem ältere, schwarz gekleidete Menschen in den hallenartigen Raum. „Komm, wir stellen uns hier an die Säule", flüsterte der Kommissar seinem Mitarbeiter zu. „Von da haben wir alles gut im Blick." Wenig später setzte getragene Orgelmusik ein und füllte das Kirchenschiff mit melancholischen

Tönen. Wie eine dichte Wolke umgab die schwere, vielstimmige Musik den Raum. Man konnte sich der niederdrückenden Wirkung kaum entziehen. Auch Kellert ließ sich zunächst mitziehen, wehrte sich dann jedoch mit einem inneren Ruck gegen die Suggestionskraft der Musik. Er blickte über die Menschenmasse, die sich in die Kirchenbänke quetschte.

‚Siehe da, die ganze Universitätsleitung in Reihe eins, inklusive Präsident!‘, dachte er. ‚Und da, die Oberbürgermeisterin samt Begleittross! Vorne links eine ganze Horde Ordensfrauen in schwarz-weißer Tracht, bestimmt an die fünfzehn! Wahrlich eine illustre Versammlung!‘

Die Orgel verstummte und wenig später ertönte eine Glocke. Aus einer Seitentür hinten links bewegte sich ein langsamer Zug nach vorn. ‚Sicherlich der Priester und die Messdiener‘, dachte Kellert, denn zumindest das kannte er aus den wenigen Gottesdienstbesuchen, an die er sich aus jüngster Zeit erinnerte. Doch er lag falsch. Nicht *der* Priester! Sondern ein nicht enden wollender Zug von Klerikern in ihren priesterlichen Gewändern bewegte sich gemessenen Schrittes durch das Mittelschiff der Kirche zum Altar.

Kurz darauf war der ganze Altarraum gefüllt von durchgängig älteren Priestern, unter ihnen, an einem glänzend rosalila-farbenen Käppchen deutlich zu erkennen, der Bischof, der auch die Begrüßungsworte sprach. ‚An die vierzig Priester auf einem Haufen!‘, dachte Kellert nach kurzer Abschätzung. ‚Das hast du ja auch noch nicht gesehen! Und da liest man immer, es gäbe einen Priestermangel in der katholischen Kirche!‘

Gerade sprachen dort vorn alle einen gemeinsamen Segen, die gleiche Geste, die gleichen Worte im Chor. ‚Schon beeindruckend‘, musste sich Kellert fast gegen seinen Willen eingestehen. Thiele, ebenfalls sichtlich fasziniert von dem ihm fremden Schauspiel, das sich ihnen bot, knuffte ihn in die Seite und wies mit einer Hebung der Augenbrauen nach vorn. Was wollte er?

Richtig, da gab es ja einige bekannte Gesichter unter den Geistlichen: Die Professorenkollegen der Fakultät, sofern sie Priester waren, natürlich. Wen erkannte er? Gleich links neben dem Bischof, das war Baumjohann, der Moraltheologe. Weiter hinten, leicht erkennbar an der glänzenden Glatze, der Jesuit und Alttestamentler Klauspeter Gehrke, daneben Günter Brossl, der Kirchengeschichtler, und einige weitere Gesichter, deren Namen ihm gerade nicht einfielen. Und, ach ja!, der bei weitem Jüngste, der sich ganz im Hintergrund hielt, das war dieser Dr. Schachner, der Assistent von Mühlsiepe.

‚Moment, Mühlsiepe!?‘, durchzuckte es Kellert. Nein, den konnte er unter den vielen Gesichtern dort vorn nicht entdecken. ‚Ist der etwa gar nicht da?‘, fragte er sich und überflog nun die Hunderte von Gesichtern im Kirchenschiff. ‚Doch, da ist er ja!‘, erkannte er. Dritte Reihe rechts, neben all den anderen Vertretern der Fakultät. ‚Das ist konsequent, hier nicht als Priester groß aufzutreten nach all dem, was zwischen denen vorgefallen ist‘, dachte er.

Direkt neben Mühlsiepe erspähte er die vertrauten Gesichter von Frau Hoberg, dann Kösters, Schulze-Vorrath, Brandstätter – der sich also auch nicht unter die Kleriker vorn am Altar mischen wollte –, Frau Mechtersheim und andere, die er namensmäßig nicht gleich zuordnen konnte. Und Studierende? Er blickte sich um. Sicherlich, es gab auch wenige jüngere Gesichter – überhaupt keine Kinder oder Jugendlichen! –, aber er konnte keines davon sicher identifizieren.

Inzwischen waren mehrere Ansprachen im Gange. Alle möglichen Verbände und Institutionen richteten ein Grußwort aus – an wen eigentlich? Wirklich Trauernde waren kaum auszumachen. Vorn saß eine kleine alte Frau. ‚Maria Bächtle‘, hatte ihm Thiele zugeraunt, die Haushälterin und Cousine des Verstorbenen. Sie schien als Einzige tief getroffen. Neben ihr eine vielleicht sechzigjährige Frau, auch in Schwarz und mit einem Hut, dessen Schleier die Augen verdeckte.

‚Das könnte diese Schwester von Gerstmaier sein‘, dachte Kellert. ‚Puh, endlos, diese Grußworte!‘ Er verlagerte sein Gewicht mal auf den rechten Fuß, mal auf den linken. Man sollte sich besser nicht an der Säule abstützen, hatte er bemerkt. Die färbte nämlich ab. Unauffällig hatte er feine Kalkspuren vom rechten Ärmel seiner Anzugjacke abgestreift und hielt sich nun stützlos aufrecht. ‚Okay, das muss also wohl so sein, dass alle noch einmal ihr Andenken in einer Ansprache deutlich machen‘, dachte er resignierend, als sich der sechste der Redner – allesamt ältere Herren – an das Redepult begab und das kleine Mikro für sich zurechtrückte.

Sehr routiniert hatte die Rede des Unipräsidenten geklungen. Alle zu erwartenden Grundvokabeln traten auf: „überaus großes Verdienst“, „ehrenvolle Aufopferung für die Universität“, „furchtbares Verbrechen“, „großer Mann verlässt uns“ und so weiter. ‚Die Rede kannst du unabhängig vom konkreten Anlass mehrfach halten‘, dachte Kommissar Kellert. ‚Hast du wahrscheinlich auch.‘

Andere waren viel persönlicher: Kurskollegen aus dem Priesterseminar ließen das Profil des jungen Studenten Gerstmaier aufblitzen, Gefährten auf späteren Wegstationen würdigten seinen Einsatz im jeweiligen Arbeitsfeld, der Stiftungsvorsitzende von „Pro Ecclesia Catholica“ dankte für den großen Einsatz. Das Gesamtbild, das so entstand, war erstaunlich unscharf. Was für ein Mensch hinter diesen Wegstationen und Funktionen wirklich stand, blieb letztlich offen. War das höfliche Zurückhaltung? Ein Befolgen der immer noch als Konvention geltenden Regel, von Toten nur Gutes zu sagen?

Dann betrat Hermann-Josef Kösters den Altarraum. Als Prodekan oblag ihm eine Schilderung der Wirksamkeit von Gerstmaier an der Fakultät hier in Friedensberg. Kellert und Thiele spitzten die Ohren, versuchten auch, die übrigen Fakultätsmitglieder im Auge zu behalten. Doch auch Kösters hielt sich an die Gepflogenheiten, zählte Aufgaben, Ämter und Leistungen des ehemaligen Dekans auf.

Nur am Ende seiner Rede wagte er eine persönliche Andeutung: „Anton Gerstmaier war eine starke Persönlichkeit, das wissen alle, die ihn kannten. Der Umgang mit ihm war nicht nur leicht" – Andeutungen von Nicken bei einigen Fakultätskollegen im Kirchenschiff, eiserne Mienen bei den Priesterprofessoren oben im Altarraum. – „Er hatte klare Ziele, und die verfolgte er mit außerordentlicher Energie. Für manche von uns war es nicht leicht, damit Schritt zu halten. Sein Einsatz galt der Kirche als Institution, nicht immer den einzelnen fehlbaren Menschen in ihr. Das haben einige als Härte erfahren. Er wollte nicht primär Frieden, sondern Gerechtigkeit. Beten wir darum, dass er nun im ewigen Frieden Gottes ruht."

Diese Worte sorgten für einige Unruhe im Kirchenschiff. Einige hielten diese Bemerkungen offenbar für unangebracht und tauschten sich flüsternd aus, andere fanden sie gerade richtig angesichts der vielen faden und formalen Reden zuvor. Brandtstätter schüttelte Kösters demonstrativ die Hand, als er in die Sitzreihe der Kolleginnen und Kollegen zurückkehrte. ‚Die unterschiedlichen Einschätzungen gehen also weiter', dachte Kellert.

Dominik Thiele hatte dem knapp dreiviertelstündigen Geschehen aufmerksam gelauscht. Abgesehen von der außergewöhnlich großen Zahl der Priester im Altarraum, die nur mit Mühe auf den bereitgestellten Hockern Platz fanden, war das ein formaler Ablauf wie viele andere auch. Das sollte sich nun schlagartig ändern, denn nun begann der eigentliche Gottesdienst, die Messfeier.

Zunächst wunderte er sich über das Auf und Ab der Gemeinde, die sich mal erhob, mal setzte, alles wie von selbst. Der geheimnisvollen Reigen der Rituale schien allen im Raum bekannt zu sein, allen außer ihm. Komisches Gefühl! Mal hörte man nur zu, mal sprach man Gebete mit, auch das war seltsam. Und dann kniete man sich auch noch hin. Er wollte schon auf den Steinboden herabsinken, da hielt ihn Kellert mit sanfter Bewegung zurück. Aha, die ohne Kniebänke blieben stehen. Noch einmal musste der Kommissar ihn sanft bremsen. Als alle nach vorn strebten, um die heilige Kommunion zu empfangen, wollte er sich ganz normal dem Strom der Menschen anschließen. ‚Nur für Katholiken!‘, raunte ihm Kellert zu, der selbst auch nicht nach vorn ging. Tatsächlich blieben auch mehrere andere auf ihren Plätzen sitzen, unter ihnen die Oberbürgermeisterin.

Als endlich, Viertel vor elf, der Bischof den Anwesenden den Schlusssegen spendete und einer der Priester auf den weiteren Verlauf der Beerdigung hinwies, flüsterte Kellert: „Komm, raus!", und sie verließen die inzwischen fast unerträglich stickige Kirche. Thiele fächelte sich Luft zu. „Also da doch lieber eine anonyme Bestattung ohne all dieses Brimborium!", meinte er. „Ach, ich weiß nicht. Das hat schon etwas, finde ich", gab sein Chef zurück und wurde gleich wieder dienstlich. „In jedem Fall sollten wir als Erste am Friedhof sein. Halte dich unauffällig an meiner Seite. Wir bleiben auf Distanz, hörst du?", gab ihm sein Chef mit auf den Weg.

„Oh, Entschuldigung", murmelte Kellert, nachdem er mit raschen Schritten aus dem Nebeneingang des Kirchhofs geeilt war und geblendet vom plötzlichen Tageslicht einen großen Mann angerempelt hatte, der draußen eng an der Kirchenmauer vorbeiging. „Macht nichts!", brummte eine Stimme, die ihm bekannt vorkam. „Ach, die Herren Kommissare", fügte Professor Elmar Maria Brandtstätter hinzu, als er sich umdrehte und Kellert und Thiele erkannte. „Auch dabei, beim Friedensberger Volksauflauf!" ‚Nicht gerade in Trauerstimmung, der Herr Professor', dachte Kellert, antwortete aber: „Ja, bei uns ist das sozusagen Dienstpflicht. Aber Sie, Herr Professor, schon auf dem Weg zum Friedhof?"

„Na, gehn's", knurrte Brandtstätter zurück, „ich kann dieses ganze Theater nicht vertragen. Verlogen bis zuletzt! Immerhin, der Kösters hat ein paar ehrliche Worte gesagt. Also über mich, da sollen sie am Ende keine Floskeln sprechen, sondern einfach die Wahrheit. Das muss reichen!"

„Gehen Sie denn mit zum Friedhof?", fragte Thiele, während die drei Männer sich von der Universitätskirche entfernten. „Nein, das erspare ich mir. Ich habe auch noch zu tun. Wissen Sie was: Dieser ganze klerikale Aufmarsch, das ertrage ich einfach nicht." „Aber Sie sind doch selbst Katholik und dann auch noch Priester", setzte Thiele verwundert nach. „Ja eben!", antwortete Brandtstätter unwirsch. „Aber nicht so!"

Er blieb stehen, wandte sich den beiden Polizisten zu, stemmte die Hände in die Seiten und meinte dann: „Haben Sie das gesehen, diese ganzen Priester am Altar? So viele!" „Ja, das hat mich auch gewundert", erwiderte Kellert. „Dabei liest man doch immer wieder, dass es bei Ihnen einen drastischen Priestermangel gibt!"

„Priestermangel, hoho!" Brandtstätter lachte bitter. „Ja, den gibt es schon. Vor allem ein Mangel an Seelsorgern, an einfachen Pfarrern, die in ihren Gemeinden arbeiten und mit den Menschen den Alltag teilen. Aber die" – er wies zurück in Richtung Universitätskirche –, „die hohen Herren, tja: Kaum einer meiner seligen und hochgelobten Brüder im Herrn arbeitet noch in einer Gemeinde. Haben sich alle ein Pöstchen ergattert, Monsignore hier, Geistlicher Rat da. Der eine in der Bistumsverwaltung, der andere in der Leitung einer kirchlichen Einrichtung. Priestermangel heißt vor allem Seelsorgermangel, so ist das, meine Herren!"

,Du hast gut reden, Freund!', dachte Kellert. ,Als Professor hast du ja auch so ein Pöstchen, und nicht das schlechteste!' „So die Herren!", unterbrach Brandtstätter seine Gedanken. „Ich muss da lang!" Er wies nach rechts, während ihr Weg weiter geradeaus führte. „Wünsche noch einen schönen Tag. Bringen Sie ihn gut unter die Erde, den Herrn Dekan!" Ratlos blickten die beiden Polizisten Brandtstätter hinterher, der seinen mächtigen Körper mit eiligen Schritten einem nur ihm bekannten Ziel entgegenführte. Kellert schaute seinem Mitarbeiter in die Augen, hob fragend die Augenbrauen, zuckte mit den Schultern und machte sich auf die wenigen Meter zum Haupteingang des Stadtfriedhofs, dessen efeuumrankte Mauern sie bereits erreicht hatten.

Auf dem Stadtfriedhof von Friedensberg waren einige berühmte Söhne und Töchter der Stadt begraben: Dichter, Politiker, Philosophen, Professoren mit weltweiter Bekanntheit. Am Eingang gab es sogar eine Tafel, eine Art touristischen Gräberführer. ,Ein bisschen makaber', dachte Kellert, der schon lange nicht mehr auf diesem Friedhof gewesen war.

Eigentlich war der Friedhof, der mitten in der Stadt, mitten im Univiertel lag, gar nicht mehr in Benutzung. Er diente einerseits als eine Art Museum, andererseits mit seinen hohen alten Platanen und Kastanienbäumen als Park, als echter Ort des Friedens für die Lebenden. Tatsächlich fand man hier oft lesende Studenten, junge Mütter oder Väter mit Kinderwagen, alte Frauen im Gespräch.

Als Hauptbestattungsgelände von Friedensberg diente schon seit Jahrzehnten der Waldfriedhof auf einem Hügel weit außerhalb der Wohngebiete, wo ja auch Bernd Kellerts Vater beerdigt worden war. Erst seit wenigen Jahren war die Stadt dazu übergegangen, wenige Grabstätten nach strengen Kriterien wieder freizugeben. ‚Ich möchte nur mal wissen, wie dieser Gerstmaier das wieder hingekriegt hat, sich hier eine Grabstätte zu ergattern‘, dachte Kellert. ‚Na, es sei ihm gegönnt!‘

Plötzlich lärmte ein knarrendes, ratschendes Gezeter durch seine Gedanken. Aus den mächtigen Platanen des Friedhofs erhob sich eine Schar von fünf Elstern, nein: acht, zehn, vielleicht zwölf. Schwarzweiß und blau glänzte ihr Gefieder, aber ihr hässliches Schnarren übertönte auf einmal selbst den Hintergrundlärm des Straßenverkehrs. Früher hatte Bernd Kellert Elstern faszinierend gefunden, ihr selbstbewusstes Auftreten, die phantasieanregenden Erzählungen um ihre Vorliebe für glitzernde Gegenstände, die sie in ihre Nester entführten, ihre klaren Farben. Sie hatten sich aber perfekt an das Leben in der Stadt assimiliert und deshalb in einem Maße vermehrt, dass sie zur echten Plage geworden waren. Als Nesträuber dezimierten sie den Bestand an Singvögeln und ihr Lärm wurde manchmal wirklich zur unerträglichen Plage.

„Denen geht's wohl zu gut", knurrte Dominik Thiele neben ihm, dessen Blick auch auf die wild durcheinanderwirbelnden großen Vögel gerichtet war. „Haben eben keine natürlichen Feinde", erwiderte Kellert mit finsterem Blick. „Abschießen müsste man die, zumindest einige davon. Darf man aber natürlich nicht, klar. Naturschutz!" ‚Jenny würde die Viecher bestimmt verteidigen', ging es ihm durch den Kopf und beim Gedanken an seine Tochter verbesserte sich seine Laune augenblicklich. Die Schar der Elstern löste sich unterdessen auf. Einige flogen zu den Platanen zurück und ließen sich ohne erkennbares System nieder, andere verschwanden aus dem Blickfeld. Der tief brummende Grundton der Stadt übernahm wieder die akustische Oberhoheit.

Langsam, aber immer deutlicher vernehmbar näherte sich der tragende Ton eines Bläserensembles. Dann kam der Trauerzug in Sicht. Die beiden Polizisten hatten sich hinter einer dickleibigen Zypresse am Rand der neu ausgehobenen Grabstätte verborgen und konnten alles gut sehen, ohne ihrerseits gleich entdeckt zu werden. Gemessenen Schrittes wurde der Sarg von acht Trägern herbeigebracht, dann langsam in die erstaunlich tiefe Grube herabgesenkt.

Erneut sprach der Bischof einige Worte, dann übernahm ein anderer, den beiden Beobachtern unbekannter Priester das Zeremoniell. Kellert und Thiele achteten nicht so sehr auf die Worte und Handlungen, die dort vollzogen wurden, sie blickten forschend auf die Gesichter und Gebärden der unübersichtlich großen Trauergemeinde, wenn man sie denn so nennen konnte. Ganz vorne standen die beiden alten Frauen, die eine war also wohl tatsächlich die Schwester des Verstorbenen. Die Beobachtenden konnten nichts Ungewöhnliches entdecken.

Nach einem letzten Segen gab der Priester den Weg der Trauergäste zum Grab frei. Einer nach dem anderen – Angehörige, Ehrengäste und Honoratioren zuerst – schritt an das Grab. Die Männer stachen mit einem bereitstehenden Handspaten in eine Kiste mit Sand, warfen eine Schaufel voll hinab und gingen weiter. Die meisten Frauen hatten zusätzlich eine Blume oder ein Blumengebinde dabei und warfen es ebenfalls auf den Sarg. Einige blickten stumm herab, andere murmelten etwas vor sich hin, wieder andere schlugen ein Kreuzzeichen. Dann ging man davon, die Spuren verloren sich in den Weiten des Friedhofs. Da Schwester und Cousine das Grab bereits verlassen hatten, gab es niemanden, dem man hätte kondolieren können.

‚Das passt!‘, dachte Kellert. Gerade kamen die Kollegen des Verstorbenen an die Reihe. Kösters hielt einen großen Trauerkranz mit einer schwarzroten Schleife. „In ewig dankbarem Erinnern. Katholisch-Theologische Fakultät Friedensberg" stand darauf. Er legte den Kranz rechts neben das Grab zu einer beträchtlichen Anzahl ähnlicher zuvor abgelegter Gebinde. Dann schaute er hinab, biss sich auf die Lippen, bekreuzigte sich und ging. Baumjohann folgte ihm, kerzengerade. Nahm die Schaufel mit Sand, warf die Prise hinab, faltete die Hände zu einem Gebet und ging mit zackigen Schritten davon.

Schulze-Vorrath trat vor, in einem lässig glänzenden Anzug, einem Seidentuch, das aus der Brusttasche hervorlugte, und einer dunkelroten Seidenkrawatte – ‚Schönes Stöffchen, und teuer‘, dachte Kellert. ‚Wieder genau derselbe lässige Dreitagesbart, genau richtig zwischen ungepflegt und gepflegt, wie macht der das?‘, dachte Thiele. Mit unaufdringlichen Bewegungen vollführte der Professor die rituellen Handlungen. ‚Ich glaube, der hat nicht einmal wirklich in das Grab geschaut‘, notierte sich Kellert im Geiste.

Frau Mechtersheim, die Nächste in der Reihe, wirkte in ihrem schwarzen Kostüm und mit dem dunklen Hütchen besonders zerbrechlich und bleich. Sie warf eine weiße Nelke auf den Sarg und ging mit unsicheren, aber raschen Schritten weiter. Hinter ihr stand Mühlsiepe. Langsam trat er vor, seine Augen wirkten gerötet. ‚Eher vom Alkohol als von Tränen, fürchte ich‘, dachte Kommissar Kellert. Lange blieb der Professor stumm stehen, strich sich über die ebenfalls geröteten Wangen, seufzte tief und warf dann einen kleinen Gegenstand in das Grab, den die Polizisten nicht genau identifizieren konnten.

Der Zug der Abschied-Nehmenden bewegte sich langsam weiter auf das Grab zu. Weitere Mitglieder der Fakultät waren darunter, aber kein einziger Student, wie Kellert auffiel; keine einzige Studentin, wie Thiele auffiel. „Komm, wir gehen, da passiert doch nichts mehr“, raunte er seinem Chef zu. „Halt, warte“, zischte der zurück. „Noch ein paar Minuten. Wer weiß?!“

Ungeduldig trat Dominik Thiele von einem Fuß auf den anderen. Er konnte kaum mehr still stehen. Außerdem verspürte er langsam Appetit. ‚Kein Wunder, fast schon eins‘, dachte er mit einem Blick auf seine Armbanduhr. Da trat ein eigentlich unauffälliger Mann Anfang vierzig ans Grab, der sich nur durch seine Kleidung von den anderen Trauergästen abhob. Kein schwarzer Anzug, sondern ein abgetragenes dunkelbräunliches Jackett, weder Krawatte noch Fliege, eine verwaschene, farblich undefinierbare Hose. Mit gleichzeitig zögerlichen und doch raschen, hektischen Schritten ging er auf das Grab zu, schaute kurz hinab und spuckte dann auf den Sarg. Es waren kaum noch andere Leute da, kaum jemand hatte die Szene beobachtet. Zwei ältere Damen machten jedoch erstaunte und empörte Gesichter, eine schüttelte den Kopf vor Entsetzen. Das war doch unerhört!

Der Mann war unterdes mit raschen Schritten zwischen den Gräberreihen verschwunden. Mit seinen hohen Büschen und Bäumen, mit seinen zum Teil turmhohen Grabplastiken war der Stadtfriedhof wie ein Irrgarten. Hier konnte man sich leicht verstecken oder einem Verfolger entkommen. „Hinterher!", zischte Kellert seinem Mitarbeiter zu, und der hatte sich auch schon in Bewegung gesetzt.

Mit großen Schritten folgte er dem Unbekannten, der zielstrebig vor ihm dem Ausgang des Friedhofs entgegeneilte. Schon hatten sie eine Ecke der Anlage erreicht, wo sich außer ihnen niemand anderes zu befinden schien. Thiele bog nach rechts, ging rasch um eine hoch aufragende, quaderförmige Grabanlage – Kommerzienrat Dr. Albert Schmitt, las er aus dem Augenwinkel – und stand plötzlich vor dem Mann, der ihn erstaunt ansah.

„Dürfte ich bitte Ihren Ausweis sehen?", fragte er höflich, aber bestimmt, sein Gegenüber gespannt beobachtend und jederzeit reaktionsbereit. Zur Klärung fügte er hinzu: „Kriminalhauptmann Thiele, hier ist mein Dienstausweis." Der Mann nahm den grünlichen, in Folie eingeschweißten Ausweis, blickte kurz unsicher darauf, nickte verstört und nestelte an seiner rückwärtigen Hosentasche herum. Aus einem abgegriffenen Portemonnaie zog er schließlich seinen Personalausweis hervor.

Thiele nahm das an den Ecken abgestoßene, mit Knicken und Sprüngen versehene Dokument an sich, las und pfiff vor Überraschung durch die Zähne. „Dr. Korbinian Reutter! Na klar!" Reutter starrte ihn verständnislos an. „Herr Dr. Reutter, mein Kollege und ich würden uns gern mit Ihnen unterhalten, würden Sie mich bitte begleiten?" Dr. Reutter zuckte mit den herabhängenden Schultern, sagte nichts und überließ sich willenlos den Vorgaben des Polizisten.

Wenig später saßen sich die beiden auf zwei Bänken an einem schattigen Tisch gegenüber, der zu einem Café unweit des Friedhofs gehörte, der hier tatsächlich fast übergangslos in einen Park mündete. Zwei Elstern stolzierten mit ruckartigen Bewegungen um die Bänke herum, trauten sich erstaunlich nah an die dort Sitzenden heran. Ab und zu pickten sie mit ihren mächtigen schwarzen Schnäbeln nach Essensresten, die zur Genüge herumlagen.

Kellert, der sich inzwischen zu den beiden anderen gesellt hatte, trat nach den Vögeln aus, aber sie huschten einfach einen halben Meter weiter und setzten ihre Nahrungsrunde fort. Er blickte um sich und erkannte einige der Teilnehmer an der Trauerfeier. Sie saßen verstreut an den anderen Tischen und Bänken. Brandtstätter hatte ihm jovial zugewunken. Wo kam der denn auf einmal her? Kösters, der mit anderen an einem Tisch weiter hinten saß, schaute immer wieder mit unverhohlener Neugier und verborgener, aber nur schlecht unterdrückter Heimlichkeit zu ihnen hinüber. Thiele hatte eine Cola vor sich, die beiden anderen teilten sich eine große Flasche sprudelnden Mineralwassers.

„Dr. Reutter, ich will Ihnen nichts vormachen", begann Kellert das Gespräch – oder war es bereits ein Verhör? „Wir kennen Ihre Geschichte. Wir wissen von Ihrem Zerwürfnis mit Professor Gerstmaier. Trotzdem – das war ja wohl nicht gerade die feine englische Art, ihr Auftritt eben!" Reutter vermied jeden Augenkontakt. Er starrte teilnahmslos auf die Tischplatte. Bisher hatte er ganz still dagesessen. Nun schnaubte er durch die Nase und sprach, ohne die beiden Polizisten dabei anzusehen. „Feine englische Art? Ja woher denn! ... ‚Zerwürfnis', nennen Sie das! ... Soso, Sie kennen also ‚meine Geschichte'! Ja, gratuliere!"

Wieder schnaubte er vor sich hin, dann brach es aus ihm heraus: „Das war ein Schwein, fertig, aus! Feine englische Art für ein Schwein – ist es das, was Sie wollen? Dieser Kerl hat mein Leben ruiniert! Können Sie sich vorstellen, was das bedeutet!? Ich könnte jetzt irgendwo Professor sein. Wissen Sie, was ich bin, wie ich meine Familie ernähre? Deutsch als Fremdsprache nennt sich das. Deutschkurse für Asylbewerber und Spätaussiedler aus Polen oder Russland. Miserabel bezahlt. Und immer muss ich hoffen, dass wieder ein neuer Kurs beginnt, wenn der alte ausläuft. In den Ferien gibt es sowieso kein Geld, da kann ich mich arbeitslos melden. Davon soll man leben! Können Sie sich vorstellen, wie meine Frau mich anschaut? Mein Sohn, der wird nächsten Monat elf, was meinen Sie, was der von mir hält, wenn ich ihm einfach keine neuen Fußballschuhe kaufen kann! Wie das ist, jede Woche aufs Arbeitsamt zu gehen, wo man begrüßt wird wie ein alter Bekannter: ‚Ah, der Herr *Dr.* Reutter!‘, mit Betonung auf dem Doktor. Aber finden Sie mal einen Job als Kirchenrechtler, wenn Sie in der Kirche als Ausgestoßener gelten! Nein, nein: Der hat mich ruiniert, der Gerstmaier, und ich gönne ihm, dass er tot ist!“

Dr. Korbinian Reutter hatte sich in einen regelrechten Wutrausch hineingesteigert. Von allen anderen Tischen schaute oder schielte man bereits zu ihnen hinüber. Kellert ließ ihn reden, vielleicht würde er ja gerade so Entscheidendes verraten. ‚Los, lock ihn noch weiter aus der Deckung!‘, schoss es durch sein Hirn. „Aber Herr Reutter“ – den ‚Doktor‘ unterschlug er bewusst – „Sie sind doch auch selbst schuld an Ihrem Schicksal oder nicht? Haben Sie nicht fremde Gedanken als Ihre eigenen ausgegeben, oder wie war das?“

Ein Risiko: Wie würde sein Gegenüber reagieren? Thiele spannte die Muskeln, bereit, jederzeit einzugreifen. Er war überrascht, dass sein Chef so scharf nachfragte, verspürte er selbst doch eher Mitleid mit dem Mann, der wie ein Häuflein Elend vor ihnen hockte.

Reutter reagierte aber ganz anders. Sichtlich knickte er ein, sank noch tiefer in sich zusammen. „Ja", gab er dann nach längerem Schweigen zu. „Ja! Das war ein Fehler damals, ich weiß. Und täglich mache ich mir deswegen Vorwürfe, glauben Sie mir das, täglich! Ich hatte die Anfrage, für eine spanische kirchenrechtliche Zeitschrift einen Aufsatz zu schreiben. Klar, solche Anfragen muss man nutzen. Aber dann kam alles zusammen. Matthias, mein Sohn, wurde schwer krank, wir hatten Stress am Lehrstuhl, es passte einfach nicht. Ich hatte den Artikel aber zugesagt. Und da war dieser Beitrag vom Professor zu einem ähnlichen Thema. Für den hatte *ich* die ganze Recherche-Arbeit geleistet, ich – hören Sie! Habe tage- und nächtelang in der Bibliothek gehockt. Nächte, das meine ich genau so! Und der Herr Professor schrieb das Vorformulierte dann noch ein bisschen um und publizierte es unter seinem Namen. Schauen Sie nicht so überrascht, das ist im Wissenschaftsbetrieb leider nicht unüblich!"

Er versank in Schweigen. „Und dann?", ermunterte ihn Kellert. „Dann dachte ich, dass das eben niemandem auffällt, dass es da Überschneidungen gibt. Dumm, dumm, dumm!" Er schlug sich mehrfach heftig mit der Handfläche an die Stirn. Wieder schaute man zu ihnen herüber. „Ich kannte doch Gerstmaier. Natürlich kriegte der so etwas mit. Ich habe es dann ja auch sofort zugegeben, hätte das auch öffentlich erklärt, aber der werte Herr Professor wollte davon nichts hören. Keine Chance! Kein Gespräch! Aus und vorbei!

Alle Türen zu! Das macht man doch nicht, oder? Stellen Sie sich das mal vor: Jahrelang hatten wir gut zusammen gearbeitet. Gerstmaier war nie einfach, aber wir kamen irgendwie miteinander aus. Ich konnte mich auf ihn einstellen. Und dann das! Ich habe wirklich alles versucht, aber er war wie vernagelt. Und das als Christ, als Priester!"

„Und da haben Sie beschlossen, sich persönlich an ihm zu rächen und ihn umzubringen", sagte Kellert ganz langsam und leise. „Nein!" Reutter sprang auf, Thiele zog ihn aber mit sanftem Druck wieder auf die Sitzbank hinab. „Das glauben Sie doch nicht wirklich! Ich, ein Mörder!? Ach, *das* denken Sie die ganze Zeit!"

Erstmals schaute er den beiden Polizisten direkt in die Augen, ganz offensichtlich entrüstet. Dann lachte er in sich hinein, bitter, mit einem resignierten Zug um den Mund. „Ich will Ihnen mal etwas sagen. Hören Sie gut zu! Ja, ich hatte Rachephantasien, und das nicht zu knapp. Seinen Mercedes zerkratzen, ein Graffiti an sein Haus sprayen, ihm öffentlich eine Ohrfeige geben – nicht einmal das habe ich geschafft. Nicht einmal das! Und so ein … so ein Versager wie ich soll ein Mörder sein! Trauen Sie mir das zu?"

‚Nein, das traue ich dir wirklich nicht zu', räumte Kellert sich selbst gegenüber ein. Noch einmal blickte ihn Dr. Reutter unter schweren Augenlidern mit unsicherem Blick an: „Ach so! Ich kann es übrigens gar nicht gewesen sein. Die Tat ist doch letzten Freitag passiert, oder? So stand es jedenfalls im Anzeiger. Da war ich gar nicht in Friedensberg. Ich war bei meinen Eltern in Freising. Das kennen Sie doch, der alte Bischofssitz bei München. Können Sie überprüfen. Mein Vater wurde fünfundsiebzig, das haben wir gefeiert. Ich bin erst am Sonntag zurückgekommen."

‚Und das sagst du erst jetzt!', dachte Kellert, sagte aber: „Das werden wir natürlich überprüfen", und nickte Thiele zu, der gleich wusste, wer mit ‚wir' gemeint war. ‚Hierarchischer Plural', nannte Kellert das. Er sagte ‚wir' – und Thiele wusste: das hieß ‚ich'. „Kann ich jetzt gehen?", fragte Korbinian Reutter und erhob sich. „Vorerst ja", sagte Kellert. „Es kann aber gut sein, dass wir uns noch einmal bei Ihnen melden." Reutter nickte kaum merklich, drehte sich dann aber doch noch einmal zu ihnen um.

„Also", Reutter ließ sich schwer auf die Bank zurückfallend, „sagen Sie: Wer leitet denn jetzt eigentlich die Fakultät?" ‚Aha, er wittert wohl doch noch den Hauch einer neuen beruflichen Chance', überlegte Kellert. „Meines Wissens muss das der Prodekan übernehmen, also der Professor Kösters", antwortete er.

„Was, Kösters!" Reutter machte große Augen. „Das kann er doch nicht wagen. Das ist doch für den viel zu riskant!" Thiele schaltete sich ein: „Wieso riskant?" „Ach nichts", wiegelte Reutter ab, in seinen Augen glomm ein neuer Glanz. „Moment, hat das etwas mit dem Mord zu tun, dieses ‚nicht wagen' und dieses ‚Risiko', von dem Sie sprechen? Herr Dr. Reutter" – ‚Jetzt wieder mit Titel!', dachte sich Kellert –, „darf ich Sie daran erinnern, es geht um Mord und Tod!"

„Tod!" Reutter kicherte in sich hinein. „Ach was, es geht genau genommen um das Gegenteil!" Kellert und Thiele sahen sich fragend an. War er einfach ein bisschen verrückt, dieser seltsame Kirchenrechtler? „Bitte werden Sie etwas deutlicher!" „Nein, das müssen Sie schon selbst herausfinden", Reutter kicherte immer noch, „Leben – Tod, Tod – Leben ...". Eine gebrochene Gestalt! Schon war er aufgestanden und verließ – leise vor sich hin murmelnd und skeptisch beobachtet von mehr als vierzig Augenpaaren – grußlos das Café.

„Halt!", rief Thiele, war schon aufgesprungen und bereit, dem Davoneilenden hinterherzujagen, doch sein Chef fasste ihn am Ärmel der schwarzen Anzugjacke und hielt ihn zurück: „Lass ihn, der war's nicht! Das spür ich. Da verlasse ich mich auf meinen Instinkt. Das ist ein ganz armer Wicht, der kann so etwas gar nicht, das glaube ich ihm jetzt."

„Aber wieso hast du ihn dann so hart angefasst, Chef?"
„Habe ich das?", überlegte der Kommissar, gab dann aber zu: „Kann schon sein. Ich wollte herausfinden, ob er mehr weiß, als er zugibt." Beide schwiegen und tranken ihre Gläser leer. „Und das mit Kösters?", fragte Thiele. „Ja, da müssen wir noch einmal nachfassen. Ich glaube, ich habe auch schon eine Idee! Aber nicht jetzt und nicht hier."

„Zahlen bitte!", rief Kellert einer jungen Bedienung nach, die sich umdrehte und ihm mit einem routinierten Lächeln zunickte. „Komme sofort!" In diesem Moment erhob sich ein ebenfalls in Trauerkleidung gewandeter Mann, den Kellert auf Anfang fünfzig schätzte, vom Tisch, an dem Prodekan Kösters und einige andere Professoren der Universität saßen, und kam festen Schrittes zu ihnen hinüber.

„Ach, Herr Kommissar!", rief er, Aufmerksamkeit heischend. „Ja?" Kellert blickte ihm entgegen und überlegte, ob er ihn von irgendwoher kannte: sehr gepflegte Erscheinung, braungebrannt, teurer maßgeschneiderter Anzug, Designerbrille mit Goldkettchen, perfekt modellierte Zähne – ‚Nein, wüsste nicht, woher ich den kennen sollte. Wie ein Theologe sieht der jedenfalls nicht aus, aber wer weiß'.

„Gestatten die Herren?", fragte der Ankömmling in vollendeter Höflichkeit, gab beiden mit selbstbewusst-festem

Druck die Hand und setzte sich auf den ihm mit einer Geste zugewiesenen, soeben frei gewordenen Platz. „Darf ich mich vorstellen? Professor Badstüber, Dekan der hiesigen Juristischen Fakultät. Ich werde Sie gar nicht lange aufhalten, versprochen. Aber ich wollte Ihnen doch etwas mitteilen, es könnte wichtig sein. Kollege Kösters hat mich über den Stand der Dinge aufgeklärt und da fiel mir etwas ein, das für Sie von Interesse sein könnte." „Kannten Sie Professor Gerstmaier denn näher?", unterbrach ihn Kellert. „Aber gewiss doch. Er hatte seit Jahren einen Lehrauftrag bei uns. Kirchenrecht und Staatsrecht sind ja eng miteinander verwandt und bis heute kann man hier in Friedensberg den ‚Doctor utrusque' erwerben."

„Bitte, den was?", fragte Kellert nach einem kurzen Blickwechsel mit Thiele, der ihn ebenso ahnungslos anschaute wie umgekehrt. „Ach so, ja, entschuldigen Sie, für uns Juristen ist das so selbstverständlich. Das ist ein Doktoratsabschluss, der sowohl im staatlichen als auch im kirchlichen Recht erworben wird und den Kandidaten so beruflich breite Möglichkeiten eröffnet. Im Rahmen dieses Abschlusses kooperieren beide Fakultäten. Und im Rahmen dieser Kooperation war Gerstmaier auch bei uns tätig." „Ach so", nickte Kellert, „aber das war es nicht, was Sie uns eigentlich erzählen wollten, oder?"

„Nein, es geht um Folgendes. Wie mir erst jetzt klar wurde, rief mich Gerstmaier kurz vor seinem Tod an, also ich denke, es war am Donnerstagnachmittag, genau vor einer Woche. Das können wir gegebenenfalls noch über die Telefonzentrale der Universität feststellen lassen, denn es war ein internes Gespräch."

„Und, worum ging es da?", fragte Kellert, nun neugierig geworden. „Er hatte eine juristische Frage, die er mit mir erörtern wollte, aber nicht am Telefon. Wir hatten ausgemacht, dass er am Montag früh zu mir auf einen Sprung rüberkommt, beide Fakultäten liegen ja an der Guardini-Allee, wir stadtwärts, sie flusswärts. Als er nicht kam, rief ich im Dekanat an, und dann entdeckte die Sekretärin den Toten. Ich musste ja mit anhören, wie die Gute schrie." ‚Richtig!', fiel es dem Kommissar ein. „Das hat Frau Hoberg, die Dekanatssekretärin, ja zu Protokoll gegeben!" ‚Und ich habe das bislang übersehen', fügte er im Geiste hinzu. ‚Dem hätte ich auch selber nachgehen können!'

„Worum sollte es denn in diesem Gespräch gehen?", fragte er stattdessen. „Gerstmaier hat das nicht ganz genau gesagt. Irgendetwas mit Universitätsrecht, das ist mein Spezialgebiet", antwortete der Jurist nach kurzem Nachdenken. „Ich hatte den Eindruck, dass er auf irgendeine Unregelmäßigkeit gestoßen war, und er wollte wissen, welche Bedeutung das hatte. Wie er da vorgehen müsste." „Genauere Andeutungen hat er nicht gemacht?" „Leider nein! Mehr weiß ich nicht. Aber ich dachte, Sie sollten das wissen!" Dekan Badstüber erhob sich und verabschiedete sich erneut mit Handschlag.

„Ach übrigens", fügte er noch hinzu: „Ich nehme an, dass Sie bei Ihren Nachforschungen einiges darüber herausfinden werden, was so hinter den Kulissen der Theologischen Fakultät läuft. Nur damit Sie es richtig einschätzen: Das läuft bei allen anderen Fakultäten ganz genauso. Da geht es eben um Macht, Ansehen und Geld! Ich könnte Ihnen Sachen von den Juristen erzählen …! Na, ist ja nicht erforderlich! *Ich* lebe ja noch! Einen schönen Tag noch, die Herren!" „Danke für die Informationen!", rief ihm Kellert hinterher und der Angesprochene hob im Davongehen die rechte Hand, ohne sich noch einmal umzudrehen.

„Uff!" Kellert lehnte sich zurück und streckte sich, blickte auf seine Armbanduhr und meinte: „Oh, schon fast halb eins!" „Und was jetzt, Chef?", fragte Thiele. „Tja", Kellert kratzte sich am rechten Ohrläppchen. „Jetzt nichts wie raus aus diesen Klamotten, mir ist heiß! Und dann fahre ich nach Frankfurt und hole Beate vom Flugplatz ab." „Und ich?", fragte sein Mitarbeiter erneut.

„Ob du dich auch umziehst, das überlasse ich dir, Dominik", gab sein Chef müde grinsend zurück. „Bitte mach für heute am späten Nachmittag zwei Gesprächstermine aus, einen mit Mühlsiepe und einen mit Kösters. Zur Not bestellen wir sie halt aufs Kommissariat. Und: Da sollten wir jeweils zu zweit dabei sein, das wäre mir lieber. Und dann kannst du ja mal das Alibi von unserem Dr. Reutter abchecken. Obwohl das bestimmt in Ordnung geht, da gehe ich jede Wette ein. Muss trotzdem sein, weißt du ja! Und diesem Hinweis mit dem Universitätsrecht sollten wir auch nachgehen, ich habe nur noch keine Ahnung wie. Vielleicht fällt dir ja etwas ein."

„Okay!" Thiele nickte und fragte: „Und wann soll ich dich abholen?" „Warte mal", Kellert blickte auf seine Armbanduhr, „mach doch den ersten Termin für vier Uhr aus und hol mich eine Viertelstunde vorher ab."

Freitag, 14. Mai, mittags
Frühlingsspaziergang

„Hallo, bist du es, Verena? Ja, Dominik hier. Ich habe den Mittag über frei und wollte dich fragen, ob du Zeit hast!" Verena Obmöller lebte in einer Studenten-WG. Sie selbst war inzwischen ‚die WG-Oma', wie ihre beiden Mitbewohnerinnen sie nannten. Schon seit drei Jahren lief ihr Mietvertrag in dieser Altbauwohnung mit den hohen und weiten Räumen. Die anderen Bewohnerinnen kamen und gingen, manche blieben nur ein Semester, andere drei. Da sie selbst den Hauptmietvertrag unterschrieben hatte, konnte sie sich die anderen aussuchen.

Bislang hatte ihre Menschenkenntnis sie noch nie getäuscht. Es hatte eigentlich immer ganz gut geklappt. ‚Nimm nie eine, die deine Fächer studiert', war ihre erste Grundregel, weil man sonst auch im Privatbereich immer nur über die Uni sprach. ‚Nimm nie eine ohne Geschwister', war ihre zweite, weil die womöglich nicht gelernt hatten, wie es ist, wenn man Wohnraum, Aufgaben und Verantwortung teilen musste.

Verena hatte gerade an ihrem Schreibtisch gesessen und an einem Referat über Schillers „Maria Stuart" gearbeitet, das sie in zwei Wochen in einem Germanistik-Seminar halten musste, als das Telefon klingelte. „Ronni, gehst du dran?", hatte sie gerufen in der Hoffnung, dass ihre Mitbewohnerin das Telefon abnehmen würde. Das war das einzige Koordinationsproblem in der WG. Verena ging selbst nicht mehr zum Telefon, das im gemeinsamen Wohnraum stand.

„Ronja, das ist sowieso immer für dich, also geh auch bitte selbst dran!", hatte sie wiederholt zu ihrer Mitbewohnerin gesagt, mit wechselndem Erfolg. Ein Handy oder Smartphone besaß Verena Obmöller nicht. ‚Ich will gar nicht ständig erreichbar sein, das ist doch furchtbar', sagte sie immer, wenn sie meist völlig erstaunt darauf angesprochen wurde. ‚Wenn mich einer wirklich erreichen will, findet er schon Mittel und Wege. Ich selbst umgekehrt auch.' „Ronni!", brüllte sie jetzt noch einmal durch die offenstehende Zimmertür. Immer noch klingelte das Telefon weiter. Genervt erhob sie sich, ging hinüber, nahm den Hörer ab und bellte ein barsches „Ja!?" hinein.

Als sie hörte, wer am anderen Ende war, veränderten sich ihre Gesichtszüge sofort: „Dominik, du?! Wie schön! Musst du denn nicht arbeiten?" – „Nö, im Moment nicht. Oder vielmehr: Doch, aber vielleicht kannst du mir dabei helfen." – „Ich, wie das denn?" – „Das werde ich dir erklären. Aber wie sieht es aus? Hast du Zeit?" Verena überlegte kurz: „Eigentlich müsste ich für das Schiller-Referat arbeiten. Aber das kann ich auch morgen machen. Okay! Wann und wo?" „Ich könnte dich in, sagen wir mal, zehn Minuten abholen, passt das? Wir könnten uns ein bisschen die Beine vertreten, ich habe zuletzt einfach zu viel herumgestanden und herumgesessen." – „Gut, dann bis gleich!"

Eine halbe Stunde später spazierten die beiden Hand in Hand durch den frischgrünen Mischwald oberhalb der Weinberge. Der Himmel hatte sich zugezogen, es war nicht warm, aber doch so, dass man sich im Pullover gut draußen aufhalten konnte. Um diese Zeit war hier kaum jemand unterwegs. Sie genossen die Stille und das Zwitschern der Vögel über ihnen im Geäst. Verena legte den Kopf auf die breite Schulter ihres Begleiters, aber das war beim Gehen letztlich doch eher hinderlich.

„Nun sag schon, wie ich dir helfen kann!", meinte sie. „Erkläre mir doch mal, wie man das wird, Professor, das ist mir nämlich nicht klar. Ich habe ja nicht studiert oder so. Und du kennst dich da ja gut aus." „Na ja, auskennen, das ist zu viel gesagt. Wozu brauchst du das denn?", fragte sie zurück. „Weiß nicht, das könnte etwas mit unserem Fall zu tun haben, also mit dem Tod von eurem Dekan."

„Also warte, wenn ich das richtig mitbekommen habe, dann läuft das so: Du musst erst einmal ein normales Studium absolviert haben, das ist ja klar", begann sie. „Und die Abschlussnote muss mindestens gut sein. Dann musst du dir einen Doktorvater oder eine Doktormutter suchen, bei der du eine Promotion schreiben kannst. Zumindest in den Geisteswissenschaften ist das so."

„Komische Bezeichnung, Doktorvater!", warf der Polizist ein. „Ja, aber von denen bist du tatsächlich so abhängig wie von deinen Eltern. Ohne deren Hilfe läuft gar nichts. Sie müssen dich annehmen, betreuen und am Ende begutachten. Umgekehrt sind sie aber auch von dir abhängig, wie das bei Eltern und Kindern nun einmal so ist. Ein Professor oder eine Professorin ohne Schüler, das gibt es gar nicht. Und je besser die Schülerinnen und Schüler, desto besser der Ruf, den du in der Gelehrtenwelt genießt", erklärte Verena. „Ich überlege das auch", gab sie dann zu. „Lust zu solch einer Promotion hätte ich schon."

„Ach so!?" Dominik Thiele schaute sie überrascht an, fragte aber weiter: „Und wie läuft so eine Promotion dann ab?" „Nun, wenn du ein Thema hast, das neu ist, über das noch keiner geschrieben hat und das so interessant ist, dass es sich wirklich lohnt, dann bearbeitest du das eben. Das kann im Idealfall drei Jahre dauern, bei manchen zieht sich das aber bis zu zehn Jahre und länger hin."

„Ätzend!", stieß der Polizist aus, der schon an die eigene Schulzeit eher unangenehme Erinnerungen hatte. „Ist das nicht total öde, so lange an einem Thema zu schreiben? Das stelle ich mir ganz furchtbar vor!" „Das kommt darauf an", gab die Studentin zu bedenken. „Klar, erstens musst du einfach der Typ für so etwas sein. Schreiben und Lesen und Forschen, das muss dir Spaß machen, sonst geht das nicht. Und dann brauchst du ein Thema, das dich wirklich interessiert. Die meisten in Theologie und Germanistik lassen sich eins von ihrem Prof geben. Das könnte ich nie. Wenn, dann würde ich mir meins selber wählen und mir dazu den besten Betreuer suchen."

„Gut, also sagen wir einmal, man hat diese Arbeit geschrieben. Und dann?", fragte Dominik Thiele nach. Er bog den tief hängenden Ast einer Buche zu sich herab, pflückte ein zartgrünes Blatt und steckte es der Studentin hinter das Ohr. „Dann wird sie begutachtet, dann musst du noch ein paar Prüfungen machen, ‚Rigorosa' nennt man die, vielleicht darf man seine Arbeit aber auch vor den Professoren erklären und verteidigen, ‚Disputatio' heißt das. Und wenn man dann das Ganze noch als Buch veröffentlicht, dann darf man sich eben ‚Doktor' nennen."

„Aber Professor bist du dann ja noch nicht, oder?!" „Nee, das dauert noch. Da musst du noch eine zweite Arbeit schreiben, die so genannte Habilitation. Zumindest war das bislang so, heute ist das nicht mehr überall unbedingt erforderlich. In der Theologie aber schon. Also: Noch ein – ganz anderes – Thema, noch wissenschaftlicher geschrieben, alles noch einmal!" „Puh, was für ein langer und mühsamer Weg!", unterbrach Thiele, während er ein kleines Steinchen über den Weg kickte. Hoch über ihnen klopfte ein verborgener Specht seinen Takt in die Mittagsstille. „Ja, aber wie unser Fundamentaltheologe, Professor Schulze-Vorrath, immer sagt: Only the best survive! Das machen eben nicht viele. Und wenn du wirklich Prof werden willst, musst du auch noch allerlei anderes vorweisen: Berufserfahrung in Schule oder Pfarrei, Lehrerfahrung an der Uni, möglichst noch andere Publikationen, also Aufsätze und so."

„Wusste ich doch, dass du dich da gut auskennst", staunte Dominik Thiele und gab seiner Begleiterin einen Kuss auf die Wange. Sie blieb stehen, schmiegte sich an ihn und küsste ihn lang. Erst nach einer Weile löste er sich aus der Umarmung. Sie lächelte ihn an. „Ja, ich kenne mich da gut aus, weil ich vor kurzem als studentische Vertreterin in einem Berufungsausschuss war. Bei uns wurde ja letztes Semester die Liturgiewissenschaft neu besetzt, und zwar mit dem Professor Okwenku, einem Afrikaner." „Huch, der ist uns aber noch gar nicht begegnet", kommentierte Thiele überrascht. „Ne, das kann er auch noch nicht. Der tritt seine Tätigkeit erst im Wintersemester an."

Sie hatten den Weg wieder aufgenommen. „Und wie läuft denn nun so eine Berufung?", fragte der Polizist. „Nun, die Universität muss die Stellen öffentlich ausschreiben, dann melden sich die Bewerber und dann gibt es eben diesen Berufungsausschuss. Da sind die Professoren in der Mehrheit, aber es sind auch welche vom Mittelbau und von uns Studierenden dabei. Und natürlich die Frauenbeauftragte der Fakultät, Professorin Mechtersheim. Wir schauen uns dann die Bewerbungen an und suchen uns die besten heraus. Die werden dann zum ‚Vorsingen' eingeladen."

„Vorsingen, wieso denn das?" Völlig verwundert blickte Thiele auf seine Begleiterin. „Ach so!", lachte die hell auf. „Nein, da singen die natürlich nicht. So nennt man das, wenn die einen Probevortrag halten müssen. Damit man überprüfen kann, ob sie als Dozenten etwas taugen. Ja, und dann erstellt man eine Liste, schickt die ans Ministerium, dann muss auch noch der Bischof zustimmen, und dann kriegt der oder die Auserwählte eben den Ruf."

Dominik Thiele blickte leer vor sich hin. Offenbar verstand er das komplizierte Prozedere trotz aller Erklärung nur zum Teil.

„Ach so, ‚Ruf'!" Verena tippte sich an die Stirn. Sie hatte gemerkt, dass ihr Gesprächspartner sich irgendwann ausgeklinkt hatte, und erklärte: „Ruf, das heißt: Das Ministerium ernennt ihn zum Professor. Na, jedenfalls: Wenn sich dann der Bewerber und die Universität auf alle Bedingungen einigen können, dann nimmt er oder sie die Arbeit als Professor auf." „Ganz schön schwierig, wenn du mich fragst!", meinte Thiele nach einer kleinen Pause. Er war sich immer noch unsicher, ob er das nun alles wirklich verstanden hatte.

„Ja, und es ist noch komplizierter: Zum Beispiel gibt es in der Theologie eine so genannte Priesterquote. Der Bischof bestimmt, dass soundsoviel Prozent der Professoren Priester sein müssen." „Darf der das denn?", warf Thiele ein.

„Ich glaube schon. Da gibt es irgendwelche Verträge zwischen Staat und Kirche, die das regeln. Jedenfalls führt das dazu, dass man gar nicht immer die besten Bewerber nehmen kann. Okwenku zum Beispiel war auf unserer Liste nur die Nummer drei. Auf eins stand ein männlicher Laie, der war wirklich eindeutig der Beste. Der ist jetzt Professor in den USA, in Chicago, glaube ich. Auf Platz zwei stand eine ebenfalls hervorragende Frau. Genommen wurde dann aber der Priester auf Nummer drei. Der ist auch ganz gut, keine Frage", räumte sie ein. „Aber eben nicht der Beste!"

„Puh, bin ich froh, nicht in eurem Laden zu sein", resümierte Thiele. „Das ist ja unglaublich verzwickt. Und ständig bist du auf das Wohlwollen anderer angewiesen, ohne das geht gar nichts, habe ich den Eindruck." „Stimmt schon, aber das ist bei anderen Behörden, bei euch zum Beispiel, doch auch nicht anders, oder?", fragte Verena Obmöller zurück. „Nee, da hast du auch wieder Recht", gab er nach einigem Zögern zu. „Aber nicht so unübersichtlich."

Schweigend gingen sie eine ganze Weile nebeneinander her. Plötzlich öffnete sich der lichte Wald vor ihnen. Rechts bot sich ein wunderbarer Weitblick. Hier die große Biegung des Flusses, weiter hinten die Silhouette von Friedensberg mit den Kirchtürmen und dem Schloss. Linker Hand befand sich eine Bank aus blank gescheuerten Holzbohlen. „Pause!", meinte Verena und zog ihren Begleiter mit sanfter Gewalt auf die Bank.

Eng aneinandergeschmiegt blickten sie auf die blühende Mailandschaft. Verena hatte zwei Äpfel mitgebracht, die sie nun langsam kauend aßen. Lange sprachen sie nichts. „Du hast vorhin gesagt, dass Professoren auch Schüler brauchen, damit sich ihr Ruf entwickeln kann", brach Dominik Thiele ihr Schweigen, während er mit der rechten Hand ein mürbes Stück Holz zerrieb. „Aber was passiert, wenn die Schüler besser und berühmter werden als ihre Lehrer?"

Verena schaute ihn erstaunt an. „Stimmt, das kann passieren! Und ist gewiss nicht leicht! … Hmm, ich weiß nicht! Vielleicht suchen sich die Profs nur solche Schüler aus, von denen sie annehmen, dass sie zwar gut sind, aber auf keinen Fall besser! Aber nein: Ich glaube, einem wirklich guten Prof ist das egal. Mühlsiepe zum Beispiel, der ist ganz bescheiden. Über nichts würde der sich mehr freuen als über wirklich gute Schüler. Mit dem Schachner ist er nicht gerade glücklich, scheint mir."

„Da würde er mit dir wohl glücklicher werden, was?", neckte Thiele sie. „Hey, was höre ich denn da für einen Unterton?", gab Verena Obmöller schnippisch zurück und boxte ihn spielerisch auf die Schulter. „Ich steh nicht auf alte Männer, auf Priester schon gar nicht, das müsstest du doch wissen! Aber vielleicht schreibe ich bei ihm die Dissertation, mal sehen. Erst einmal abwarten, wie es mit der Zula läuft."

„Und was würdest du dann damit machen?", fragte Thiele zurück, der sich einen solchen beruflichen Weg offensichtlich gar nicht vorstellen konnte. „Weiß ich nicht! Das würde man dann schon sehen. Wenn, dann würde ich das einfach für mich selbst tun."

Ihr Begleiter blickte sie skeptisch an. „Doch, einfach für mich!", beharrte sie. „Weißt du, man kann sich schon fragen, was das soll, so eine Doktorarbeit. Für wen schreibt man die? Für andere, die dann wieder eine Doktorarbeit schreiben? Ist das nicht einfach ein Kreislauf, der sich selbst genügt, ohne irgendeinen klar erkennbaren Nutzen? Also … in jedem Fall müsste es für mich selbst sinnvoll sein."

Dominik Thiele blickte sie immer noch verständnislos an, hielt es aber für klüger, sich nicht dazu zu äußern. „Ja, und was würde ich dann damit machen – also wenn das alles so funktionieren würde?", griff Verena Obmöller den Gedankenfaden wieder auf, um sich selbst zu antworten: „Vielleicht etwas im Bildungsbereich. ‚Der Weg öffnet sich beim Gehen', das ist so mein Motto. Damit lebe ich eigentlich bis jetzt ganz gut. Oder wenn du's ein bisschen frommer willst: ‚Gott führt uns die Wege, die wir wählen!' Nicht schlecht, oder?" Ihr

Begleiter schaute sie mit großen Augen an, hob die Schultern, sagte aber nichts.

„Mist, ich glaube, es fängt an zu regnen!", meinte Thiele nach einiger Zeit, die sie eng umschlungen und schweigend verbracht hatten. Er streckte seine flache Hand aus und spürte ein paar Tropfen. Seine Begleiterin guckte nach oben: „Viel kann es aber nicht geben. Egal, wir gehen besser zurück." Tatsächlich hörte das Getröpfel bald auf, es trübte sich aber mehr und mehr ein. Mit schnellen Schritten machten sie sich auf den Rückweg zu dem Parkplatz, an dem der Polizist seinen Privatwagen, einen älteren silbernen 3er BMW, abgestellt hatte.

„Gibt's an der Uni in Friedensberg eigentlich nur *Katholische* Theologie?", fragte er die nun ohne Handkontakt rasch neben ihm her Gehende. „Du weißt ja, dass meine Familie eigentlich evangelisch ist, auch wenn das jetzt keine Rolle mehr spielt!" „Wieso, willst du doch noch ein Studium aufnehmen?", fragte ihn die junge Frau grinsend. „Das gibt es durchaus, nennt sich Seniorenstudium!" „Hey! So alt bin ich nun auch wieder nicht", gab Thiele entrüstet zurück und merkte dann erst, dass sie ihn ein bisschen ärgern wollte. Nun lachte er über sich selbst.

„Doch, Evangelische Theologie gibt es schon, aber nicht an der Uni", ging Verena nun auf seine Frage ein. „Die ist draußen im Sonnheimer Feld, an der Pädagogischen Hochschule. Da werden die Grund- und Mittelschullehrer ausgebildet. Und die haben zwei oder drei Lehrstühle für Evangelische Theologie. Mit denen haben wir aber kaum Kontakt, auch unsere Profs nicht. Eigentlich schade, das könnte ganz interessant sein. Ich finde einiges an der evangelischen Kirche gar nicht so schlecht, auch wenn ich letztlich immer wieder selbst erstaunt bin, wie katholisch ich eigentlich bin. In der Begegnung mit evangelischen Christen, also mit so richtig praktizierenden, da fällt mir das immer wieder auf. Das ist ja gerade das Interessante an der Ökumene, an der Begegnung der Konfessionen, dass man sich selbst viel besser versteht lernt. Aber unsere Herren Professoren kreisen lieber um sich selbst. Die meisten zumindest. Ökumene interessiert die nicht."

„Aber dieser – wie heißt er jetzt wieder – dieser Schulze-Vorrath zum Beispiel, den du vorhin genannt hast, der ist doch gerade Fachmann für andere Weltreligionen, oder?", gab Thiele zu bedenken. „Ach, der Charly!", lachte Verena. „Ja unser Charly, der ist natürlich der Star. Das ist der bunte Hund an der Fakultät, den kennt jeder. Der will, dass wir ihn duzen! Ich tu das aber nicht, weil ich das nicht passend finde zwischen Studenten und Professoren. Aber unter uns nennen wir ihn alle den ‚Charly'! Ja, der hat einen guten Riecher für Themen, die gerade ‚in' sind. Und Weltreligionen, das ist natürlich ein Thema! Spätestens seit dem elften September 2001. Und ganz aktuell natürlich, wo all die vielen Flüchtlinge nach Deutschland kommen, das sind ja fast alles Muslime. Hast du das mitgekriegt? Im Landtag haben sie diskutiert, ob sie nun bei uns auch den ‚Islamischen Religionsunterricht' an den Schulen einführen sollen. Und wer macht die – gut bezahlten – Gutachten, wer stellt das im Fernsehen vor? Klar, unser Charly!" „… über den du dich ein bisschen lustig machst, kann das sein? Na, egal. Aber findest du das gut, eine Einführung von islamischem Religionsunterricht?"

Verena Obmöller dachte nach: „Ja, eigentlich schon. Wenn es katholischen und evangelischen gibt, dann haben die doch auch ein Recht auf ihren Unterricht. Das steht ja so auch im Grundgesetz, das hat uns die Mechtersheim mal erklärt. Voraussetzung ist aber, dass die Lehrer auch bei uns studieren, dass es Lehrpläne und all das gibt, wie für uns auch. Das könnte mittelfristig sogar ein ganz guter Schutz gegen Fundamentalismus sein. Wenn die dann nach den Vorgaben einer deutschen Universität studieren und wenn der Unterricht auf Deutsch abgehalten wird, dann wird das alles doch viel transparenter, als es heute oft der Fall ist, oder?"

Inzwischen hatte es doch zwar sanft, aber beständig zu regnen angefangen. „Komm, da vorn ist mein Auto, wir laufen den Rest, okay?" Lachend und prustend kamen sie beim Wagen an und ließen sich in die Sitze fallen. „Kommst du noch mit zu mir auf einen Tee oder so?", fragte Verena und lächelte dem Mann im Fahrersitz einladend zu. „Och, auf WG stehe ich ja nicht so besonders", entgegnete der, während er den Sicherheitsgurt anlegte, grinste dann aber: „Andererseits, so eine Dreifrauenwohnung, das hat ja vielleicht auch wieder was!"

„Hey, du alter Macho, keine schmutzigen Phantasien bitte!" Die Studentin klapste ihn halb ernst, halb im Scherz auf die Schulter. „Hey, das war nicht ernst gemeint!", gab dieser beschwichtigend zurück und startete den Motor seines alten BMW. „Aber sorry, geht nicht. Ich muss noch mal zur Arbeit. Mein Chef wartet. Upps, ich muss mich sogar beeilen. Vielleicht heute Abend?"

Freitag, 15. Mai, nachmittags
Zwei Geheimnisse weniger

„Der fährt sich wirklich nicht schlecht, dieser neue Passat, Abgas-Skandal hin oder her!" Thiele klopfte anerkennend auf das Armaturenbrett des Dienstwagens, den sie seit wenigen Wochen benutzten. „Den Diesel hörst du kaum und wenn du beschleunigen willst, zischt er nur so ab." „Das brauchst du mir ja nicht unbedingt gleich zu beweisen!", gab Kommissar Kellert zurück, der sich wie immer lieber fahren ließ, als selbst zu fahren. So konnte er ungestörter nachdenken.

Er ergänzte: „So schön das ist, wenn der Motor leise ist, so nervig ist diese Musik die du da immer hörst. Komm, schalt ab!" „Wieso, ist doch Radio", brummelte Dominik Thiele, beugte sich aber zum Aus-Knopf, als sein Beifahrer ihm plötzlich am vorgestreckten Arm festhielt. „Warte! Lass mal!" Einige wenige Gitarrenakkorde waren angeklungen, die der Kommissar aber offenbar sofort erkannte: „Hey, die Eagles, ‚Hotel California!' Das ist mal Musik!"

„Soso, da ist der Herr Chef endlich mal auf seine geliebten Oldies gestoßen, und schon darf man das Radio anlassen!", schimpfte Thiele halb ironisch, halb verärgert und zog die Hand an das Lenkrad zurück. Kellert aber summte leise und zufrieden vor sich hin. Sie waren – wieder einmal – auf dem Weg zur Theologischen Fakultät.

„Wie geht es denn nun deinen beiden Damen?", warf Thiele nach einer Weile ein. „Ganz okay", gab sein Chef zurück. „Jenny ist schon wieder in ihrer Austauschfamilie, das war wohl doch nur ein falscher Alarm mit dem Virus. Und Beate hat der Trip nach England letztlich sogar ein bisschen Spaß gemacht. Nur dass ich immer noch nichts in Sachen Barry unternommen habe, also das kam nicht gut an. Gar nicht."

Thiele verkniff sich einen Kommentar. „So, gleich sind wir da", sagte er, während der Wagen in die breite, baumgesäumte Guardini-Allee einbog. „Ich freue mich schon auf unseren Chefparkplatz. … Hey, der ist ja besetzt!" Tatsächlich, auf dem Parkplatz, der für den Dekan reserviert gewesen war, stand ein goldenes Jaguar-Coupé mit verschlossenem Dach. Soeben öffnete sich die Fahrertür und heraus trat – natürlich – Professor Karlheinz Schulze-Vorrath.

„Na, auch noch am Freitagnachmittag unterwegs?", fragte Kellert durch das offene Beifahrerfenster des Dienstwagens, den Thiele direkt links neben dem Dekans-Parkplatz abgestellt hatte. Freitagnachmittags war es offensichtlich nicht so schwer, einen Parkplatz an der Universität zu bekommen. Erst recht nicht um kurz vor vier. „Was?" Schulze-Vorrath drehte sich überrascht, fast ein wenig erschrocken um. „Ach Sie sind es, die Herren von der Polizei. Guten Tag auch!" Dann erst antwortete er auf die Begrüßungsfrage: „Jaja, man tut halt, was man kann oder muss!"

Kellert und Thiele waren inzwischen auch ausgestiegen und der Kommissar nahm den leichten Small-Talk-Ton des Professors auf: „So, ich sehe, dass Sie Ambitionen haben, das Dekansamt zu übernehmen. Das wusste ich ja noch gar nicht." Schulze-Vorrath hatte eine Aktentasche und einen Laptop aus dem Auto geholt, schloss es ab und blickte verwirrt auf den Kommissar. „Wie bitte?", fragte er mit einem völlig leeren Blick. Kellert wies mit der rechten Hand auf das blau-weiße Schild „P nur für Dekan!"

„Ach so, jetzt verstehe ich. Sorry, stand gerade kurz auf der Leitung. The lights are on, but there's nobody at home, verstehen Sie? Haha!" Er ließ ein dröhnendes Lachen über seinen eigenen Witz hören, beruhigte sich dann aber und fügte hinzu: „Na, den braucht doch im Moment niemand, oder? Da kann ich den doch auch benutzen. Endlich mal ein richtiges Auto, das hier steht! Aber Dekan – da können Sie lange warten, das werde ich nie. Garantiert!"

Überrascht blickte Kellert zu dem selbstsicher auftretenden und wie immer leger-teuer gekleideten Mann. „Aber ich dachte, das müssten Sie als Professor automatisch irgendwann einmal machen. Ist man da nicht irgendwann einfach mal an der Reihe?", gab er verblüfft zurück. „Ja", erneut ließ Schulze-Vorrath sein dröhnendes Lachen hören. „‚Man' schon, ich aber nicht. Sehen Sie, guter Mann" – eine Anrede, die Kellert absolut hasste –, „es gibt eben auch an der Universität solche und solche. Brave Handwerker und Künstler. Die Handwerker müssen das tun, was notwendig ist. Und die Künstler" – er grinste, schlug die Augen auf und blickte in den blauen Frühlingshimmel –, „die Künstler bestimmen selbst ihren Weg. Bitte, das soll jetzt nicht hochtrabend klingen oder arrogant oder so, aber es ist nun mal, wie es ist. Ich wähle mal ein Wortspiel aus der Fußballsprache: An einer Fakultät, da gibt es eben einige, die spielen Regionalliga, und andere, die spielen Champions League."

Zu welcher Sorte sich Schulze-Vorrath selbst dabei zählte, war nur zu deutlich. „Ja, so ist das. Und deshalb benutze ich zwar diesen Parkplatz, werde aber ganz gewiss niemals Dekan." Jovial grinste er zu den beiden Polizisten hinüber. „Ja denn: Einen schönen Abend wünsche ich den Herren, und dann ein erholsames Wochenende. Ich habe ein Vorgespräch für eine Talkshow nächste Woche. Schauen Sie doch mal rein: Mittwoch, 22:15, ZDF: ‚Talk mit Tina‘. Adieu!"

„Was für ein eingebildeter Fatzke!", ereiferte sich Thiele. „Widerlich! Möchtest du mit so jemandem zusammenarbeiten?" „Wirklich nicht, mir reicht die Regionalliga!", erwiderte Kellert, blickte auf seinen Mitarbeiter und sagte dann herablassend: „Beziehungsweise die Bezirksliga!" „Hey, Chef, da färbt gerade etwas auf Sie ab", brummelte Thiele zurück, bewusst das übliche ‚du‘ vergessend. „Sorry, war ein Scherz!", gab Kellert zurück, merkte aber, dass der nicht besonders gut gelungen war.

„Entschuldigung, okay!?", sagte er noch mal. „Aber noch mal zu dieser Schulze-Champions-League. Vielleicht hat er trotzdem Recht. Wahrscheinlich sind hier alle gar nicht so gleich, wie wir denken. Und wer weiß, vielleicht hat das etwas mit unserem Mord zu tun!?" „Komm, Bernd", rief ihn der Kollege zur Pflicht. „Wir haben um vier unseren Termin. Ist schon zwei Minuten nach!" „Erst Kösters, dann Mühlsiepe?" „Genau!"

„Was für eine Woche, meine Herren, was für eine Woche!", jammerte Prodekan Professor Dr. Hermann-Josef Kösters, nachdem die beiden Polizisten im Büro des Dekans Platz genommen hatten. Auch er hatte den am Morgen getragenen schwarzen Anzug gegen lockerere Kleidung ausgetauscht, eine Krawatte zur hellen Anzugkombination musste aber sein. „Also wenn das immer so wäre, dann ließe ich mich frühpensionieren!"

„Wem sagen Sie das, Professor Kösters, wem sagen Sie das?", ging Kellert auf die Klage seines Gegenübers ein. Er schaute sich um. Das Dekanat war gründlich aufgeräumt und gesäubert worden, nichts erinnerte mehr daran, dass hier vor einer Woche – ‚Tatsächlich, vor einer Woche!‘, schoss es dem Kommissar durch den Kopf – ein Mord stattgefunden hatte. Kösters hatte die Rolle als neuer Nutzer dieses Büros offensichtlich bereits voll und ganz übernommen.

„Meine Herren", sprach er sie nun erneut an, ein wenig hektisch und nervös. „Kommen Sie denn mit der Ermittlungsarbeit voran? Wir werden ja keine Ruhe haben, bis wir wissen, wer den Kollegen Gerstmaier umgebracht hat. Sie haben ja heute Morgen lange mit dem armen Dr. Reutter geredet …"

Eine Frage hing unausgesprochen im Raum. Kellert ging aber nicht darauf ein. „Nun, unser Bild setzt sich immer mehr zusammen. Wir sind zuversichtlich" – hier nickte er mit einem professionellen Lächeln seinem Mitarbeiter zu –, „dass wir den Fall bald gelöst haben. Und dazu brauchen wir noch einmal Ihre Hilfe. Schön, dass Sie sich die Zeit nehmen."

Kösters nickte höflich, aber auch ein bisschen gequält, so als wollte er sagen: „Was bleibt mir schon anderes übrig?"

„Es ist so", begann nun Thiele in Befolgung einer zuvor abgesprochenen Gesprächsführungstaktik. „Nach unserem Erkenntnisstand führte Dekan Gerstmaier über jeden Mitarbeiter der Fakultät eine Art Privatarchiv. Eine Art heimliche Datenbank, in die er über alle Personen irgendwelche Erkenntnisse eintrug, die ihm möglicherweise von Nutzen sein konnten." „Woher wollen Sie das wissen!?", unterbrach Kösters, augenscheinlich noch nervöser als zuvor. Ohne es zu bemerken oder zu steuern, drehte er mit den Fingern der linken Hand an seinem blassgoldenen Ehering, der sich am rechten Ringfinger befand.

„Das lassen Sie mal unsere Sorge sein", fiel Kellert in strengem Tonfall ein. „Wir wissen es, basta!" Thiele setzte seine Ausführungen in ruhigem Ton fort: „Ganz offensichtlich hat Gerstmaier seine Wiederwahl zum Dekan zumindest auch durch sagen wir einmal: kleine Erpressungen unterstützt."

„Was erlauben Sie sich!" Kösters war rot angelaufen und wütend aufgesprungen. „Das sind doch höchstens Vermutungen ohne jeglichen Beweis!" „Setzen Sie sich, Kösters!", befahl Kellert und ließ keinen Zweifel aufkommen, dass sich der Charakter des Gesprächs verändert hatte. Der Prodekan wurde bleich und fiel in sich zusammen. „Ja, schon gut, jaja!" Thiele sprach weiter: „Wir haben Grund zu der Annahme, Professor Kösters, dass auch Ihre Zustimmung zur Wiederwahl des Dekans nicht ganz freiwillig erfolgte."

Kösters saß gebeugt hinter dem gewaltigen Dekanats-Schreibtisch und schüttelte den Kopf. Er hatte die Hornbrille abgenommen, kniff die Lippen zusammen und sagte kein Wort. Ohne Vorwarnung öffnete sich die Tür, Frau Hoberg – an diesem besonderen Tag noch ungewohnt spät im Dienst – trat ein: „Herr Prodekan, Sie müssten bitte noch die Anträge für das Forschungsfreisemester von …" Als sie die seltsame Stimmung im Zimmer wahrnahm, verstummte sie mitten im Satz. Kellert, der sonst so charmante Kommissar, sagte mit entschiedener Stimme: „Nicht jetzt!" „Entschuldigung, ich wusste ja nicht …" Mit eingezogenem Kopf verließ sie das Zimmer und zog die Bürotür lautlos hinter sich ins Schloss.

„Herr Kösters", versuchte es Kellert, „machen wir es uns doch nicht schwerer als nötig. Ich glaube, ich weiß, was Gerstmaier gegen Sie in der Hand hatte. Er deutete auf eine kleine Kinderzeichnung aus Wachsmalkreide, die seit neuestem auf dem Dekanats-Schreibtisch stand: ein lachendes Kind an der Hand von zwei Erwachsenen, dazu eine in die rechte obere Ecke gemalte Sonne mit gelben Strahlen und ein blauer Himmel.

„Sie haben ja Recht." Kösters gab seinen Widerstand auf. Er strich sich mit der rechten Hand den Scheitel zurecht. „Ja, es war wegen Sophie. Aber das war doch kein Unrecht. Wenn Sie sie sehen würden, so ein fröhliches, wunderbares Kind." Die beiden Polizisten blickten ihn wortlos an und warteten. Jetzt würde er schon von sich aus erzählen, da waren sie sich sicher.

„Gut, ich werde es Ihnen sagen. Bitte, das ist sehr privat, das darf niemand wissen. Wir werden es Sophie selbst sagen, wenn sie alt genug ist, das zu verstehen. Wissen Sie" – er blickte ausschließlich zu Kellert, dessen Autorität er vorbehaltlos zu akzeptieren schien –, „Gabi, meine Frau, und ich, wir haben uns immer Nachwuchs gewünscht. Ich selbst habe vier Geschwister und hätte auch gern viele eigene Kinder gehabt. Gabi auch. Aber wir haben es jahrelang versucht, ohne Erfolg. Irgendwann sind wir zum Arzt gegangen; das ist peinlich, das kann ich Ihnen sagen, das macht man nicht gern" – diese Worte galten Thiele, zu dem er sich nun hinübergedreht hatte.

„Kurz: Die Ärztin stellte fest, dass wir keine Kinder kriegen können. Es liegt an meiner Frau. Das war ein furchtbarer Schlag für sie. Wir haben lange überlegt, was wir tun sollten. Ich wollte ein Kind adoptieren, aber Gabi konnte sich das auf keinen Fall vorstellen. Und dann haben wir uns zu einer künstlichen Befruchtung entschlossen."

„In-vitro-Fertilisation?", fragte Kellert teilnehmend. Bei einem seiner Kollegen hatte es mal eine ähnliche Geschichte gegeben, deshalb kannte er sich ein wenig aus. „Ja, genau!", bestätigte der Professor. „Das hat sich ganz schön lange hingezogen und auch erst beim dritten Versuch geklappt. Aber dann kam Sophie zur Welt, und wir sind die glücklichsten Eltern der Welt, das können Sie mir glauben."

Kellert entgegnete zustimmend: „Doch, das glaube ich Ihnen. Ich habe selbst Kinder. Auch wenn die schon groß sind, möchte ich nicht auf ihre Lebensbegleitung verzichten. Mir ist aber noch immer nicht ganz klar, wieso das so schlimm ist. Warum hätte Gerstmaier Sie damit unter Druck setzen können? Wäre Ihnen das peinlich gewesen, wenn das bekannt geworden wäre? Das ist doch heute ganz normal!"

„Ja, für Sie vielleicht. Aber Sie vergessen, dass ich katholischer Theologe bin. Übrigens: gern bin! Und meine Kirche erlaubt keine künstliche Befruchtung." „Wieso das denn nicht?", fragte nun Thiele nach, dem das ganz fremd war. „Das ist kompliziert. Ich musste mich da auch erst einlesen", gab Kösters zu. „Grundsätzlich fördert die Kirche ja das Leben, wo sie nur kann. Leben ist das zentrale Geschenk Gottes, deswegen muss man es schützen, wo immer möglich."

„Eben!", unterbrach der junge Kriminalhauptmann. „Also wo ist das Problem?" „Die Kirche hat nichts gegen eine Hilfe bei der Befruchtung, wenn das dem natürlichen Verlauf der Zeugung hilft, das ist klar", antwortete der Professor. „Aber bei zwei Punkten erhebt sie klar und deutlich Einspruch. Normalerweise muss man mehrere befruchtete Eizellen herstellen, um das erfolgreiche Entstehen wenigstens eines lebenstüchtigen Embryos zu erreichen. Das heißt aber, dass es andere befruchtete Eizellen gibt. Was soll man, darf man damit machen? Einfrieren für spätere Nutzung? Freigabe für Forschungszwecke? Entsorgen?"

Thiele überlegte. Darüber hatte er noch nicht nachgedacht. Kellert schon, freilich ohne zu einem eindeutigen Ergebnis zu gelangen. Kösters sprach weiter: „Die Kirche ist gegen jegliches Töten von Leben. Das verstehe ich auch und teile das grundsätzlich. Aber ohne dieses Verfahren würde es Sophie nicht geben – was für mich völlig unvorstellbar ist! Verstehen Sie, einige winzige Zellhaufen gegen dieses wunderbare Mädchen? Das ist doch keine Abwägung, oder?"

Kellert und Thiele nickten. „Sie sprachen aber von zwei Punkten", meinte Kellert. „Ja, also wenn man der natürlichen Zeugung nachhelfen darf, so sagt es die kirchliche Lehre weiter, dann nur, indem die Samen und die Eizelle des jeweiligen Ehepaars zusammengeführt werden. ‚Homologe Befruchtung' nennt man das. Bei uns ging das aber nicht. Gabis Eizellen waren einfach nicht gesund. Wir brauchten also Spender-Eizellen von einer uns unbekannten Frau. Das ist die ‚Heterologe Befruchtung'. Und das lehnt die Kirche strikt ab."

„Wieso denn, wenn es doch die einzige Möglichkeit ist?", warf Thiele ein. „Schon richtig. Aber dadurch wird der heilige Bund der Ehe aufgesprengt, so sagt man. Phhh, bei mir hat das meine Ehe eher *gerettet!* Und das Kind hätte ein Recht zu wissen, wer seine leiblichen Eltern sind. Stimmt ja, aber seien wir doch mal ehrlich: Wie viele wissen das denn nicht, zumindest in Bezug auf den Vater, auch wenn sie es zu wissen glauben! Viel wichtiger ist doch, dass Kinder in einem liebevollen Kontext aufwachsen dürfen. Und das kann unsere Sophie!"

„Mich brauchen Sie nicht zu überzeugen, Herr Professor, mich nicht", kommentierte Kellert und fragte dann nach: „In jedem Fall: Wenn das bekannt geworden wäre, dann hätten Sie Probleme mit Ihrer Kirche bekommen, das verstehe ich jetzt. War es das, womit Gerstmaier Ihnen Druck gemacht hat?"

„Ja, genau", bestätigte Kösters. „Ich weiß gar nicht, was dann passiert wäre. Sie werden es doch hoffentlich nicht an die Öffentlichkeit bringen, oder?" „Haben wir nicht vor, wenn es nicht zwingend notwendig ist, keine Sorge!", versicherte ihm der Kommissar.

„Eigentlich kann ich mir kaum vorstellen, dass man mir deswegen die Lehrerlaubnis entziehen würde. Aber natürlich ist es ein klarer Verstoß gegen die offizielle kirchliche Lehre. Den ich auch nicht eine Minute bedauern oder bereuen würde! Aber ich würde mir, meiner Frau und vor allem Sophie eine öffentliche Diskussion darüber gern ersparen, das verstehen Sie doch?" „Gewiss, nur eins ist mir noch nicht klar", gab Kellert zurück. „Woher wusste Gerstmaier überhaupt davon? Wie kam der an seine Informationen?"

„Ach, wieder einmal so ein blöder Zufall!" Kösters verzog das Gesicht, rollte mit den Augen und blickte an die Decke. „Ute Reutter, die Frau von Korbinian, mit dem Sie gestern gesprochen haben. Die arbeitet als medizinisch-technische Assistentin in genau dem Krankenhaus, wo wir die Behandlung durchgeführt haben. Die wird es ihrem Mann erzählt haben und der seinem Professor. Damals waren die ja noch ein Herz und eine Seele."

‚Ach, deshalb hat der da von Tod und Leben vor sich hingemurmelt‘, fuhr es Thiele durch den Kopf. Dass Reutters Alibi stimmte, wussten sie dank seiner Recherche inzwischen. „Glauben Sie, Gerstmaier hätte seine Drohung wahr gemacht?", fragte Kellert unterdes weiter. „Ich weiß es nicht, wirklich nicht" – der Prodekan zuckte mit den Schultern.

„Ich wollte es nicht riskieren, und nach der Aktion mit Mühlsiepe hätte ich es ihm auch zugetraut." „Apropos Mühlsiepe", unterbrach Thiele und sprach in Richtung seines Chefs. „Wir sollten dann langsam einmal aufbrechen!" Und dann zu Kösters: „Wir haben nämlich noch einen weiteren Gesprächstermin."

„Ja, dann will ich Sie nun wirklich nicht weiter aufhalten, oder gibt es noch etwas?", fragte Kösters im Aufstehen, sichtlich erleichtert, sich sein Problem von der Seele geredet zu haben. „Nein, vielen Dank. Sie hätten es sich und uns aber leichter machen können, wenn Sie uns das gleich erzählt hätten", mahnte Kellert beim Gang zur Tür. „Sie haben natürlich Recht", räumte Kösters ein, gab dann jedoch zu bedenken: „Aber das ist so ... privat und ... so peinlich, ich hatte inständig gehofft, es wäre geheim geblieben. Es hat ja auch mit dem Fall rein gar nichts zu tun. Und ganz ehrlich: Hätten Sie das sofort alles auf den Tisch gelegt?" ‚Vermutlich nicht', dachte Kellert. ‚Aber ob das mit dem Mord nichts zu tun hat, das werden wir noch sehen.' „Also: auf Wiedersehen", sagte er und verabschiedete sich wie Thiele mit Handschlag von dem Professor.

„Na, ein Mordmotiv?", raunte ihm sein Assistent zu, nachdem sich die Dekanatstür geschlossen hatte. „Glaube ich nicht, aber wer weiß?", gab der Kommissar ebenso leise zurück. Als sie vor dem Sekretariat standen, kratzte er sich an den Schläfen und meinte: „Einen Moment, dafür sollte Zeit sein!" „Okay", gab sein Mitarbeiter zurück. „Ich muss mal eben auf, du weißt schon. Da vorn habe ich Schilder zu den Toiletten gesehen. Bis gleich!" Kommissar Kellert klopfte an die offen stehende Tür des Dekanatssekretariats. Frau Hoberg sah ihn unsicher an. Er aber lächelte ihr verständ nisheischend zu: „Tut mir leid, wenn ich vorhin ein bisschen barsch war. Aber es passte einfach nicht!"

„Herr Kommissar, das war ja mein Fehler!" Froh um die wiederhergestellte Vertraulichkeit kam ihm die Sekretärin entgegen. „Ich hätte natürlich klopfen müssen. Aber bei Kösters darf man immer einfach so hereinkommen, das hat er gleich gesagt. Und ich hatte vergessen, dass Sie da waren. Ist denn" – sie blickte neugierig, aber auch ein bisschen ängstlich in die Augen der Polizisten – „alles in Ordnung?"

„Jaja, kein Grund zur Beunruhigung. Wir mussten nur einige offene Fragen klären. Machen Sie sich keine Sorgen", sagte er beschwichtigend. „Darf ich fragen, wieso Sie überhaupt noch hier sind?", ergänzte er. „Ich dachte, am Freitagnachmittag haben Sie immer frei?" „Stimmt schon, Herr Kommissar", antwortete sie müde, „aber heute ist natürlich alles anders. Die Beerdigung heute Morgen hat alles durcheinandergebracht. Professor Kösters hat mich gebeten, heute länger zu bleiben, um wenigstens das Gröbste zu erledigen. Sie glauben ja gar nicht, was hier alles im Moment zusammenkommt! Dafür mache ich dann nächste Woche einen Tag frei."

„Ach so! Na, eine derart flexible Sekretärin wie Sie hätte ich bei uns auch gern! Wie sieht es aus, haben Sie Interesse?" Die Sekretärin merkte sofort, dass das Angebot nicht ernst gemeint war, fühlte sich aber geschmeichelt. „Kommt darauf an, was Sie mir bieten können!", meinte sie schalkhaft, fügte aber gleich hinzu: „Nein, tut mir leid. Ich bin hier wirklich sehr zufrieden. Wenn man mal von den aktuellen Ereignissen absieht."

„Moment, da fällt mir noch etwas ein", ergänzte Kellert, nachdem er sich verabschiedet und das Dekanatssekretariat fast schon wieder verlassen hatte. „Wussten Sie, was Gerstmaier von dem Dekan der Juristischen Fakultät wollte, diesem – wie heißt er noch gleich ..." „Badstüber", ergänzte Frau Hoberg wie aus der Pistole geschossen, schüttelte dann jedoch bedauernd den Kopf: „Nein, tut mir leid. Die haben immer mal wieder miteinander telefoniert. Aber worum es dabei ging, davon habe ich keine Ahnung. Der Dekan pflegte so etwas ja für sich zu behalten."

„Hmmm", knurrte Bernd Kellert, dachte eine Weile nach und sagte dann aus einem spontanen Impuls heraus: „Vielleicht könnten Sie mir ja noch einen Gefallen tun, ich weiß aber gar nicht, ob das so leicht möglich ist." „Gern. Ich tue, was ich kann", antwortete die Sekretärin mit einem charmanten und ehrlichen Lächeln.

„Aaaahhh!" Plötzlich hallte ein markerschütternder, hohler Schrei durch den Gang. Mit bleichem Gesicht hetzte ein junger Mann auf sie zu. Kellert erinnerte sich, dass er ihn auf dem Treffen mit der Fachschaft gesehen hatte. Christoph? Oder Thomas? Dem Studenten schlug das Herz bis zum Hals, die Schlagader zuckte hektisch, seine Augen waren weit aufgerissen, er keuchte. Auch die Sekretärin war blass geworden und ging vorsichtig auf den jungen Mann zu, der neben der Tür an der Wand lehnte. ‚Um Gottes willen, nicht noch ein Mord!', schoss es Kellert durch den Kopf. „Was ist denn los? So beruhigen Sie sich doch! Sprechen Sie!"

Mühsam rang der Student nach Luft und stotterte: „Im Klo ... im WC ... ein Geist ...!" Kellert wurde daraus nicht schlau. „Ich schaue einmal nach, was da los ist!", raunte er der Sekretärin zu. „Bleiben Sie hier! Passen Sie auf den hier auf ... Mein Mitarbeiter müsste auch gleich da sein." „Ja, gut! Aber: Seien Sie vorsichtig, Herr Kommissar!", mahnte Hobi und fügte besorgt hinzu: „Sollen wir nicht lieber Verstärkung holen?" „Ach was, das ist nicht nötig. Sie" – hier wandte er sich im Befehlston an Prodekan Kösters, der angesichts des Lärms neugierig aus dem Dekanatsbüro getreten war – „kommen mit!" Kösters zögerte, ihm war sichtlich unwohl, aber er fügte sich dem unnachgiebigen Ton Kellerts.

Dominik Thiele hatte unterdes die Universitätstoiletten aufgesucht. Durch einen kleinen Gang mit zwei seitlichen Waschbecken, Papierspendern und Abfallkörben kam man in einen engen, muffigen, fensterlosen Raum. Die kahle Neonröhre an der Decke war defekt, flackerte mal auf, mal ab. Zwei enge Abteile gab es dort, voneinander abgetrennt durch blassgrüne Plastikwände, die oben und unten Platz ließen für Luft-, Duft- und Geräuschaustausch.

„Hmm, nicht gerade auf dem neuesten Stand", murmelte er vor sich hin. ‚Und so eng‘, dachte er, ‚aber immerhin frei von Graffiti, hingekritzelten zweideutigen Botschaften oder eindeutigen Zeichnungen. Anders als bei uns im Polizeipräsidium! Na ja, das ist eben doch eine Theologische Fakultät!‘ Nach verrichtetem Geschäft brachte er seine Kleidung wieder in Ordnung und wollte die Kabine verlassen.

Wollte! ‚Mist, die Tür klemmt!‘, dachte er und drehte noch einmal an dem schwarzen, runden Plastikgriff. Rechtsherum, linksherum; mit Gefühl, mit Druck; eher ziehend, eher stoßend. Das Ergebnis blieb gleich: nichts! ‚Das gibt es doch gar nicht!‘, dachte er und probierte es erneut. Keine Chance! ‚So etwas von saublöd!‘, ging es ihm durch den Kopf, während er weiter probierte, aus dem Toilettenabteil herauszukommen. ‚Eingesperrt im Uniklo! Da lachen sich alle tot, wenn ich das erzähle!‘

Was tun? ‚Ich könnte um Hilfe rufen. Aber da hört mich keiner. Die äußere Tür ist massiv. Außerdem käme ich mir dämlich vor. Also: Warten, bis einer reinkommt. Aber heute ist Freitag, später Nachmittag, da sind hier kaum noch Studis oder Profs, das kann dauern. Oder vielleicht kommt auch keiner. Und ein Wochenende hier, also das brauche ich jetzt wirklich nicht. Also die Tür aufsprengen! Aber das ist so verteufelt eng hier drin, ich kann keinen Anlauf nehmen, keinen Schwung holen. Das wird schwer. Und ich ramponiere mir die Schulter. Also drunter herklettern.'

Er maß mit der Hand den Durchschlupf, der unter den Trennwänden frei blieb. ‚Ja, das dürfte reichen. Aber – uääh, da muss ich hier auf den bepissten und versifften Boden runter und mich da durchquetschen. Total eklig! Also: Obendrüber! In die Nachbarkabine, deren Tür ja offen ist. So muss es gehen!' Durchtrainiert, wie Dominik Thiele war, entschied er sich also für die Klettertour. Er setzte ein Bein auf den Spülkasten, stemmte sich mit den Händen rechts und links in der Kabine ab und zog sich hoch. Mit der linken Hand griff er auf den oberen Rand der Trennwand, ignorierte den etwas schmierig-staubigen Film, den er dort vorfand, schwang das Spielbein über die Trennwand und wollte gerade das Standbein nachziehen, als sich leicht quietschend die äußere Tür zur Herrentoilette öffnete.

Das Licht der Neonröhre flackerte. Das Nächste, was Thiele hörte, war ein markerschütternder Schrei. Mit Wucht fiel die Tür ins Schloss und ließ die Trennwand, auf der er kauerte erzittern. Die Lichtröhre hatte offenbar endgültig ihren Geist aufgegeben. Der Raum lag in einem trüben Dämmerlicht.

Bevor sich Thiele, selbst total erschrocken, besinnen konnte, öffnete sich die Tür erneut, dieses Mal vorsichtig. Jemand kam langsam herein, dahinter eine zweite kaum erkennbare Gestalt. „Ähem", räusperte sich der Kriminalhauptmann, der sich ziemlich blöd vorkam. Da hing er – er! – in trübem Dämmerlicht auf der Trennwand von zwei

Toilettenboxen im Gebäude der Katholisch-Theologischen Fakultät der Universität von Friedensberg!

Plötzlich dröhnte lautes Lachen zu ihm herauf: „Du, Thiele! Wuhahaha! Was machst du denn da? Holst du deinen Frühsport nach? Wahaha!" In das Lachen, das unverkennbar zu Bernd Kellert gehörte, mischte sich eine weitere, unsichere Männerstimme, dann noch eine schwächere, schließlich sogar eine vorsichtige weibliche. Ganz vorsichtig waren der Student und die Sekretärin den beiden tapferen Pionieren gefolgt. Ermutigt vom plötzlichen Gelächter spähten auch sie nun neugierig in den Raum.

„Ja, danke auch für den Beifall!", raunzte Thiele missgelaunt die vier Beobachter an. „Wäre nun vielleicht jemand so nett, mir hier runterzuhelfen? Die Tür" – er wies die Kabine hinab – „klemmt nämlich und ich hatte keine Lust, hier mein Wochenende zu verbringen."

Immer noch vor unterdrücktem Lachen schnaubend, reichte Kellert seinem ziemlich angesäuerten Mitarbeiter die Hand, der mit einem sportlichen Satz auf den Boden zurücksprang.

„Bitte entschuldigen Sie vielmals, wenn ich Sie erschreckt habe", wandte sich Thiele an den nun ebenfalls lachenden Studenten, dem der Schreck aber noch in den Augen stand: „Sie waren das doch eben, oder?" „Jaja", gab dieser zurück, „ich dachte wirklich, da oben hockt ein Gespenst oder so ein Spiderman und will mich killen. Man konnte ja nichts richtig erkennen!" „Sie schauen ein bisschen zu viele Fantasyfilme, junger Mann", meinte Kellert und klopfte ihm auf die Schulter.

„Stimmt aber: Die Türen klemmen manchmal, bei uns auch", mischte sich Frau Hoberg in das Gespräch ein. Sie war auf dem Gang geblieben und hatte nur vorsichtig und neugierig in das Herren-WC gelinst. „Wenn man weiß, wie's geht, ist es ganz einfach!" „Das nutzt mir jetzt aber auch nichts", knurrte Thiele, aber sein Chef löste die Spannung auf: „Na los, nach dem Schreck können wir alle einen Kaffee vertragen, oder?" „Für mich bitte Tee!", meinte der Student.

Es dauerte eine halbe Stunde, bis sich alle wieder beruhigt hatten und ihrer jeweiligen Tätigkeit nachgingen. Kellert war noch eine Idee gekommen. Er saß mit Frau Hoberg wieder allein im Dekanatssekretariat: „Könnten Sie mir alle Doktorarbeiten – wie sagt man, Dissertationen? – und alle weiteren Bücher, die man schreiben muss, um Professor zu werden …" – „Habilitationen?", fragte Hobi dazwischen, der Kommissar nickte – „… genau! Von allen derzeitigen Mitarbeitern an der Fakultät heraussuchen lassen? Vielleicht führen die uns ja weiter?"

„Das ist ja ein Zufall!", rief die Sekretärin. „Um genau dasselbe hat mich der Dekan auch gebeten. Warten Sie mal, das war vor drei, vier Monaten. Da hatte ich eine ganze Menge Arbeit, bis ich die alle zusammenhatte, das können Sie mir glauben. Aber alles hat sein Gutes: Die kann ich Ihnen jetzt direkt mitgeben, die müssten noch drüben im Dekanatsbüro sein, in einem der Regale. Ich wollte sie längst in die Bibliothek zurückbringen, bin aber einfach noch nicht dazu gekommen. Also, kein Problem!"

„Moment!" Kellert war hellhörig geworden. „Sie haben das für den Dekan auch zusammengestellt?" „Sage ich doch gerade!" „Und, was hat er damit gemacht?" Frau Hoberg zuckte mit den Schultern: „Tut mir leid, aber so etwas weiß ich einfach nicht. Er hat alles in sein Büro gestellt und mir dann ein paar Wochen später den Auftrag gegeben, die Bücher wieder in die Bibliothek zurückzubringen und die Unterlagen zu archivieren." „Aha … hmm", brummte Kellert, „ich wäre Ihnen jedenfalls sehr dankbar, wenn Sie das für mich bereitstellen könnten."

„Chef!? Wir müssen!", mahnte ein sichtlich gut erholter Dominik Thiele, der nach dem Kaffee für alle im Flur geblieben war und nun seinen Kopf zur Tür hereinstreckte. „Okay, komme schon! Ihnen dann ein gutes Wochenende!" Auf den Gängen der Fakultät war heute fast nichts los. ‚Freitagnachmittag halt!', dachte Kellert neidisch. „Grüß Gott!", schallte es ihnen dann jedoch zackig entgegen. Ohne anzuhalten ging Professor Baumjohann, der Moraltheologe, mit eiligen Schritten an ihnen vorbei. „Guten Tag", murmelte Kellert und blickte ihm nachdenklich hinterher.

Kurz darauf saßen sie am Konferenztisch im Büro von Professor Dr. Dr. Michael Mühlsiepe. „Eigentlich bin ich freitags nie hier. Und erst recht nicht um diese Uhrzeit! Ich bin extra für Sie hergekommen!", knurrte der Professor. Er sah heute noch angespannter aus als zuletzt. Seine Gesichtshaut schimmerte tiefrot, an der Stirn pochte eine blau hervortretende Ader.

„So, freitags nicht im Haus? Nun, dazu kommen wir noch", eröffnete Kellert und signalisierte damit gleich ganz bewusst, dass dies kein gemütliches Plauderstündchen werden sollte. „Herr Professor Mühlsiepe, Sie haben uns bei unserem letzten Gespräch einiges verschwiegen. Wir haben inzwischen erfahren, dass Ihre Beziehung zu Dekan Gerstmaier noch weitaus belasteter war, als Sie es uns am Dienstag erzählt haben." Thiele übernahm. Er hatte sein elektronisches Notebook gezückt und schaute darauf: „Darf ich Sie zitieren? ‚Wir waren Gegner, aber keine Feinde.'"

„Ja, das stimmt doch auch. Ich weiß gar nicht, worauf Sie hinauswollen." Der Professor schaute von einem zum anderen, sein wässriger Blick verbarg seine Gedanken. „Da haben Sie uns aber noch nichts von der geplatzten Festschrift für Gerstmaier erzählt und vom verhinderten Forschungsantrag bei der DFG." Kellert blickte ihn scharf an.

Mühlsiepe verdrehte die Augen, seufzte, erhob sich mühsam von seinem Schreibtischstuhl, ging zu einem Regal und goss sich dort ein Glas Mineralwasser ein. „Ja gut, das hätte ich mir denken können. Das ist ja Ihr Job, solche Dinge herauszufinden. Und meine lieben Herren Kollegen waren Ihnen sicherlich gern behilflich." ‚Sieh an, letztes Mal hat er uns noch weismachen wollen, dass die alle auf seiner Seite stehen', dachte der Kommissar, wartete aber ab, wie der Professor sich rechtfertigen würde.

„Ich weiß nicht, ob Sie das verstehen, Herr Kommissar." Wie schon zuvor ignorierte Mühlsiepe den jungen Mitarbeiter von Kellert und redete sich nun langsam in Rage. „Aber sollte ich den Gerstmaier denn einfach gewähren lassen? Das ist vorgestrige Kühlschranktheologie, was der macht. Das braucht kein Mensch! Das ist 19. Jahrhundert! Sollen dafür Forschungsgelder aus der öffentlichen Hand ausgegeben werden? Das kann ich nicht verantworten. Ich habe mir das schon gut überlegt, ob ich seinen DFG-Antrag befürworten soll, aber alles in mir rief: ‚Nein!' Als ob es nur die Kirche und die ewige Wahrheit, als ob es nur die Eucharistie, die Sakramente, die Sprache der Dogmen und des Kirchenrechts gäbe! Eine kleine geschützte Welt wie hinter den Mauern seines kleinen Palastes hinterm Dom! Die heutige Welt, Menschen wie Sie, die bedrohte Schöpfung – all das zählte für den nicht. Sagen Sie selbst, sollte ich das unterstützen?"

Mühlsiepe war immer schneller hin und her gegangen, wild mit den Händen gestikulierend. Zuletzt hatte er sich nahe vor Kellert aufgebaut und schaute ihn mit weit aufgerissenen, rot angelaufenen Augen an. Der Kommissar glaubte eine mit Pfefferminz nur mühsam zurückgedrängte Alkoholfahne wahrzunehmen. „Das kann und will ich nicht beurteilen", gab Kellert kühl zurück. „Aber wie war das mit der Festschrift?"

Mühlsiepe wich zurück, senkte den Blick und murmelte vor sich hin: „Ja, das war falsch, das ist mir nun auch klar. Wir hatten einen Streit, vorher, heftig. Gerstmaier hat mich persönlich in einer Weise beleidigt, die ich nicht akzeptieren konnte. Nein, auch heute nicht! Nein, ich sage Ihnen auch nicht, worum es ging. Das ist zu persönlich! Ich war jedenfalls zutiefst gekränkt. Stellen Sie sich das vor: Ich konnte ein halbes Jahr lang keine vernünftige Zeile mehr schreiben, so tief ging das. Ein halbes Jahr! Da hab ich den Verlag vor die Wahl gestellt: die Festschrift oder meine Bücher. Ich konnte es nicht ertragen, dass die Seite an Seite in einem Katalog oder Prospekt stehen sollten. Das ging einfach nicht. Das verstehen Sie doch, oder?"

Verständnis heischend blickte er Kellert an, der jedoch ungerührt zurückschaute. ‚Gleich hast du ihn so weit', dachte er, ‚cool bleiben.' „Das verstehen Sie doch, oder?", wandte sich Mühlsiepe jetzt überraschend an Thiele, den er bislang ja kaum beachtet hatte. Der aber schaute seinem Gegenüber ganz wie sein Chef unbeeindruckt in die Augen, schwenkte das Notebook und wiederholte Mühlsiepes eigene Worte: „Gegner ja, keine Feinde!" Und dann, dieses Mal als Frage: „Gegner ja, aber keine Feinde?" ‚Gut gemacht, Junge!', dachte Kellert. Mühlsiepe schluckte und blickte zu Boden. „Nun ja, vielleicht kann man das nicht immer ganz scharf voneinander trennen, mag sein", gab er zu.

‚Attacke!', dachte Kellert. „Herr Professor Mühlsiepe. Wir wissen, dass Sie heute vor einer Woche, also letzten

Freitagnachmittag, hier an der Fakultät waren. Obwohl Sie freitags angeblich nie hier sind. Bitte erklären Sie uns das!" Der Professor setzte sich, sank sichtlich in sich zusammen und antwortete: „Das habe ich doch nie bestritten. Sie haben mich nur nie danach gefragt."

‚Stimmt', dachte Kellert zerknirscht, ‚das war ein Fehler!' Mühlsiepe sprach aber schon weiter: „Ich hatte ein Gespräch mit meiner Studentin Verena Obmöller." Kellert blickte rasch zu Thiele, der im selben Moment auch zu ihm hinüberschaute und ganz leicht errötete. „Diese Studentin schreibt bei mir ihre Zulassungsarbeit, sehr gut wird die. Eine wirklich begabte junge Dame! Wir hatten uns hier in meinem Büro verabredet, um letzte Details abzusprechen. Das wird sie gewiss bestätigen."

„Das hat sie schon, keine Sorge", sagte Kellert. „Aber danach, da waren Sie noch einmal beim Dekan, geben Sie es zu! Wir dachten immer, Frau Obmöller hätte den Dekan als Letzte lebend gesehen. Das stimmt aber nicht. Sie waren es!" Kellert hatte für seine Worte keinen Beweis. Er war sich auch nicht restlos sicher. Aber er hatte das Gefühl, jetzt alles auf eine Karte setzen zu müssen. Vielleicht hatte er ja Glück!? Tatsächlich! „Ja gut, das stimmt! Das räume ich ein. Ich wollte das nicht zugeben, weil es mich verdächtig gemacht hätte, oder etwa nicht? Aber hören Sie: Ich habe Gerstmaier nicht umgebracht!"

Beschwörend schaute er von dem einen Polizisten zum anderen. „Gegner ja, Feinde nein!", wiederholte Thiele, sprang plötzlich auf, ging einen Meter auf Mühlsiepe zu, blickte ihm starr in die Augen und sagte mit fester Stimme: „Feinde!" „Nein, nein!", heulte der Professor auf. „Ich war es nicht, so glauben Sie mir doch. Ich ... ich kann es doch gar nicht gewesen sein!"

„Wieso?", fragte Kellert streng. „Weil, ach Gott, wenn es denn sein muss ..." Mühlsiepe stand auf, ging zu einem Wandschrank und öffnete ihn vorsichtig. Die beiden Polizisten blickten sich in die Augen: ‚Vorsicht!', las Kellert in den Augen seines Mitarbeiters. ‚Eine Waffe?', las dieser in den Augen des Kommissars. Mühlsiepe zog eine Schublade heraus, nahm einen gelbbraunen, dünnen Umschlag heraus, schlurfte zurück zu seinem Platz und reichte den Umschlag dem Kommissar. „Da schauen Sie!" Er blickte beschämt zur Seite.

Thiele rückte seinen Stuhl zu dem seines Chefs und gemeinsam betrachteten sie das Foto, das Kellert aus dem Umschlag herausgezogen hatte. In der Mitte, unverkennbar, Gerstmaier in einen Mantel gehüllt, einen Schal umgebunden, vorsichtig, fast ängstlich um sich blickend. Das Foto war in der kalten Jahreszeit aufgenommen worden, so viel stand fest. Thiele machte große Augen, pfiff leise durch die Zähne. Im Hintergrund des Bildes: gut erkennbar der Eingang zu einem knallbunten Eros-Center, aus dem Gerstmaier offenbar gerade herausgetreten war. Auch Kellert starrte verblüfft auf das Bild, fragte aber gleich nach: „Und? Was soll das sein?"

„Das sehen Sie ja selbst. Und bitte: Das ist mir alles unglaublich peinlich, aber ich musste mich doch wehren, oder?" „Langsam und der Reihe nach, ich verstehe noch nicht ganz!", mahnte Kellert. Mühlsiepe war blass geworden, soweit das bei seiner roten Gesichtshaut überhaupt möglich war, seufzte und erläuterte dann: „Sie wissen ja, dass Gerstmaier mich beim Bischof angezeigt hat. Ich sei ein Ketzer und so weiter. Das konnte ich doch nicht einfach so hinnehmen. Nicht nach all den Vorgeschichten! Also habe ich mich an seine Fährte geheftet. Ich dachte, dass ich vielleicht etwas herausfinden könnte, was ihn seinerseits belastet. Und so war es dann ja auch. Ich bin ihm nach Frankfurt gefolgt, da kannte er sich offensichtlich bestens aus. Und verschwand dann in diesem – ähem – ‚Etablissement‘. Ich habe mehr als eine Stunde gewartet, bis er wieder rauskam. Das Foto hab ich dann mit Weitwinkelobjektiv aufgenommen. Und mir war klar, wenn das veröffentlicht wird, dann ist er erledigt.“

„Wieso das denn? Er kann doch tun und lassen, was er will, oder?“, schaltete sich Thiele ein.

„Für Sie und Ihre Generation mag das vielleicht gelten, aber für uns nicht. Für einen Priester und Theologieprofessor erst recht nicht!“ „Ich verstehe immer noch nicht, was Sie dann damit“ – Kellert wies auf das Foto – „gemacht haben. Haben Sie Gerstmaier erpresst?“

„Erpresst, erpresst! Ach was! Ich habe ihn *gebeten*, seine Anschuldigungen einzustellen. Im Gegenzug würde ich auf eine Vervielfältigung und Veröffentlichung des Bildes verzichten. So war das“, fügte Mühlsiepe hinzu, fühlte sich aber sichtlich nicht wohl in seiner Haut.

„Ich nenne das durchaus Erpressung – und der Gesetzgeber im Übrigen auch!“, sagte Kellert streng. Sein Gegenüber wurde wieder laut: „Wenn, dann hob es sich aber doch auf, oder? Er droht mir, ich droh ihm, wir einigen uns auf Waffenstillstand. Waffenstillstand – das ist nicht die schlechteste Art der Ermöglichung von Frieden. Das ist doch fair, finden Sie nicht? Und bitte: Was hätte ich denn sonst tun sollen? Zusehen, wie der mich vernichtet, oder was? Hätten Sie das an meiner Stelle getan, he?“

„Das steht hier nur wirklich nicht zur Debatte“, gab Kellert kühl zurück, der keine Lust darauf hatte, sich auf irgendwelche rhetorischen Spielchen einzulassen. „Und Ihr Richter bin ich auch nicht. Auch ist es mir ziemlich egal, ob Sie das Waffenstillstand nennen – ich würde eher von einem Gleichgewicht des Schreckens reden. Aber bleiben wir sachlich: Wann haben Sie Gerstmaier das Bild gezeigt?"

„Na, wann war das? Warten Sie mal: vor zehn Tagen oder so. Weiß ich nicht mehr so genau. Ich wollte es ja gar nicht verwenden. Aber nun ging es nicht mehr anders. Er war wie vor den Kopf gestoßen. Ganz kleinlaut. Und wir haben uns geeinigt. Das mögen Sie nicht schön finden, ich selbst auch nicht, aber so war es nun einmal", gab Mühlsiepe zu. „Und schauen Sie, wieso hätte ich ihn dann umbringen sollen? Für mich war doch alles in schönster Ordnung. Ich war beruhigt wie lange nicht mehr. Und dann dieser blödsinnige Mord! Der passt mir doch überhaupt nicht ins Kalkül!"

Kellert und Thiele blickten sich an und zogen die Augenbrauen nach oben. Das hörte sich plausibel an. Wenn es denn stimmte, was der Professor ihnen da erzählt hatte. Der war inzwischen wieder völlig in sich zusammengesunken. Kellert fiel noch etwas ein: „Herr Professor! Sie haben gestern bei der Beerdigung einen kleinen Gegenstand ins Grab von Gerstmaier geworfen." Mühlsiepe wollte protestieren, wurde aber sofort zum Schweigen gebracht.

„Doch, doch, ich habe das deutlich gesehen. Was war das?" Der Professor drückste herum, wischte sich erneut einige Schweißtropfen von der Stirn, rückte dann aber damit heraus. „Eine kleine Buddha-Statue. Die wollte ich ihm mit auf den Weg geben. Weil das Nirvana für ihn ja vielleicht doch besser wäre als der Weg zum Jüngsten Gericht, an das er geglaubt hat. Ich nicht! Entweder Gott verzeiht, allen und alles, oder gar nichts. So sehe ich das. Das war ein bisschen kindisch, das mit dem Buddha, aber ich wollte irgendeinen Schlusspunkt setzen. Außerdem war es eine kleine Rache, das gebe ich zu. Gerstmaier hat doch diesen Fakultätsausflug organisiert im letzten Herbst."

„Nach Vierzehnheiligen?", fragte Kellert dazwischen. Thiele wunderte sich mal wieder über seinen Chef. „Genau, nach Vierzehnheiligen", bestätigte der Professor. „Das war ja eigentlich eine gute Idee, mal wieder mit allen zusammen etwas zu unternehmen. Aber dann war es eben erneut eine typische Gerstmaier-Aktion. Diese ‚vierzehn Heiligen', das sind ja die so genannten Nothelfer. Für jedes Problem ein himmlischer Fachmann oder eine Fachfrau, an die man sich wenden kann. Volksreligiosität halt! Wirklich praktisch! Vor jedem Heiligen mussten wir ein Gebet sprechen. Verstehen Sie: Er betet vor, wir bestätigen! So liebte er das! Nichts gegen Gebete, wirklich nicht, aber das war eher eine Demonstration von Macht und Gehorsam." Die beiden Polizisten sahen sich fragend an und wunderten sich über die skurrilen Ausführungen ihres Gegenübers.

Der tupfte mit einem Stofftaschentuch über seine schweißglänzende Stirn und fragte dann: „Hören Sie, das mit dem Foto – das werden Sie doch niemandem erzählen, oder? Ich bin auf diese Aktion nicht stolz, wirklich nicht. Aber ich war verzweifelt, das kann man doch verstehen." Tatsächlich schien das seine größte Sorge zu sein. An den Mord dachte er gar nicht mehr.

Kellert blickte ihn nachdenklich an, erhob sich und sagte dann: „Das kann ich Ihnen nicht versprechen. Wenn es nötig ist, *müssen* wir das sogar weitergeben" – hierbei blickte er Thiele an, der ihm zunickte. „Wenn nicht, behalten wir es für uns. Aber die Angelegenheit müssen Sie schon selbst mit Ihrem Gewissen ausmachen." „Ich weiß, ich weiß …", murmelte Mühlsiepe, starrte auf einen Punkt auf dem Teppich direkt vor seinen Füßen und merkte kaum noch, wie die Polizisten sein Büro verließen.

„Puhh", meinte Thiele, „das war ja nun wirklich eine Überraschung!" „Das kannst du laut sagen", stimmte der

Kommissar zu. „Hilft uns aber leider nicht wirklich weiter … wenn es denn stimmt, was er sagt." „Ich glaube ihm", gab Thiele zu erkennen. „Warum sollte er da etwas erfinden? Und er ist ja selbst ganz schockiert über sein Handeln."

Dominik Thiele schaute auf seine Armbanduhr und fragte, überrascht wegen der vorgerückten Stunde: „Wochenende, Chef?" „Nein, ich fürchte, daraus wird nichts, Dominik. Zumindest morgen früh brauche ich dich im Büro. Wir sollten da noch einiges erledigen. Dann schauen wir mal …" Thiele blickte alles andere als begeistert, er hatte offensichtlich andere Pläne gehabt. Aber als Polizist musst du flexibel bleiben, das hatte er gelernt. Und als Mitarbeiter von Kellert sowieso. „Okay, wenn es nicht anders geht", brummte er. „Aber für heute ist Schluss! Für heute Abend habe ich übrigens schon was vor."

Kellert schaute seinen Mitarbeiter irritiert an, ersparte sich und ihm dann aber einen Kommentar. ‚Darüber sprechen wir noch, mein Lieber', dachte er, entschied sich für den Moment aber für die humorvolle Variante: „Aber nicht wieder Gespenst spielen, hörst du?" „Keine Sorge, Chef, das passiert mir nicht noch einmal. Das nächste Mal lasse ich die Tür einfach auf …"

Samstag, 16. Mai, vormittags
Bücher, Bücher

„Holla, wie sieht es denn hier aus?" Dominik Thiele war durch den nieselnden Frühlingsregen ins weitgehend leere Polizeihauptquartier von Friedensberg gejoggt, war die breiten Treppen hinaufgesprungen, hatte schwer atmend die Bürotür aufgestoßen und setzte gerade dazu an, sich für seine – für ihn untypische – Verspätung zu entschuldigen, als sich ihm ein ungewohntes Bild bot. Verblüfft starrte er auf seinen Chef, der zwar wie gewohnt hinter seinem Schreibtisch saß, aber rechts und links von hohen Türmen aus Büchern und ungebundenen Papierstapeln umgeben war. Im Radio lief klassische Musik, die hörte man in diesem Büro sonst nie. „Was soll das denn? Willst du auf deine alten Tage etwa doch noch mal studieren? Bist wohl von den vielen Begegnungen an der Uni angeregt worden, was? Haha, Seniorenstudium!"

„Du hast gerade Scherze zu machen, ausgerechnet du!", knurrte sein Chef zurück, offensichtlich überhaupt nicht in heiterer Stimmung. Er hasste es, am Wochenende zu arbeiten. Wenn es sich nicht vermeiden ließ, war er natürlich vor Ort, aber gerade an diesem Wochenende, an dem sein Sohn Tobias zu Besuch kommen wollte, hätte er seine Zeit gern anders verbracht. Nachdem er seine Frau vom Flughafen abgeholt hatte, galt ihre erste Frage Barry. An den Kater hatte er, ehrlich gesagt, in all dem Trubel überhaupt nicht mehr gedacht.

Und jetzt war er schon fünf Tage fort. Klar, da musste man etwas unternehmen, aber wann und wie sollte er das denn machen? Beate, die ziemlich sauer auf ihn war und ihn das auch sehr deutlich spüren ließ, würde sich jetzt darum kümmern. Gut so! Heute ins Büro zu gehen war ihm deshalb nicht ganz so schwergefallen. Aber gute Laune fühlte sich anders an!

Thiele schluckte, ärgerte sich über die Zweitverwendung des von Verena Obmöller an ihm selbst ja bereits ausprobierten Witzes, hob beschwichtigend die Hände und ging hinüber zu seinem Platz: „Schon gut, schon gut, war doch nicht böse gemeint." „Jetzt aber mal ehrlich Dominik, was denkst du dir eigentlich dabei?" Kellert hatte das Buch, in dem er gerade etwas ziellos herumgeblättert hatte, zur Seite gelegt und schaute nun seinen Mitarbeiter humorlos an. „Komm, du hast doch was mit dieser Verena, ich bin doch nicht blind. Eine Studentin, das ist ja mal was Neues. Nicht gerade dein übliches Beuteschema, oder? Klar, das ist normalerweise allein deine Sache. Da mische ich mich auch nicht ein, weißt du ja. Aber eine in einen Mordfall Verwickelte, eine Zeugin oder was weiß ich, das geht auch mich etwas an. Bist du von allen guten Geistern verlassen, oder was? Du kennst doch die Vorschriften!"

Thiele blickte zu seinem Chef herüber, ein bisschen überrascht – und wie ein beim Spicken ertappter Schulbub: „Jawohl, Chef, alles klar, Chef, ich bekenne mich schuldig!" „Mensch, lass doch den Mist!", wies ihn Kellert zurecht. „Sag mir lieber, was da läuft!" Thiele lehnte sich zurück, hob die Arme über den Kopf, streckte sich einmal durch und antwortete dann ernsthaft: „Klar weiß ich, dass das eigentlich nicht geht. Aber dieses Mal ist alles anders. Warte, lass mich ausreden" – Kellert hatte ihm ins Wort fallen wollen, schwieg nun aber. „Erstens ist doch wohl klar, dass Verena, also Frau Obmöller, mit dem Mord nichts zu tun hat."

„Ja, davon können wir doch wohl ausgehen", stimmte der Kommissar zu.

„Na ja und dann: Das ist wirklich etwas anderes. Du hast ja Recht. Studentinnen, das ist wirklich nicht meine Welt" … „oder dein übliches Jagdrevier", fügte Kellert trocken hinzu. „Mag sein", gab Thiele zurück: „Aber Verena ist etwas ganz Besonderes. Ich weiß gar nicht, wie ich das sagen soll. Aber du kennst sie ja auch, Bernd. Gib zu, dass ich Recht habe."

„Au Mann, dich hat es wohl schwer erwischt, Dominik, was? Nee, *kennen* tu ich die nicht, deine Verena. Aber doch, ja: sieht ganz gut aus. Nett!" „Nett? Spinnst du? Das sagt man über die unscheinbarsten Nachtschattengewächse! Nett! Die ist … ach, vergiss es!" Der Kriminalhauptmann war ins Stottern geraten, das kam bei ihm nur selten vor. Eher zu sich selbst redend fuhr er fort: „Meiner Mutter kann ich das gar nicht erzählen. Ich und eine Theologiestudentin! Auch noch katholisch! Aber die ist echt vernünftig, überhaupt nicht abgehoben, versponnen oder so …"

„Na, wir werden ja sehen, was daraus wird", knurrte Kellert, sichtlich angerührt von der Ergriffenheit seines jungen Kollegen. „Aber hör zu: Bitte vermische die Ebenen nicht. Kein Wort über den Fall, hörst du! Und sei vorerst ein bisschen vorsichtig, es muss sich ja nicht gleich im ganzen Präsidium herumsprechen."

„Danke, Chef!" Erleichtert lächelte Thiele zu seinem Dienstvorgesetzten hinüber. „Aber jetzt erzähle mir mal, was du da gerade machst." „Das hier", Kellert wies mit großer

Geste auf die Bücherstapel auf seinem Schreibtisch, „sind die Dissertationen und Habilitationen aller Professoren und Assistenten der Theologischen Fakultät."

„Und was willst du damit, etwa alle lesen?", fragte Thiele entgeistert. „Das weiß ich auch nicht so ganz genau", erwiderte Kellert. „Lesen kann und will ich das Zeug ganz bestimmt nicht. Aber ich habe da so ein Gefühl. Nein, ein Verdacht ist das noch nicht. Der Gerstmaier …, der hat doch offenbar so ein Privatarchiv über alle seine Kolleginnen und Kollegen angelegt." „Stimmt, sieht ganz danach aus", bestätigte Thiele und ergänzte, „und hat einige dann ganz schön unter Druck gesetzt. Die Mechtersheim, den Mühlsiepe, den Kösters, diesen Studenten" – „Sebastian Tränkner!", ergänzte Kellert, Thiele nickte – „… und wer weiß, wen noch. Aber ich sehe noch keinen Zusammenhang zu …" Auch er deutete nun mit weitem Bogen über die vergilbten, zum Teil angestaubten Bücherberge.

„Erinnerst du dich daran, was dieser Dekan der Juristen uns erzählt hat?" Thiele nickte, Kellert sprach weiter: „,Unregelmäßigkeiten im Universitätsrecht', irgendwie so hat er das genannt, was Gerstmaier mit ihm besprechen wollte. Das könnte doch etwas mit diesen – wie heißt das wieder – ,Qualifikationsschriften' zu tun haben, oder? Sonst fällt mir dazu nichts ein. Na, und das will ich mal überprüfen. Diese ganzen Unterlagen hatte sich der Dekan vor kurzem nämlich auch alle angeschaut."

„Aha! Na, das klingt schon anders. Aber auf was sollen wir achten?" „Weiß ich nicht. Ich hätte ja auch nicht gedacht, dass das solche Berge sind. Zwei Umzugskisten voll, genau gesagt! Die habe ich heute früh schon durch die Gegend geschleppt! Aber komm, Dominik, schau dir das auch mal an. Vier Augen sehen eben doch mehr als zwei."

Thiele ließ sich ächzend nieder und stöhnte, denn er hasste jegliche Form von Schreibtischarbeit genauso wie sein Chef. ‚Ich weiß schon, warum ich nicht studiert habe!‘, ging es ihm durch den Kopf. „Komm, lass uns mal vergleichen!“, meinte Kellert und klapste ihm aufmunternd auf den Rücken. „Hier, diese Liste hat die Dekanatssekretärin damals zusammengestellt. Da stehen alle Personen und Titel drauf.“

Thiele nahm die Liste und blickte skeptisch darauf. „Warte mal: hier, Klara Mechtersheim, Dissertation ‚Vom Du zum Wir zum Ich. Koinonische Religionspädagogik für die Praxis‘ Sag mal: Bin ich blöd oder was, ich versteh kein Wort!“ „Ich auch nicht. Brauchen wir auch gar nicht. Schau, hier ist es!“ Kellert zog ein voluminöses, schlecht gebundenes, lieblos gestaltetes Buch des – laut Aufschrift – LIT-Verlags hervor.

„Bleiwüste“, knurrte Kellert, nachdem er einige Sekunden lang darin herumgeblättert hatte. Er suchte weiter in dem Stapel und hob schließlich ein DIN-A4-Gebinde hoch, das erst von einer Staubschicht freigepustet werden musste. „Puh“, schnaubte er, „hier noch was Feines: ‚Winfried Schachner: Engel auf der Nadelspitze: Angelologie bei Thomas von Aquin und Sigmund Betterfeld‘.“ Die Arbeit war wohl gar nicht als gedrucktes Buch erschienen. Jedenfalls war dieses das einzige Exemplar.

So hakten die beiden Titel um Titel ab, mal sich über die Titel amüsierend, mal nur die Schultern zuckend, weil sie beim besten Willen keine Ahnung hatten, worum es dabei ging. „Ha!“ Plötzlich lachte Thiele laut auf. „Was ist denn los?“, fragte Kellert. „Hast du auf der Schule Latein gelernt?“, fragte Thiele zurück. „Ja schon“, gab sein Chef zurück, fügte aber hinzu: „Das war mein absolutes Horrorfach.

Mit Fünfern und Sechsern. War ich froh, als ich das abwählen konnte! Dieses ewige Auswendiglernen – ich wollte immer raus, raus! Wieso?"

„Na, dann habe ich hier etwas für dich: ,Korbinian Reutter: Impotentia coeundi. Wandlungen im Verständnis der Impotenz als Ehehindernis von 1754 bis 1983', hihi." „Pfff", Kellert unterdrückte ein Lachen, „das darfst du dir gern als Nachtlektüre mit nach Hause mitnehmen, Dominik. Aber Reutter ist ja eigentlich gar nicht mehr an der Fakultät. Komisch, dass der Titel noch auftaucht. Ach, hier ist er ja!" Kellert wedelte mit einem monströsen, backsteinartigen, grau eingebundenen Wälzer herum.

Im Laufe einer guten Stunde wanderten immer mehr Bücher vom rechten auf den linken Stapel. Thiele hakte einen Titel nach dem anderen ab. Mit zunehmender Dauer schwand der Reiz, sich über die Titel lustig zu machen. Konzentriert versuchten sie, die angefangene Arbeit zu Ende zu führen. ,Wer um Gottes willen soll denn so etwas jemals lesen?', fragte sich Thiele. ,Warum werden solche Bücher geschrieben und gedruckt?' Er dachte an das Gespräch mit Verena zurück, die ja mit dem Gedanken spielte, selbst auch so etwas zu schreiben. Darüber war doch wohl hoffentlich das letzte Wort noch nicht gesprochen …

Mit zunehmendem Widerwillen konzentrierte er sich auf seine Aufgabe. „Klauspeter Gehrke: Tritojesaja und Deuterojeremia. Brüder im Geiste?" „Jepp, hab ich." „Günter Brossl: Gott kam nur bis zum Sognefjord. Geschichte der Mission Norwegens." „Ja, auch da!" „Karlheinz Schulze-Vorrath: Crossing the Borders. Theozentrischer Pluralismus als Paradigma des interreligiösen Dialogs."

Kellert suchte. „Hallo, bist du noch da?", rief Thiele, als er eine Weile lang keine Antwort erhalten hatte. „Ja klar, siehst du doch", gab sein Chef brummig zurück und durchsuchte noch einmal die verbleibenden Bücher und Schriftstücke. „Karlheinz Schulze-Vorrath: Crossing the Borders. Theozentrischer Pluralismus als Paradigma des interreligiösen Dialogs. Matthias-Grünewald-Verlag, Mainz 1987", wiederholte Thiele noch einmal.

„Ich bin ja nicht taub", gab Kellert zurück. „Nein, ist nicht da. Ein Versehen? Vielleicht liegt es ja noch irgendwo in der Fakultät? Oder Hobi hat es vergessen." „Hobi?" Thiele blickte fragend zurück. „Ach so, na so nennen die doch diese Sekretärin, Frau Hoberg", erklärte Kellert und überlegte laut: „Oder es ist kein Zufall, dass das fehlt. Vielleicht hat Gerstmaier das Buch ja an sich genommen."

„Oder ...", wollte Thiele sagen, als ihm Kellert zuvorkam. „Das sind mir ein paar ‚vielleicht' zu viel. Das kriegen wir heute sowieso nicht mehr raus. Und mir reicht es. Wochenende! Heute kommt unser Sohn zu Besuch. Und ich muss noch einiges vorbereiten. Also! Lass uns für heute Schluss machen! Montag ist auch noch ein Tag." „Gute Idee, Bernd!" Sichtlich erleichtert blickte Thiele zu seinem Chef. „Also, dann bis Montag!" „Ja, und denk daran" – Kellert blinzelte seinem jungen Mitarbeiter zu – „immer schön Privates von Dienstlichem trennen!"

Wenn das doch nur so einfach wäre, Privates von Dienstlichem zu trennen! Als ob man die Probleme, Konflikte, offenen Fragen, Begegnungen und Erfahrungen aus der Berufswelt so leicht abschalten könnte! Dominik Thiele jedenfalls ging dieser Professor Schulze-Vorrath nicht aus dem Kopf. Er saß in Verena Obmöllers WG-Wohnzimmer. An den Wänden zogen sich schmale Ikea-Regale bis fast an die Decke, vollgestopft mit Büchern. Eine Ordnung war zumindest auf den ersten Blick nicht erkennbar. Aus einigen ragten weiße Zettelchen hervor, aus anderen Lesezeichen, Postkarten oder Zeitungsartikel.

„Mann, so viele Bücher habe ich ja noch nie auf einem Haufen gesehen!", hatte Dominik spontan ausgerufen, als er gestern Abend hier eingetreten war. „Was macht man denn damit?" „Lesen", hatte Verena spitz geantwortet. „Was, so viele!", hatte er völlig entgeistert erwidert. „Ja, stell dir vor, die meisten davon habe ich tatsächlich gelesen. Zumindest hineingelesen", hatte sie hinzugefügt. „Aber warum schmeißt du die dann nicht weg, wenn du sie gelesen hast? Die stopfen ja das ganze Zimmer voll!", hatte er bewusst vorsichtig nachgefragt.

„Bücher schmeißt man doch nicht weg", hatte sie kopfschüttelnd gemeint. „Das sind Freunde fürs Leben. Und man weiß ja nie, ob man gerade dieses bestimmte Buch noch einmal gebrauchen kann oder einfach nur wiederlesen will.“ ‚Sieh an, also doch eine Schwäbin!‘, hatte er gedacht, aber nur ein tonloses und deutungsoffenes „Aha!“ geäußert.

Die beiden Mitbewohnerinnen waren das Wochenende über verreist, sie hatten die Wohnung für sich allein. Es war zwar schon kurz nach zwei, aber erst jetzt hatten sie sich eine einfache Mittagsmahlzeit zubereitet, die sie nun verspeisten. Verena hatte eine CD mit schottischen Folksongs eingeschaltet, Musik, die sie gern hörte. Dominik Thieles Geschmack war das nicht, aber er hatte sich jeglichen Kommentar verkniffen.

Lustlos stocherte er in den Spaghetti herum, blickte aus einem der beiden Fenster, trank geistesabwesend einen Schluck Mineralwasser. „Was ist denn los mit dir, Domm? Keinen Hunger, Fernweh, Sehnsucht nach einer anderen Frau?“, fragte Verena, die ihn eine ganze Weile lang schweigend angeschaut hatte und ihrerseits mit gutem Appetit die Nudeln in die selbst zubereitete Gewürzsauce tunkte und dann verspeiste.

„Quatsch!!“, gab Thiele zurück. „Dein Glück!“, warf Verena ein, beugte sich zu ihm hin und schaute ihm tief in die Augen. „Du bist dir schon bewusst, dass das hier mit uns für mich nicht gerade normal ist, oder? Ich wundere mich selbst über mich. Normalerweise lasse ich mich nicht so schnell auf Männer ein. Gar nicht, eher im Gegenteil!“

„Soll ich mich jetzt geehrt fühlen, oder was?“, fragte Dominik Thiele, lächelte dabei aber so verschmitzt zu ihr herüber, dass diese Bemerkung nicht böse herüberkam. „Ja klar, sollst du!“, kam es prompt zurück.

„Okay, okay, ich ritze mir eine neue Kerbe in den Dienstrevolver …“ Weiter kam er nicht, da er einen Klaps auf der rechten Schulter spürte und etwas Mineralwasser aus dem Glas spritzte.

„Hey, Vorsicht", rief er, stellte das Glas ab, wischte mit dem Ärmel seines Pullovers über die Pfütze auf dem Tisch und hob beschwichtigend die Arme. „Lass gut sein! Weißt du, mir geht da etwas von unserem Fall einfach nicht aus dem Kopf", sagte er und grinste. „Trotz aller Bemühungen." Sie schmunzelte zurück, rollte mit den Augen und fragte: „Aha, der Herr Polizist, immer bei der Arbeit, was? Na sag schon!" „Dieser Schulze-Vorrath, euer Paradiesvogel, was ist denn das für einer? So ein Fernsehstar und Bestseller-Autor, wie ist der denn als Mensch? Klar, der kommt total arrogant und großspurig rüber, aber ist er das wirklich?"

„Ach, für den Charly interessierst du dich, sag es doch gleich! Den kenne ich aber leider nicht so gut, da kann ich dir kaum etwas erzählen. Ich habe zwar mal eine Vorlesung bei ihm gehört, aber das hat mich nicht so angesprochen. Der Mühlsiepe ist viel spannender, der denkt viel grundsätzlicher, systematischer und eigenständiger. Und der traut sich auch, das zu sagen, was er denkt. Das gefällt mir. Und ich muss nur bei einem von beiden die Prüfung machen, da fiel mir die Wahl nicht schwer."

Thiele schaute enttäuscht. „Warte, ich habe eine Idee", meinte die Studentin: „Wenn du Genaueres über den Charly wissen möchtest, dann könnte ich die Caro anrufen, die war mal seine Assistentin. Wir sind ganz gut befreundet. Soll ich?" „Das wäre klasse! Sorry, ich weiß, es ist Wochenende, aber ich komme einfach nicht raus aus dem Fall." „Na dann rufe ich sie doch gleich mal an!"

Um vier Uhr zog ein Kaffeeduft durch die WG an der Rosenfelder Straße. Dominik Thiele hatte ein paar frische Gebäckstückchen besorgt und teilte gerade ein Stück Bienenstich mit seiner Kuchengabel. Caroline Möckner hatte tatsächlich nichts Wichtiges vorgehabt und war gern auf ein Plauderstündchen vorbeigekommen. Thiele fand sie auf Anhieb sympathisch: eine resolut wirkende Frau Anfang dreißig mit Kurzhaarfrisur, die nicht unbedingt Wert auf eine explizit feminine Ausstrahlung zu legen schien. Obwohl die beiden anderen Nichtraucher waren, hatte sie sich eine Zigarette angezündet und streifte gerade ein Aschehütchen in einem alten Joghurtbecher ab, der als Aschenbecher dienen musste.

„Wieso ich nicht bei Schulze-Vorrath geblieben bin?", wiederholte sie gerade eine Frage, die Thiele gestellt hatte. Sie hatten eine Weile eher belanglos geplaudert, bevor er auf den eigentlichen Grund des Zusammenseins zu sprechen kam. „Es hat einfach nicht gepasst, anders kann ich es nicht beschreiben. Ich war drei Jahre lang seine Assistentin, das war schon okay. Aber richtig warm geworden sind wir nie miteinander. Weder menschlich noch theologisch. Mein Thema war ihm fremd. Da war es dann sinnvoll, nach drei Jahren einen Schlussstrich zu ziehen. Aber wir sind im Guten auseinandergegangen, das war mir auch wichtig."

„Wieso fremd, kannst du mir das näher erklären?", fragte Thiele, dem die – in der WG wie in der ganzen Studentenszene offensichtlich übliche – Du-Anrede nur schwer über die Lippen ging. „Ja, pass auf: Ich schreibe über feministische Theologie, kannst du dir darunter etwas vorstellen?" „So ungefähr", log Thiele, der zwar mal etwas von Alice Schwarzer gehört hatte, mehr aber auch nicht. In jedem Fall hatte er keine Lust, sich jetzt darüber aufklären zu lassen. „Also konkret heißt mein Thema: ‚Simone Weil und Frida Kahlo: Natalität und Vulnerabilität im Feminismusdiskurs der Moderne'. Und damit konnte Charly einfach nichts anfangen."

‚So‘, dachte Thiele, ‚da sind wir schon zwei.‘ Caro Möckner bemerkte davon nichts und referierte weiter: „Er hat mich zwar anfangs gefördert, aber dann immer mehr dazu gedrängt, irgendein interreligiöses Thema zu wählen. Das wollte ich aber nicht. Gut, jetzt hat er den Bergmann – seinen neuen Assistenten, der brav das nachschreibt, was der Chef vorkaut –, mit dem ist er ganz zufrieden.“ „Und du?“, warf Thiele ein. „Ich? Ich bin auch superzufrieden. Ich kann hier wohnen bleiben, schreibe aber jetzt bei der Löhlein-Werdenfels“ – „Eine sehr bekannte Professorin in München“, flüsterte Verena Obmöller ihrem Freund erklärend zu – „und werde da wohl noch in diesem Jahr einreichen.“

„Na, gratuliere!“, entgegnete Thiele, war aber noch nicht zufrieden mit den Auskünften. „Also nach Feminismus sieht der mir auch wirklich nicht aus, der Schulze-Vorrath. Neulich fuhr er mit einer scharfen Blondine durch die Gegend.“ Caroline Möckner hob den Zeigefinger und drohte ihm scherzhaft „ts, ts“, was offensichtlich andeuten sollte, das sie mit dieser Sprache nicht einverstanden war.

„Das war bestimmt seine Frau!“, sagte sie. „Okay, die macht optisch schon was her, das stimmt!“ „Die ist doch bestimmt ein ganzes Stück jünger als er, oder?“, bohrte er nach. „Na klar, die haben doch erst vor – warte mal – vier, nein: fünf Jahren geheiratet. Das ist übrigens eine Kollegin von der Philosophie, Privatdozentin, also von wegen ‚blonde Tussi‘! Aber stimmt schon, die wird an die fünfzehn Jahre jünger sein als der Charly. Na und? Wenn es passt! Ist ja außerdem seine zweite Frau.“

Verena Obmöller, die bislang den beiden schweigend zugehört hatte, stutzte, runzelte die Stirn und mischte sich in das Gespräch. „Ach so, das wusste ich gar nicht! Wieso *zweite* Frau? Ist die erste gestorben? War der Witwer?

Denn" – hier beugte sie sich wieder erklärend zu Thiele – „bei uns in der katholischen Kirche gibt es ja keine Scheidung." dann korrigierte sie sich aber selbst: „Doch schon, klar gibt es Scheidungen, aber dann darf man als Geschiedener eben nicht wieder heiraten. Nicht in der Kirche, sowieso klar, aber auch standesamtlich nicht. Das gilt als Sünde! Da wird man von den Sakramenten ausgeschlossen. Und das kann bei dem als Prof ja wohl schlecht sein."

Fragend blickte die Studentin zu der angehenden Doktorin der Theologie. Auch Thiele, für den Scheidungen normal waren, der selbst bei einer geschiedenen Mutter und ohne Vater aufgewachsen war, wartete gespannt auf die Aufklärung. „Nein, geschieden war der nicht und Witwer noch weniger!", erklärte Caroline Möckner. „Seine erste Ehe ist annulliert worden. Das weiß aber kaum jemand. Er hat es mal erzählt, als er sein Lehrstuhlteam zu einem Wochenende auf sein Ferienhaus am Lago Maggiore eingeladen hat."

„Ach, ein Ferienhaus hat der auch noch?", wunderte sich Verena Obmöller. „Ja, und zwar vom Feinsten, kann ich euch sagen. Oberhalb des Lago, auf italienischer Seite, mit Seeblick. Das könnte mir auch gefallen. Hat er geerbt, glaube ich. Jedenfalls lädt er sein ganzes Lehrstuhlteam regelmäßig dorthin ein. Ich war zweimal da. Und einmal, da war es abends spät geworden, mit gutem Wein und allem Drum und Dran, da hat er das also erzählt."

Dominik Thiele hatte neugierig und aufmerksam zugehört, wollte schon unterbrechen, ließ die Theologin dann aber doch ausreden. Nun fragte er nach: „Annullierung einer Ehe? Was ist denn das, kapier ich nicht!" „Das ist Stoff der Pflichtvorlesung Kirchenrecht!", platzte Verena Obmöller heraus, stellte sich hin, schaute feierlich in die Runde und erklärte dann mit offiziöser Stimme: „Eine kirchlich geschlossene Ehe kann nach römisch-katholischem Recht annulliert werden, wenn die Eheschließung unter unrechtmäßigen Voraussetzungen erfolgt ist."

„Eins, setzen!", kommentierte Caroline Möckner. Verena gehorchte und blickte in die Augen ihres Freundes. Sofort merkte sie, dass ihm diese Auskunft kaum weiterhalf. Mit ihrer normalen Stimme ergänzte sie: „Also, wenn einer der Partner den anderen gar nicht geliebt hat, nur hinter seinem Geld und Vermögen her war oder nicht fähig oder willens ist, Kinder zu bekommen, dann wird die Ehe aufgelöst. Das ist dann, als ob sie nie existiert hätte. Und dann kann man natürlich wieder, nee: eigentlich dann erst richtig heiraten."

„So ein Schmarrn", knurrte Thiele, „da ist mir doch eine saubere Scheidung lieber, oder? Außerdem: Das werden doch alle dann sagen, dass sie den anderen nicht wirklich geliebt haben. Schwupps, schon kannste das annullieren!" Er schüttelte den Kopf.

„So leicht geht das natürlich nicht, Schlauberger!", korrigierte sie ihn. „Du musst *beweisen*, dass das so war. Und da sind die kirchlichen Gerichte schon sehr genau."

„Wie willst du das denn bitte schön beweisen?", fragte er. „Indem zum Beispiel ein Schriftstück auftaucht, aus dem das eindeutig hervorgeht", ergänzte Verena. „Moment, wenn ich also vor der Eheschließung ein Schreiben aufsetze nach dem Motto: ‚Ich liebe mein Frau nicht, will nur ihr Geld', dann kann ich mich später gegebenenfalls von ihr wieder trennen? Absurd!" „Ja, theoretisch ginge das, glaube ich, durchaus. Aber wer macht das denn schon? Da wäre man ja krank im Kopf."

„Und wie war das mit dem Kinderkriegen?", bohrte er nach. „Na, das weißt du ja schon ganz gut, oder?", grinste

Verena. Caro Möckner verfolgte sichtlich amüsiert das verbale Geplänkel der beiden Jüngeren und vertilgte dabei genüsslich ein Stück Apfelkuchen. Vielleicht war sie ein bisschen eifersüchtig, aber wenn, dann war nicht ganz klar, auf wen der beiden. „Hey, bleib mal ernst!", rief Thiele. „Wie war das mit der Unfähigkeit, Kinder zu kriegen, und dieser – äh – Annullierung?"

„Ja, wenn ein Partner unfähig ist Kinder zu bekommen, und das stand schon immer fest und er oder sie wusste das auch, dann ist das mutwillige Täuschung und die Ehe kann aufgehoben werden. Weil einer der Ehezwecke" – Thiele schnaufte laut – „… so heißt das nun einmal …weil einer der Ehezwecke ebendie Zeugung von Kindern ist und dann ja nicht erfüllt ist!" „Wie, also ein Impotenter darf nicht heiraten?" „Streng genommen ja! Ist ja nicht dein Problem!" Wieder grinste sie zu ihm hinüber, er aber schlug sich mit der Hand vor die Stirn: „Ja klar! Moment, wie hieß das noch? … Impotentia coeundi!" Nun war es an den beiden Frauen, den Polizisten groß anzuschauen. „So hieß doch der Titel der Doktorarbeit von diesem Reutter, dem ehemaligen Assistenten von Gerstmaier!"

„Uaah", mischte sich nun Caroline Möckner ein, „stellt euch das mal vor, jahrelang an einem solchen Thema zu arbeiten! Nein danke, nichts für mich! Ich staune übrigens, Ena, wie viel du bei Gerstmaier gelernt hast. Alle Achtung!"

„Das ist bei mir einfach so", gab diese bescheiden zurück. „Wenn ich das einmal gehört und dann für eine Prüfung gelernt habe, vergesse ich es nicht so schnell. Würde ich manchmal ganz gern, dieser ganze, ständig mit herumgeschleppte Wissensmüll ist doch furchtbar. Das klappt aber nicht … Wie sind wir eigentlich auf so ein absurdes Thema gekommen, an einem Samstagnachmittag im Mai! Ach so ja, natürlich: Schulze-Vorrath. Der hatte also eine annullierte erste Ehe? Wieso wurde die denn nun als ungültig erklärt?"

Caroline Möckner zuckte mit den Schultern. „Keine Ahnung! Da haben wir nun wirklich nicht nachgefragt. Das ist ja auch peinlich. Dass er impotent ist, kann ich mir kaum vorstellen. Obwohl er ja keine Kinder hat … soweit ich weiß." „Weiß Mann ja nie!", warf Thiele feixend ein, erntete dafür aber nur zwei wenig amüsierte Blicke, die ihn schnell wieder zum Schweigen brachten.

„Von der ersten Frau ist auch nie die Rede. Ich glaube nicht, dass das an der Fakultät groß bekannt ist. Der Charly hat ja ein paar Jahre in der Schweiz gelebt, in Lausanne am Genfer See. Ursprünglich kommt der vom Niederrhein, aus irgend so einem Kaff, kurz bevor der Rhein durch Holland fließt. Dann hat er zunächst in Bonn studiert und ist von da ab in die Schweiz. Da war er dann lange, Studium, Promotion, Assistentenzeit und so. In der Zeit muss das gewesen sein, seine erste Ehe. Dann ist er nach Würzburg, hat sich dort habilitiert und dann kam der Ruf hierher nach Friedensberg. Aber schon in Würzburg war er, glaube ich, wieder solo."

Thiele rührte in seinem kalt gewordenen Kaffee und starrte vor sich hin. Caroline Möckner pickte die letzten Kuchenkrümel von ihrem Teller. Sie schaute von der langjährigen Freundin zu deren frisch erwähltem Geliebten. „Möchte noch jemand Kaffee?", fragte sie in die Stille hinein. „Ich setze gern noch welchen auf!" „Nein danke!", sagten die beiden absolut gleichzeitig und brachen in Gelächter aus.

„Wieso willst du das eigentlich alles wissen?", fragte Caroline Möckner den Polizisten, der ihr zwar durchaus sympathisch, aber immer noch ein bisschen unheimlich war.

„Das weiß ich gar nicht so genau", gab der zu. „Wir durch-
leuchten den Fall Gerstmaier einfach von allen Seiten und
hoffen, eine Spur zu finden, die uns weiterhilft. Spuren haben
wir schon viele gefunden, aber die Entscheidende war noch
nicht dabei." „Und die erhoffst du dir von Charly?", fragte
Verena, die das offensichtlich unwahrscheinlich fand. Und
Thiele teilte ihre Skepsis: „Wohl kaum. Aber man kann nie
wissen, oder?"

Noch einmal an diesem Tag würde sich für Kriminalhauptmann Dominik Thiele Privates und Dienstliches mischen.
Sie hatten zu dritt noch eine Weile über alles Mögliche geplaudert und sich dann freundschaftlich voneinander verabschiedet. ‚Diese Uni-Welt hat schon etwas‘, hatte er bei
sich gedacht. ‚Da kann man schon interessante Leute treffen.‘

Später hatten sie dann ihre Fahrräder gepackt – er sein
Sportvehikel, Verena ihr wenig gebrauchtes Hollandrad – und
waren aus der Stadt hinausgeradelt. „Ich muss mal an die frische Luft!", hatte er gesagt, und so waren sie an den Fluss
gefahren, an dessen Ufer vor einigen Jahren ein wunderbarer
Fahrradweg angelegt worden war. Weitgehend eben, das war
Verena Obmöller ganz recht. Und Thiele hatte schnell gemerkt,
dass es jetzt nicht so sehr um sportliche Betätigung ging, sondern um eine gemeinsame Unternehmung. Entsprechend passte
er sein Tempo den Gegebenheiten an.

„Komm, Pause!", rief Verena, lenkte vom Ufer weg auf
ein baumreiches Grundstück, das von einer niedrigen, über-
wachsenen Mauer aus Feldsteinen umgeben war. Von den
zwei Bänken in Richtung Fluss war eine besetzt. Sie steuer-
ten die andere an und stiegen ab. „Autsch." Verena rieb sich
die Sitzfläche. Sie war längere Ausfahrten offensichtlich nicht

gewöhnt. Dominik grinste anzüglich, verkniff sich aber wohlweislich einen Kommentar.

„Na los, trink einen Schluck", sagte er stattdessen und reichte ihr die in der Lenkertasche mitgenommene Mineralwasserflasche hinüber. Sie nahm sie, drehte am Schraubverschluss und kreischte „Iihh!" Der Druck der Kohlensäure hatte sich durch das Gerüttel der Fahrt angestaut, so dass das Wasser in hoher Fontäne herausschoss. „Na, danke für die Dusche!", meinte sie säuerlich, während sie sich die Wassertropfen aus den Augen wischte.

„Oh, das tut mir leid. Ich nehme sonst immer stilles Wasser mit, aber das hattet ihr nicht da. Hatte ich total vergessen, sorry!" Verena war schnell wieder versöhnt, lachte über sich selbst, trank einen großen Schluck und kuschelte sich dann eng an den Gefährten. Er saß an dem einen Ende der Bank, sie legte den Kopf auf seinen Schoß und streckte sich auf dem Rest der Bank aus. Er pflückte einen Grashalm und streichelte damit versonnen ihr Gesicht.

Vor ihnen floss träge der breite Strom auf seinem langen Weg in die Nordsee, dahinter wölbten sich rebenbewachsene und waldbedeckte Hügel in der warmen Frühabendsonne. Rauchschwalben sausten über den Fluss, stießen immer wieder herab, um ein winziges Schlückchen Wasser von der Oberfläche zu picken und eine Fliege oder Mücke im Flug zu erhaschen. „Schön!", seufzte Dominik. „Ja, schön, aber lass das bitte mit dem Grashalm, das kitzelt nämlich!" Sie genossen eine Weile die Ruhe, lächelten sich immer wieder an und ließen die Augen über die Szenerie und den blauen Himmel schweifen.

Über die alten Feldsteine der Mauer direkt hinter ihrer Bank huschten kleine braune Eidechsen, einige verweilten ein paar Sekunden, züngelten in Richtung Sonne, zuckten dann davon. „Warte, ich fang dir eine", sagte Dominik voll

Übermut, ließ sacht ihren Kopf auf die Holzbank nieder, sprang auf und begab sich auf die Jagd. „Ach, lass doch", murmelte sie, akzeptierte dann aber sein Vorhaben. ‚Okay, männliches Imponiergehabe. Das Männchen bringt dem Weibchen Symbole seiner Lebenstüchtigkeit. Kennt man aus dem Tierreich.'

Und tatsächlich kam er kurz danach mit rund gehöhlten Händen zurück. „Ich habe eine! Willst du sie auch mal halten? Die sind gar nicht glitschig, ganz trocken und zart." „Danke, nein! Das brauche ich nicht unbedingt. Aber zeigen kannst du sie mir schon." Dominik öffnete die obere Hand. Auf der unteren hockte ein fingerlanges braungrünes Tier, man konnte seine Atmung gut erkennen. Es blinzelte in die Sonne, stutzte kurz und huschte dann blitzschnell davon.

„Weißt du eigentlich, wo wir hier sitzen?", fragte er, nachdem er sich einen Kuss als erhoffte Belohnung abgeholt hatte. „Nein, wieso?" „Das ist ein alter Friedhof. Auf der Jagd nach der Eidechse habe ich das erst entdeckt. Der wird aber wohl seit Jahrzehnten nicht mehr benutzt. Vielleicht liegt er einfach zu nahe am Fluss."

„Eigentlich schön, so ein Hof des Friedens", meinte sie nach kurzem Nachdenken. „Das passt doch zu dem Gedanken, dass die Toten ausruhen dürfen, endlich ohne alle Hast und Last." „Du weißt ja, dass ich das ein bisschen anders sehe, Verena!", entgegnete er. „Mir reicht der Gedanke, dass mein Körper irgendwann verbrannt und meine Asche zerstreut wird." „Aber bitte nicht so bald, hörst du!"

„Das weiß man nicht", gab er unerwartet nachdenklich zurück. Der Ort schien ihn tatsächlich anzurühren. „Warte mal, da fällt mir etwas ein", unterbrach er seine Nachdenklichkeit. „Wie ist das nun mit euch Christen?" „Holla, eine Nummer kleiner hast du es nicht?", unterbrach sie ihn. „Jetzt hör doch erst mal zu. Also der Gerstmaier" – Verena Obmöller zog eine Schnute und verdrehte die Augen –, „der hatte einen Organspende-Ausweis." „Echt? Das hätte ich dem gar nicht zugetraut. Respekt! ... Ja und, wo ist das Problem?" „Wie ist das: Ihr glaubt doch an das Leben nach dem Tod im Himmel. So richtig mit Körper. Dürfen Christen denn überhaupt ihre Organe spenden? Ich weiß, das klingt jetzt doof, aber ich frage das einfach mal so: Fehlen die dann nicht im Himmel?"

„Nein, natürlich nicht! So denken Christen nicht. Das wäre ja total ungerecht. Überlege mal: Dann würden ja alle, die als Alte oder Krüppel sterben, im Jenseits auch Alte oder Krüppel sein. Für immer! Wenn du ein Bein abgenommen bekommst, hättest du auch im Himmel nur noch eins. Gott, das wäre ja furchtbar!" „Aber wie stellt man es sich denn dann vor?", fragte er hilflos.

„Da gibt es verschiedene Theorien: Früher hat man gedacht, jeder würde in seinem Idealkörper auferstehen, egal ob er als Kind oder als Greis stirbt. Und man hat das mit einem Körper von ungefähr dreißig Jahren verbunden." „Na, bis dahin habe ich ja noch zwei Jahre Zeit!", fuhr Dominik Thiele dazwischen. „Und ich noch sieben, jaja, aber das denkt man heute natürlich nicht mehr. Nein, das ist doch klar: Unser Körper, die Materie, die vergeht unwiderruflich. Die ist nach dem Tod nicht mehr wirklich wichtig. Deswegen erlaubt die Kirche ja auch Feuer- *oder* Erdbestattung.. Und deshalb rufen die Bischöfe inzwischen ja auch dazu auf, seine Organe nach dem Tod zur Verfügung zu stellen. Das gilt als letzter Akt christlicher Nächstenliebe."

„Echt? Das ist mir neu!" Dominik Thiele war wirklich verblüfft. „Ja, das wissen viele gar nicht. Aber im Judentum und im Islam ist das auch so. Da treffen sich die drei Weltreligionen." „Und wie ist das dann mit der Auferstehung?" Verena zog eine Grimasse und überlegte. Dann sagte sie: „Wie immer: Wie es *nicht* ist, lässt sich leicht sagen, wie es aber wirklich ist, das ist schwer auszudrücken. Und genau wissen kann das sowieso keiner, kein Priester, kein Bischof, kein Papst" – „… und auch kein Professor Mühlsiepe", ergänzte Thiele.

„Nein, nicht einmal der", stimmte Verena Obmöller grinsend zu. „Also, ich versuch es mal, aber mit meinen Worten, okay? Wir Christen glauben zunächst ganz sicher, dass mit dem Tod nicht einfach alles vorbei ist. Also nicht einfach aus, Schwärze, nothing. Sondern das, was uns im Innersten ausmacht, unsere Seele, lebt weiter. Aber nicht nur als Geist oder bloße Idee, sondern real, wirklich. In einem ‚Körper', der ganz anders ist als unser irdischer Körper. Und trotzdem damit verglichen werden kann, verstehst du?"

„Nö, ehrlich gesagt nicht", meinte er kopfschüttelnd, fragte aber noch einmal nach: „Und wie ist das, kann man sich dann wiedersehen im Himmel, zum Beispiel du und ich?" „Wäre doch schön, oder?", grinste sie zurück. „Muss aber noch nicht so bald sein!", feixte er zurück, schaute sie dann aber wieder ernst an. Sie dachte nach, versuchte es dann: „Puuh, das ist schwierig. Unsere Sinnesorgane sind doch Teil unserer Welt, wir brauchen sie zur Bewältigung des Lebens in Raum und Zeit. Das, was nach dem Tod kommt, ist aber außerhalb von Raum und Zeit. Wie Gott eben. Nein, besser: bei Gott, und der ist außerhalb von Raum und Zeit und wirkt doch in sie hinein. Es geht nach dem Tod nicht einfach ‚weiter' und auch nicht in einen anderen ‚Raum'. Ganz anders."

„Also kein Wiedersehen?", unterbrach er ihre langsam und stockend vorgetragenen Gedanken. „Vielleicht doch, anders. Ich denke mir das so: Zu unserer Seele, also zu dem, was einen jeden von uns im Tiefsten ausmacht, gehören ja auch unsere wichtigen Beziehungen: die Menschen, die uns geprägt haben, die Menschen, die wir geliebt haben. Und wenn die Seele unsterblich ist, dann in ihr auch die Beziehungen."

„Klingt gut, was du da sagst", meinte Dominik nach einigen Momenten des Nachdenkens. „Aber: *Glaubst* du das auch wirklich?" Verena Obmöller richtete sich auf und streckte die Arme gegen den Himmel. „Tja, ob ich das glaube? Mal ja, mal nein. Vielleicht ist das wirklich alles nur Wunschdenken, wie es die Religionskritiker sagen, auszuschließen ist das nicht. Andererseits hat Jesus uns das versprochen. Und Menschen glauben daran seit 2000 Jahren, haben damit gelebt, sind mit dem Glauben gestorben. Und manche haben mit diesem Glauben besser gelebt und sind leichter gestorben, da bin ich mir sicher. Was hat man schon zu verlieren? Wenn es stimmt – wie wunderbar! Wenn nicht – dann habe ich mit diesem Glauben vielleicht besser gelebt, auch wenn er sich am Ende nicht erfüllt hat."

„Moment!", unterbrach der junge Mann. „Das ist doch wohl ein bisschen einfach, oder? Willst du mit einer Einbildung leben?" „Nein, Dominik, keine Einbildung! Das ist ein tiefer Glauben, gut begründet und bewährt seit sehr, sehr langem. Letztlich hast du auch einen unbewiesenen Glauben. Du glaubst an nichts, ich an etwas, das ist der Unterschied. Nur dass bei deinem Glauben ein Gewinn von vornherein unmöglich ist!"

Dominik Thiele blickte sie erstaunt und mit einem gewissen Respekt an. Dass eine Studentin so sprechen konnte, das überraschte ihn schon. Vielleicht war das mit der Promotion doch keine so schlechte Idee für Verena ... Diese hatte sich in Rage geredet, blickte ihm nun in die Augen und erschrak ein bisschen über sich selbst.

„Hey, du bist ja eine richtige kleine Missionarin!", murmelte er zärtlich, strich ihr übers Haar und lächelte. „Wenn du mich halt fragst!", gab sie immer noch kämpferisch zurück, grinste dann aber und fügte in anderem Ton hinzu: „Was ist denn schlecht an einer Missionarin? Nur klein, also das bin ich nun wirklich nicht! Übrigens: Versprich mir eins: Das war jetzt das letzte Mal für dieses Wochenende, dass der Name Gerstmaier fiel, okay? Wir haben Wochenende!!!"

„Gut, versprochen! Hoch und – dir zuliebe – heilig!"

Sonntag, 17. Mai, vormittags
Frühstück und Kirchgang

Dass es wirklich nicht ganz so einfach war, Privates von Dienstlichem zu trennen, musste auch Kommissar Bernd Kellert erfahren. Auch ihn ließ der Mord an dem Theologen nicht los. Schon Samstagabend war sein Sohn Tobias aus München angekommen, um das Wochenende in seiner Heimatstadt und bei seinen Eltern zu verbringen. Von Beginn seines Studiums an war er während der Vorlesungszeit meistens an seinem Studienort geblieben, kam nur alle vier oder fünf Wochen einmal zu Hause vorbei.

„Friedensberg ist total tote Hose", sagte er immer wieder, „aber in München, da ist immer was los!" Kellert sah es mit gemischten Gefühlen, dass sein Sohn so schnell selbstständig geworden war. Er bewunderte dessen Dynamik und den Willen, sich den eigenen Weg zu bahnen. Andererseits hätte er auch nichts dagegen, wenn die Kontakte zu den Eltern etwas häufiger und intensiver wären. Vor allem Beate Kellert litt unter den deutlichen Absetzbewegungen ihres Sohnes. Jenny in England, Tobias in München – die Gleichzeitigkeit, mit der ihre beiden Kinder flügge wurden, stellte ihre Mutter vor die Herausforderung, sich selbst ganz neu im Leben zu positionieren.

Heute Morgen war Beate Kellert glücklich. Jenny ging es gut. Und gestern Abend hatte sich Tobias nach einem kurzen Pflichtbesuch zu Hause – so hatte sie es empfunden – zwar schnell auf den Weg gemacht, um sich in irgendeiner Studentenkneipe mit seinen ehemaligen Kumpels zu treffen, die fast alle in Friedensberg geblieben waren, hier studierten, eine Ausbildung machten oder sich am Wochenende vom Stress des beruflichen Alltags erholten. Aber der Sonntagmorgen gehörte ihnen zu dritt. Tobias, immer schon ein Frühaufsteher, hatte von den Eltern unbemerkt das Frühstück zubereitet, frische Semmeln besorgt, Kaffee gekocht – obwohl er selbst morgens immer noch seinen seit Kindertagen gewohnten Kakao trank.

Vom Bimmeln eines Glöckchens geweckt, das früher immer am Heiligabend eingesetzt worden war, nun aber schon lange funktionslos als Dekorationsstück im Flur hing, hatten Beate und Bernd sich an den gemachten Frühstückstisch gesetzt und sich mit Zeit, Muße und Lust am Austausch gegenseitig von ihrem Alltagsleben erzählt. Dazu lief eine CD mit Vivaldis „Vier Jahreszeiten" leise im Hintergrund, Beates Musikgeschmack, den sie sonntagmorgens den anderen gern aufzuzwingen pflegte.

„Mamas Sonntagmorgenmusik", nannten Jenny und Tobias diese Art von Musikeinsatz. Da das bereits einer langjährigen Tradition entsprach, störte sich niemand mehr daran.

„Und, was denkst du, Tobi: War es die richtige Entscheidung, Wirtschaftsingenieurwesen zu studieren?", fragte Bernd Kellert seinen Sohn gerade. Er war angesichts des Studienwunsches seines Sohnes erst skeptisch gewesen, hätte ihn lieber auf dem klaren Weg in ein gesichertes Beamtenverhältnis gesehen. „Das passt schon, Paps", gab Tobias zurück. „Ist ein ganz schöner Stress, vor allem jetzt, im modularisierten System. Ständig Prüfungen, keine Wahlmöglichkeiten, alles vorgeschrieben! Dagegen war das Gymnasium echt easy. Aber es macht schon Spaß. Und im nächsten Jahr müssen wir dann ja für zwei Semester an eine ausländische Uni. Das plane ich gerade. Ich möchte am liebsten nach Buenos Aires oder Santiago de Chile. Lateinamerika ist cool und voll in." ‚Auch das noch', dachte Beate, hielt sich aber lieber zurück.

Bernd Kellert zog die Augenbrauen hoch, als er von den mittelfristigen Plänen seines Sohnes hörte. Auch ihm wäre es lieber gewesen, den Sohn öfter zu Hause zu sehen. Andererseits freute er sich über dessen Art, auf das Leben zuzugehen und die Möglichkeiten zu nutzen, die sich ihm boten. War er vielleicht auch ein bisschen neidisch? „Oh, so spät schon, Viertel nach zehn!", warf er ein, nachdem er einen Blick auf seine Armbanduhr geworfen hatte. „Und? Macht doch nichts, oder hast du irgendetwas vor, Paps?", fragte Tobias.

„Ja, das habe ich tatsächlich!", gab der zurück. „So? Davon weiß ich ja gar nichts!", fuhr Beate Kellert dazwischen. „Und darf man fragen was?" „Ihr haltet mich wahrscheinlich für ein bisschen verrückt" – Bernd Kellert druckste herum und schob die leere Kaffeetasse auf dem Tischtuch herum. „Ich will in die Kirche gehen!" Familie Kellert war ja formal tatsächlich katholisch, aber sonntags in die Kirche zu gehen, das hatten sie sich eigentlich schon vor vielen Jahren abgewöhnt. Nach der Zeit der Krabbelgottesdienste und der Erstkommunionvorbereitung mit den Kindern war das Kapitel Kirche fast abgeschlossen. Das Sakrament der Firmung hatten Tobias und Jenny noch mitgenommen, aber das war es dann auch schon wieder. Jetzt gingen sie meistens Ostern, immer am Heiligabend und sonst nur, wenn es einen besonderen Anlass gab, in den Gottesdienst.

Kein Wunder also, dass Beate Kellert erstaunt ihre Augenbrauen hochzog und Tobias ungläubig auflachte: „Was, Paps? In die Kirche? Bist du fromm geworden? Oder ist das schon das Herannahen des Alters?" „Schön vorsichtig, Freundchen!", spielerisch drohte Bernd Kellert mit dem Zeigefinger. „Nein, das hat was mit dem Fall zu tun, an dem ich gerade arbeite. Ein Theologieprofessor hier an der Uni ist ermordet worden und wir untersuchen alle Spuren." „Und warum willst du dazu in eine Messe gehen?", fragte der Sohn immer noch unsicher, ob sein Vater sich nicht doch einen Scherz mit ihm erlaubte. „Ich weiß nicht, aber je genauer ich den Laden kenne, umso eher fällt mir vielleicht auf, was da nicht stimmt. Komm doch mit!"

„Nein danke, das passt mir heute nun wirklich nicht!", winkte Tobias ab. „Ich wollte mich ja auch noch mit Micha treffen, das könnte ich dann vielleicht vorziehen. Zum Mittagessen bist du doch bestimmt wieder da, oder?" „Das will ich aber schwer hoffen", gab sein Vater zurück.

„Außerdem werde ich ja noch wegen Barry herumfragen, hatten wir doch so abgesprochen!", fügte Tobias an. Sein erster Blick, als er gestern nach Hause gekommen war, hatte dem Kater gegolten, der auch ihm sehr ans Herz gewachsen war – selbst wenn er das kaum zugegeben hätte. „Na, altes Barry-Vieh", rief er immer. Normalerweise kam Barry dann wie ein Pfeil angeschossen, sprang ihm auf den Arm und ließ sich genüsslich kraulen. Dieses Mal – nichts! Seine Mutter hatte ihm von dessen Verschwinden erzählt, dabei auch mit vorwurfsvollem Ton erwähnt, wie wenig sich ihr Mann darum gekümmert habe. „Und du, Mum?", hatte Tobias sich erkundigt. „Ich habe in der Nachbarschaft herumgefragt, keiner hat Barry gesehen", hatte sie bekümmert zurückgegeben. „Ich kenne Barrys Revier", hatte er sie getröstet, „ich werde morgen mal schauen, ob ich etwas herausfinde." Barrys Verschwinden war der einzige Schatten, der für Beate Kellert auf diesem Sonntag lag.

Gerade wandte sich ihr Gatte an sie: „Und du, Beate, kommst du mit? Ich würde mich freuen!" Sie riss sich sichtlich zusammen. „Dir zuliebe, mein Bester!", gab sie ironisch zurück und sang: „Sag mir wann, sag mir wo." „Es gibt da so eine Hochschulgemeinde, KHG heißt die. Da kommen fast nur Studierende und auch Lehrende der Uni hin, habe ich mir sagen lassen. Oft predigen da die Professoren. Die feiern ihren studentenzeitfreundlichen Gottesdienst um 11 Uhr, das könnten wir gut schaffen. Der findet auch gar nicht in einer richtigen Kirche, sondern im Gemeindezentrum statt. Das liegt in der Welsungengasse. Wenn wir uns beeilen, könnten wir zu Fuß gehen. Was meinst du?" „Okay! Dann bis mittags, Tobi! Viel Spaß!" „Ja, den wünsche ich euch auch", rief er hinter seinen Eltern her, freilich mit überdeutlich ironischem Unterton.

„Ich habe das Gefühl, dass wir hier deutlich overdressed sind. Das passiert uns ja auch nicht gerade oft", raunte Bernd Kellert seiner Frau zu. Sie hatten sich sonntäglich herausgeputzt, ohne es dabei zu übertreiben: er mit Hemd und Jackett, sie mit sommerlichem Rock und frisch gebügelter Bluse.

Die Welsungengasse hatten sie im mittelalterlichen Straßengewirr zwischen Dom und Schloss gleich gefunden, dann aber überrascht festgestellt, dass keiner von ihnen diese unscheinbare Straße jemals betreten hatte. Die Vielzahl der vor einem wenig auffälligen Haus abgestellten Fahrräder wies ihnen den Weg. Mit drei Meter hohen, lila Buchstaben war das Kürzel KHG zwischen dem ersten und zweiten Stock des ansonsten unscheinbaren Dreietagenbaus gemalt. Nur bei genauem Hinsehen konnte man oben einen winzigen kreuzgekrönten Dachreiter erkennen, in dem eine kleine Glocke hing.

Dann waren sie einigen leger gekleideten jungen Leuten gefolgt, die sie in den ersten Stock führten. Ein erstaunlich großer Saal öffnete sich, in hellen Farben bemalt, vorn in der Mitte eine Art größerer Tisch, dahinter ein Kreuz aus zwei dicken Ästen. In die Wand eingelassen fand sich ein kleiner Holzschrein – ‚Tabernakel' zuckte es aus fernen Kindheitserinnerungen durch Bernd Kellerts Gehirn –, weiter rechts stand ein kleines Lesepult, geschreinert aus nur wenig behandelten Fichtenbalken. Halbkreisförmig waren mehrere Hockerreihen auf dieses Zentrum ausgerichtet. Auf ihnen, aber auch vor ihnen auf dem Naturteppichboden saßen oder hockten an die achtzig Menschen. Die meisten waren jung, zwischen zwanzig und fünfundzwanzig, schätzte Bernd Kellert, aber es fanden sich auch ältere Gesichter, vierzigjährige, wenige um die sechzig.

‚Aha, so sieht also eine Hochschulgemeinde aus', dachte Kellert. Diese Form von Kirche war ihm völlig neu. Auch Beate Kellert staunte und blickte ihren Mann mit hochgezogenen Augenbrauen an. In der zweitletzten Reihe waren noch einige Plätze frei. Sie setzten sich, froh, einige der wenigen Stühle mit Lehnen ergattert zu haben. Jetzt erst blieb Zeit, sich in Ruhe umzuschauen. Sie wurden mit neugierigen, aber durchaus wohlwollenden Blicken gemustert. Durch Kleidung und Verhalten verrieten sie offensichtlich deutlich, dass sie keine Stammgäste – oder wie sagte man das hier? – waren.

‚Sieh da, einige bekannte Gesichter!', freute sich Bernd Kellert. Vorn in der ersten Reihe, das war doch dieser Se-

234

bastian Tränkner und rechts neben ihm seine Conny. Um sie herum fielen ihm einige weitere studentische Gesichter auf, die ihm bekannt vorkamen, ohne dass er konkrete Namen damit assoziieren konnte. Und da, zwei Reihen vor ihm – das war nun wirklich eine Überraschung – Silvia Hoberg, die Dekanatssekretärin, direkt neben Professor Brandtstätter, dem Pastoraltheologen.

Hinter ihnen ertönte ein tiefer warm-metallischer Ton, der sich angenehm im Raum verbreitete. ‚Eine Klang-schale', erkannte Beate Kellert sofort, die sich in Sachen Musik sehr gut auskannte. Vom Eingang her zog nun eine kleine Gruppe durch die Sitzreihen nach vorn. Vier Musi-kerinnen trugen ihre Instrumente mit: zwei Gitarren, eine Querflöte und ein Bernd Kellert unbekanntes, kastenför-miges Rhythmusinstrument.

„Ein Cajón!", raunte ihm seine Frau zu, die ahnte, dass er dieses Instrument nicht kannte, eine Information, die er ungerührt zur Kenntnis nahm. Ihn interessierte vielmehr, wer da hinter den Musikerinnen den Raum betrat: zu-nächst Professor Klauspeter Gehrke, der glatzköpfige Alt-testamentler. ‚Richtig, der ist ja auch Hochschulseelsorger', fiel es Kellert wieder ein. Heute hatte Gehrke sich ein wei-ßes Priestergewand umgelegt, dazu um die Schultern ein schmales Tuch mit rotbunten indianischen Motiven. ‚Wie sehr Kleidung einen Menschen bestimmt!', dachte der Kommissar, der sich jetzt nur mit großer Mühe das Bild des Professors im Hörsaal vor Augen führen konnte.

Neben Gehrke aber schritt, wie immer lässig-teuer ge-kleidet und mit stilsicher gestyltem Dreitagesbart, Professor Karlheinz Schulze-Vorrath! „Den hätte ich am allerwe-nigsten hier erwartet", murmelte Bernd Kellert zu seiner Frau, die ihn aber nur verständnislos ansah. ‚Richtig, dort vorn, erste Reihe links, die auffällige blonde Frau, das ist ja seine Gattin!' durchzuckte es Kellert, der sich an den kurzen, aber einprägsamen Auftritt erinnerte.

Die Musikerinnen stimmten eine Melodie an, angesiedelt irgendwo zwischen Folk und Rock. Die Gitarristin rief eine Nummer auf, siebenundachtzig. Sofort griffen die Menschen um sie herum eine Liedermappe, schlugen die entsprechende Seite auf und stimmten in den Gesang ein, geführt von der kräftigen Melodie der Querflöte. Kellert und seine Frau sahen sich an: ‚Gute Stimmung‘, so las er ihre Miene und nickte kaum merklich zur Bestätigung.

Die Grundordnung des sich nun entfaltenden Gottesdienstes kannten die Kellerts von ihren wenigen Kirchenbesuchen. Aber das man das *so* gestalten konnte, gleichzeitig locker, persönlich und lebendig, das war ihnen neu. Fast alle Texte lasen die Studierenden selbst vor, so dass der Eindruck entstand, dass es wirklich *ihr* Gottesdienst war. Gehrke hielt sich als Priester zurück, beschränkte sich auf wenige Gesten, Gebärden und Ansprachen, die er ruhig und konzentriert vollzog.

‚Was aber macht Schulze-Vorrath hier?‘, fragte sich Kellert. Der Professor hatte sich nach vorn in die erste Reihe gesetzt auf einen Platz, den ihm seine Frau ganz offensichtlich frei gehalten hatte. Ihm schien das Ganze zu gefallen, er sang mit, hörte aufmerksam zu, sprach die Gebetstexte der Gemeinde so laut mit, dass man seine Stimme deutlich heraushören konnte.

Warum der Professor heute hier war, wurde dann deutlich: „Die Predigt für heute hält mein geschätzter Kollege, Professor Schulze-Vorrath, den viele von euch kennen", kündigte Gehrke an, nachdem die Schrifttexte gelesen waren. Das selbstverständliche Du im Studentenkosmos

236

wurde auch hier konsequent eingehalten. Während sich Schulze-Vorrath lächelnd erhob und an das Lesepult trat, ertönte ein sanft summendes Geräusch. An der Rückwand fuhr eine Leinwand herab. Erst jetzt bemerkte Kellert, dass sich an der Decke des Raumes ein Beamer befand, der nun sein violettes Licht an die Wandfläche strahlte. Im Lesepult befand sich offensichtlich, den Augen der Zuschauenden verborgen, ein Laptop, den man von dort unschwer bedienen konnte.

„Oh nein!" Kellert entfuhr ein Seufzer. Beate Kellert schaute ihren Mann tadelnd von der Seite an. Seine spontane Unmutsäußerung hatte aber kaum jemand mitbekommen. Wenn es etwas gab, was Kriminalkommissar Bernd Kellert noch mehr zuwider war als die unumgängliche Schreibtischarbeit, dann so genannte Power-Point-Präsentationen. Wo immer er hinkam: Fortbildungen, Dienstbesprechungen, Sitzungen, Konferenzen – ständig arbeitete man seit einigen Jahren mit dieser Technik. Kurze Sätze auf buntem Hintergrund, sich aufplusternde Statistiken, allerlei Animations-Schnickschnack, Karten oder Schaubilder, Fotos, kleine Filmsequenzen – seine Kollegen liebten diese technischen Möglichkeiten.

Er hasste sie. Nicht nur, dass er sie automatisch eben mit all den Anlässen verband, die er sowieso nicht mochte, weil man ihn da sowieso nur zu belehren versuchte, nein: Er fand das auch steril. Die Sprecher durften nur vorgestanzte Sätzlein ergänzen; wenn es schlecht kam, lasen sie das vorn Geschriebene einfach nur vor. Das war alles so automatisiert, so wenig spontan, so langatmig! Manchmal bekam man die einzelnen Folien hinterher sogar noch als kopierte Ausdrucke oder elektronische Datei an die Hand – da brauchte man bei der Präsentation erst recht nicht aufzupassen. Und das jetzt auch noch hier, in einer Kirche, bei der Predigt!

Beate Kellert, weniger vertraut mit solchen Präsentationen, fand das Ganze spannend. Sie folgte genau und gebannt der Kombination aus Vortrag und Folien. Ihr Mann verweigerte sich – er schaltete innerlich ab. Worum es ging? Irgendetwas mit „warum es sich heute noch lohnt, ein Christ zu sein" … Bernd Kellert fand erst dann wieder in das Geschehen zurück, als die Leinwand hochfuhr und der Beamer ausgeschaltet wurde. Mit großem Interesse folgte er dann aber dem Geschehen der Gabenbereitung. In normalen Kirchen war ihm das immer wie ein rätselhafter Zauber vorgekommen. Hier aber beteiligte sich die Gemeinde: brachte die Gaben, deckte den Tisch, sprach Gebete vor und mit. Zum Friedensgruß reichte man sich nicht nur die Hände, einige umarmten einander, das Ganze gab ein ziemliches Durcheinander und dauerte einige Minuten.

Die beiden Kellerts schüttelten ein paar Hände von Umstehenden, das reichte ihnen dann aber auch. ‚Früher hätte mir das bestimmt auch gefallen', dachte Bernd Kellert, ‚das ist so spontan, so lebendig. Heute hab ich es gern ein bisschen ruhiger, geordneter, distanzierter. Du wirst alt, Bernd, du wirst alt.' Als alle wenig später nach vorn gingen, um die heilige Kommunion zu empfangen – nanu, hier wurde auch der Kelch mit Wein an alle gereicht! –, entschied er sich trotzdem spontan dazu, mit nach vorn zu gehen. Seine Frau blieb, wie einige andere auch, sitzen. ‚Schön, dass da kein Zwang herrscht', dachte er.

Mit einem englischen Schlusslied und einem Segen wurde der Gottesdienst beendet. Bernd Kellert blickte auf die Uhr. ‚Hmm, Viertel nach zwölf, ganz schön lang!', dachte er. Und auch jetzt blieben die Menschen einfach da,

238

kaum jemand verließ den Raum. Gespräche kamen auf, Begrüßungen, Gelächter. Klauspeter Gehrke nickte Bernd Kellert zu, als er den Raum verließ, nur um wenige Momente später in seiner normalen Kleidung zurückzukehren und sich unter die fröhlich miteinander plaudernden Leute zu mischen.

Sebastian Tränkner kam auf den Kommissar zu, begrüßte ihn scheu und war auch schon wieder verschwunden. Frau Hoberg winkte mit verhaltener Geste zu ihm hinüber, verließ aber als eine der Ersten den Saal. Mit breit ausladender Geste trat hingegen Professor Schulze-Vorrath auf die beiden Kellerts zu, neben ihm seine wirklich ausgesprochen attraktive Frau. Nach gegenseitiger Vorstellung äußerte er seine Verwunderung: „Sie habe ich hier ja nicht erwartet, Herr Kommissar!" – „Kellert! Kellert genügt!", warf dieser ein – „… und, wie fanden Sie meine Predigt?" „Wirklich ungewöhnlich und irgendwie spannend", antwortete Beate Kellert spontan, eine Antwort, die der Professor offensichtlich erwartet hatte, denn er lächelte selbstzufrieden.

‚Eitel also auch noch als Prediger', dachte Kellert, ‚so viel Selbstbestätigungssucht ist oft ein Zeichen von extrem schwach ausgebildetem Selbstbewusstsein', sagte aber: „Diese Power-Point-Präsentation, das war mir neu. Ist so etwas bei Predigten üblich?" „Nein, natürlich nicht", dröhnte Schulze-Vorrath, „aber bei den Amis ist das ganz normal. PPP nennen die das. Power-Point-Preaching. Ich versuche schon seit einiger Zeit, das bei uns auch durchzusetzen, aber die Herren Kollegen von der praktischen Zunft verweigern sich mal wieder der Gegenwart."

Bei den letzten Worten hatte er auf den Pastoraltheologen gewiesen, der sich kaum merklich zu ihnen gesellt hatte. „Nicht wahr, Kollege Brandtstätter?", fügte er nun süffisant hinzu. Dieser begrüßte zunächst die Anwesenden mit Handschlag, die Damen mit angedeutetem Handkuss und polterte dann los: „Power-Point, das ist für mich eine der neuen Plagen, mit denen die Menschheit geschlagen ist. Jaja, ich weiß schon" – wehrte er einen Einspruch seines Kollegen ab –, „viele von euch halten das für das Medium der Zukunft. Vorlesungen und Vorträge gehen ja fast nur noch so. Was braucht der Professor? Seinen Laptop, zumindest den Stick, auf dem alles gespeichert ist. Was braucht man bald nicht mehr? Den Professor!"

Er redete sich richtig in Rage, die im Trubel um sie herum aber nur von wenigen bemerkt wurde. Die Musikgruppe stimmte immer wieder ein neues Lied an, einige hatten sich dazu gesetzt und sangen mit. Beate Kellert wunderte sich über den Eiferer, ihr Mann freute sich, dass ihm endlich einmal jemand aus dem Herzen sprach. „Ist doch so", fuhr Brandtstätter fort. „Der Mensch ist nicht mehr nötig. Bau dir ein Programm aus Bildern und Worten, spiel den Sprechtext ab, und dann kann das jeder überall allein für sich abspielen." „Und, werter Kollege, was ist daran schlecht?", warf Schulze-Vorrath ein, den das Ganze eher zu amüsieren schien.

„Menschen lernen über Menschen, nicht über Maschinen!", gab der Pastoraltheologe zurück. „Lernprogramme in Sachen Religion, das ist pervers! Ein Du wächst am Gegen-Du, so ist das von Kindheit an. Ihre PPP vermittelt vielleicht Information, aber sie fördert nicht echtes Lernen. Ständig diese simplen Siebenwortsätze, da verkümmert das Hirn! Meine Studenten sollen lernen, wie man so zuhört, dass man das Gehörte auch versteht und sich daran erinnert. Der Glaube kommt vom Hören, mein Herr, nicht vom

Sehen! Sagt schon die Bibel!" „Aber wer kann das denn heute noch, zuhören? Das klappt ja schon in der Grundschule nicht mehr!", warf Beate Kellert ein, die von dieser Suada wenig überzeugt schien.

„Genau, gnädige Frau, ganz genau!", bestätigte Brandtstätter. „Aber warum? Weil sie von Kindesbeinen an mit Bildern und Filmen und bewegten Computerspielen überhäuft werden, unsere Kinder. Nein, wir müssen wieder zur Ruhe kommen und hören, nicht wie bei einer Werbesendung ästhetisch verführt werden." Hier wies er auf seinen Kollegen. „Hören und lesen, selbst denken lernen, darum geht es! Nicht seicht verführt werden mit einer netten, aber unverbindlichen Show. Und wir" – erneut blickte er auf Schulze-Vorrath – „... wenigstens wir Professoren sollten uns um die alte Kunst der guten, verständnisfördernden Rhetorik bemühen, nicht um die Produktion von seichter Theologen-Soap!"

„Bravo, bravo!" Zynisch klatschte Schulze-Vorrath in die Hände, sekundiert von seiner Frau, die über den Ausbruch des bulligen Professors offensichtlich sehr irritiert war. „Sehen Sie, Herr Kommissar, so ist er, unser Kollege Elmar Maria Brandtstätter: Streiter für die Beladenen, Mühseligen und Entrechteten dieser Erde und unbestechlicher Kritiker von allem, was neu ist und in die Zukunft weist. Ja, werter Kollege, ich würde auch gern so denken und lehren wie in den späten sechziger Jahren. Ehrlich, mein Guter! Aber leider sind wir nun einmal im 21. Jahrhundert. Und da gelten eben andere Regeln, guter Freund, tut mir leid! That's life!"

Brandtstätters Gesicht hatte sich dunkelrot gefärbt, sein Atem ging heftig, er stand offensichtlich kurz vor einem Infarkt. Er blickte die vier Menschen vor ihm an, schnappte nach Luft, atmete tief durch, wendete sich grußlos um und ging mit mächtigen Schritten aus dem Raum. „Was für ein Abgang! So ist er halt, unser Österreicher!", grinste Schulze-Vorrath. Beate Kellert war die Szene äußerst peinlich, aber ihr Mann hatte die Auseinandersetzung mit Spannung verfolgt. ‚Die wichtigen Informationen kriegst du meistens, wenn Menschen in einer Krise sind, aufgeregt, unkontrolliert', wusste er.

Nun nahm er Schulze-Vorrath am Arm und führte ihn auf den Ausgang zu. Die beiden Gattinnen folgten ihnen wortlos. Im Raum selbst waren unterdes mehrere Klapptische aufgestellt worden. Teller, Gläser und Besteck wurden auf den Tischen verteilt. Einige Studierende packten Dosen und Tüten mit Lebensmitteln aus – Salate, Brötchen, Obst –, man blieb hier offensichtlich zum spontan zusammengetragenen Mittagessen.

„Schatz, wir haben doch um halb eins einen Tisch im ‚Bären' bestellt", ermahnte die blonde Frau ihren Gatten, als sie aus dem Gebäude auf die Straße traten. „Zum Bären" war eines der edelsten Restaurants in Friedensberg, nur vier Straßen weiter. Trotz der kurzen Strecke wollten die beiden ihre Schritte nun zu dem goldenen Jaguar-Coupé lenken, das zwischen all den Fahrrädern vor dem Gebäude stand, im Halteverbot, aber das schien hier sonntags niemanden zu stören. „Herr Professor Schulze-Vorrath", meinte Kellert schnell, „ich habe noch eine kleine Bitte: Ich würde mir gern einmal ein Exemplar von Ihrer Dissertation ausleihen. Könnte ich mir morgen in der Fakultät eins abholen?"

Schulze-Vorrath blickte irritiert , entschied sich dann aber zu einer jovialen Antwort: „Was, jetzt lesen Sie auch noch theologische Bücher, Herr Kommissar! Willkommen im Club! Aber gern. Wissen Sie, eine Dissertation, die schon mehr als fünfundzwanzig Jahre alt ist und immer noch gedruckt wird, immer noch im Handel erhältlich ist, das ist schon etwas Besonderes. Ich glaube, in Deutschland einzigartig! Achte Auflage, Herr Kommissar, achte Auflage!"

Er grinste, hob die rechte Augenbraue und rieb Daumen und Zeigefinger der rechten Hand aneinander. „Klar", ergänzte er dann, „können Sie haben. Ich schenke Ihnen ein Buch" – und als Kellert mit abwehrender Geste das Angebot zurückweisen wollte – „doch, gern! Können Sie morgen in meinem Sekretariat abholen. Und jetzt dürfen wir uns empfehlen. Einen schönen Sonntag noch!"

„Na, gefällt er dir?", fragte Bernd Kellert seine Frau, als sie durch die sonntäglich ruhigen Straßen zurück zu ihrer Wohnung gingen. „Hmm", sie zuckte mit den Schultern, „weiß nicht. Die Predigt fand ich interessant, echt. Ich konnte so, also mit den Folien und allem, auch viel besser zuhören. Also langweilig ist der nicht, das steht einmal fest." Kellert nickte, während seine Frau weiterredete: „Aber im Gespräch ist er natürlich total großkotzig. Und seine – ein bisschen junge – Frau steht dabei wie ein Haustier. So wie den habe ich mir einen Theologen ganz und gar nicht vorgestellt, das ist mal klar. Dann doch lieber jemand wie dieser Brandstätter. Aber der ist auch eine Marke, oder? … Nur: Was bitte sollte das mit diesem Buch? Das willst du doch nicht wirklich lesen, oder?"

„Nein, natürlich nicht, so weit kommt es noch!", grinste ihr Mann zurück. „Aber ich wollte mal sehen, wie er auf die Frage reagiert. Und hineinschauen, das werde ich schon. Muss ich! Aber nicht heute, heute ist Sonntag. Morgen! … So, Tobias könnte schon zu Hause sein. Was machen wir

denn noch mit diesem angebrochenen Tag?" „Mal sehen!",
meinte Beate Kellert.

Montag, 18. Mai, vormittags
Wer suchet, der findet

Silvia Hoberg schloss die Tür des Dekanatssekretariats auf, genauso, wie sie es schon an ungezählten Montagmorgen getan hatte. Heute war ihr mulmig zumute. ‚*Schon* eine Woche her, *erst* eine Woche her!‘, dachte sie. Vor sieben Tagen, ziemlich genau um diese Uhrzeit, hatte sie ihren Chef, Dekan Anton Gerstmaier, tot nebenan aufgefunden.

Viel war seitdem passiert. Alles war anders, nichts mehr normal. Nein, sie trauerte ihm immer noch nicht nach, aber das Grundlebensgefühl hatte sich verändert. Sie hatte sich in ihrem Büro immer wohl, immer sicher gefühlt. Nun war sie voller Unruhe, konnte kaum einmal eine halbe Stunde auf ihrem Schreibtischstuhl sitzen bleiben.

„Verena?", rief sie, doch es kam keine Antwort. Die Tür zum Zimmer der Fachschaft war verschlossen. Am Vorabend hatte sie noch bei der Studentin angerufen, um sich mit ihr hier zu verabreden. Es wäre ihr einfach wohler gewesen, wenn sie an diesem Morgen nicht allein hier sein müsste, und sei es auch nur für kurze Zeit. Aber niemand war an das Telefon gegangen. ‚Seltsam‘, hatte Hobi gedacht, ‚auch im Hochschulgottesdienst war sie nicht. Was ist denn mit der los?‘

Sie selbst hatte es sich seit einigen Jahren angewöhnt, sonntags in die Welsungengasse zu gehen. Die dort übliche Art, den Gottesdienst zu feiern, sagte ihr mehr zu als die normalen Gemeindegottesdienste, die sie kannte. Der selbstverständliche Umgang mit den jungen Leuten gefiel ihr. Und dass sie evangelisch war, störte dort auch niemanden, genauso wenig wie die Tatsache, dass sie einer anderen Generation angehörte als die Mehrheit. Meistens traf sie dort auf Verena und andere ihr bekannte Studierende, manchmal blieb sie auch zum Mittagessen. Gestern war sie nicht recht in Stimmung gewesen und hatte sich lieber allein zu Hause etwas gekocht.

Sie zuckte hoch, als es an der geöffneten Bürotür klopfte, aufgeschreckt aus ihren Gedanken. „Ja?" „Entschuldigung, ich wollte Sie nicht erschrecken!", beruhigte sie die Stimme von Bernd Kellert. „Und erst einmal: guten Morgen!" „Guten Morgen, Herr Kommissar, eh, Herr Kellert!", gab sie – jetzt wieder ganz gefasst – zurück. „So früh schon auf den Beinen?" „Die Pflicht, wissen Sie, die Pflicht", meinte er und zog eine Grimasse. „Und, was kann ich für Sie tun?"

„Frau Hoberg, Sie haben mir doch am Freitag – dankenswerterweise – diese ganzen Unterlagen besorgt, diese Dissertationen und Habilitationsschriften. Da fehlt eine." „Wie, das kann doch gar nicht sein!?", wunderte sie sich. „Doch, das ist aber so. Ich habe es gründlich überprüft. Und zwar diese hier!" Kommissar Kellert wedelte mit einem Exemplar des Buches von Karlheinz Schulze-Vorrath durch die Luft. „Wie, aber Sie haben sie doch in der Hand!", wunderte sich die Sekretärin. „Ja, aber gerade frisch aus seinem Sekretariat abgeholt. Das ist nicht das archivierte Exemplar aus der Bibliothek. Denn das fehlt eben!"

„Hmm." Silvia Hoberg erhob sich. „Ich bin mir ganz sicher, dass ich das damals für den Dekan mit herausgesucht hatte. Genau, da war ein hässlicher gelber Fleck auf dem Umschlag und ein mit Tesa überklebter Riss an der Seite, deshalb erinnere ich mich. Am Freitag habe ich natürlich nicht mehr genau kontrolliert, ob alles da ist. Dann muss der Herr Dekan es noch haben. Ich meine: Dann muss das Buch noch irgendwo sein, wo der verstorbene Herr Dekan es hat liegen lassen. Kommen Sie!"

Sie verließen das Dekanatssekretariat und trafen dort auf Prodekan Kösters, der gerade dabei war, das Dekanat aufzuschließen. „Guten Morgen, wir müssten da gerade noch einmal zu Ihnen in das Büro!", meinte Kellert. „Sie gestatten doch!" „Gewiss, gewiss", stotterte Kösters, immer noch sehr unsicher. „Was brauchen Sie denn? Vielleicht kann ich Ihnen helfen?" „Wir suchen nach der Erstausgabe dieses Buches." Kellert zeigte auf das Werk in seiner linken Hand. „Ein Exemplar davon muss hier irgendwo sein." Kösters wunderte sich, sagte aber kein Wort.

„Mist, ich war mir so sicher!", musste sich der Kommissar eine halbe Stunde später zugestehen. Sie hatten das ganze Büro auf den Kopf gestellt – keine Spur. „Vielleicht hat er es zu Hause", gab er resigniert zu. „Dem werde ich nachgehen. Ihnen beiden" – er nickte der Sekretärin und dem Prodekan zu – „wünsche ich noch einen guten Tag und eine gute Woche!" „Und Ihnen alles Gute bei der Aufklärung des Falles!", rief ihm Kösters hinterher. ‚Das klingt ja, als traute er mir das nicht zu', dachte Kellert verstimmt, besann sich dann aber auf sein weiteres Vorgehen.

„Guten Morgen, Herr Kommissar", grüßte ihn eine leise, hohe Männerstimme, als er eben um eine Ecke in den Fluren des Fakultätsgebäudes bog. Er blickte auf: „Morgen, Herr Dr. Schachner!", meinte er dann, froh, dass ihm der Name von Mühlsiepes Assistent sofort eingefallen war. ‚Moment!', ein Gedanke schoss ihm durch den Kopf. Irgendetwas hatte er übersehen. Schachner, Schachner … Richtig, der war ja letzten Montag als Erster hier gewesen, danach hatte er noch gar nicht gefragt.

Er drehte sich eilig um und rief: „Äh, Herr Schachner, Entschuldigung!" Der junge Mann in Priesterkragen und schwarzem Anzug war seinerseits stehen geblieben, überrascht von der unvermuteten Aufforderung. „Ja, bitte?", stammelte er irritiert, als Kellert zu ihm aufgeschlossen hatte. „Ich wollte Sie noch etwas fragen: Was wollten Sie eigentlich von Gerstmaier, als Sie letzten Montag so früh hier waren und nach ihm gefragt hatten?"

Schachner lief rot an und blickte hektisch nach rechts und links. „Müssen wir das hier besprechen, Herr Kommissar?" Kellert nickte entschlossen. Der Priester schaute auf die angelehnte Tür eines Seminarraums in unmittelbarer Nähe, zog sie auf und fand den Raum leer. „Dann bitte hier!", sagte er leise, wies dem Kommissar einen Stuhl an einem der Tische zu und setzte sich selbst auf die andere Seite. „Von mir aus, dann eben hier", knurrte Kellert und blickte mit strengem Blick auf sein Gegenüber. Er spürte, dass der Assistent ihm etwas anvertrauen wollte, das nicht für die Ohren anderer bestimmt war. „Ähem, also es ist so", räusperte sich Schachner. „Dekan Gerstmaier wollte mich zum Geschäftsführer der Fakultät ernennen. Das wäre eine feste Anstellung mit einer Dauerperspektive. Deshalb wollte er ja auch das Fachschaftszimmer freiräumen. Wir hatten eigentlich alles verabredet und wollten nur noch klären, ab wann mein Vertrag gelten sollte."

Kellert schaute überrascht auf: „Und ihre Assistentenstelle bei Professor Mühlsiepe?" Schachner druckste herum, das Thema war ihm ganz offensichtlich äußerst unangenehm. „Die hätte ich gekündigt. Dekan Gerstmaier meinte, es wäre für meine kirchliche Karriere nicht unbedingt förderlich, mich ausgerechnet bei Mühlsiepe zu habilitieren. Stimmt ja auch: Der hat nun einmal binnenkirchlich einen schlechten Ruf. Und wissenschaftlich ist er auch nicht mehr auf dem aktuellen Stand. Insofern war ich dem Dekan für das Angebot äußerst dankbar! Er hatte mir auch schon einen neuen Betreuer besorgt." ‚Soso, die Ratten verlassen das sinkende Schiff!‘, dachte Kellert, ließ sich aber äußerlich nichts anmerken. ‚Aber dreist, wie dieser Gerstmaier vorging! Wirbt auch noch Mühlsiepes Assistent ab. Die haben sich aber auch wirklich nichts geschenkt.‘

„Verstehe ich das richtig?", fragte er nach. „Diese Stelle sollte neu für Sie geschaffen werden, oder? Woher hätte die denn kommen sollen?" „Nun", wieder druckste Schachner herum und rutschte auf der Stuhlfläche hin und her, „das weiß ich nicht so genau. Aber alle Fakultäten haben solche Stellen, das braucht man heute einfach. Für die Drittmitteleinwerbung, die Forschungskoordination, die Strukturierung der Verwaltung und so. Ich glaube, der Dekan wollte irgendeine Stelle im Mittelbau dafür kürzen. Aber was das betrifft, hat er mich nicht in seine Pläne eingeweiht." ‚Aha‘, ging es dem Kommissar durch den Kopf. ‚Na, wenn das mal nicht die Assistentinnen-Stelle von Frau Professorin Mechtersheim war, die der feine Herr Dekan da streichen wollte.‘ Und ganz nebenbei hätte er auch noch die gute Hoberg kaltgestellt. Raffinierter Plan!

„Äh, Herr Kommissar", sprach Schachner weiter, „noch etwas. Ich weiß, dass viele hier im Haus nicht gut auf den Dekan zu sprechen waren. Aber glauben Sie mir: Der war korrekt. Und hat sich mit Haut und Haar für die Fakultät eingesetzt, ach was: aufgeopfert. Das vergessen seine lieben Kollegen nur allzu gern." ‚Ach Bürschchen‘, dachte Kellert müde, ‚entweder spielst du mir etwas vor oder du bist einfach nur naiv. Wahrscheinlich Letzteres. Wenn du wüsstest, was ich weiß, würdest du nicht so reden.'

Er ließ den Blick durch den kahlen, schmucklosen Raum wandern und sagte stattdessen: „Danke für Ihre Einschätzung. Schön, dass Sie sich auch noch nachträglich für den Dekan aussprechen. ... Und: Wird das nun etwas mit Ihrer Stelle, auch ohne Gerstmaier, was denken Sie?" Schmallippig antwortete der junge Mann: „Das werden wir sehen. Und wenn nicht, dann bleibe ich eben bei Mühlsiepe. Sie sagen ihm doch nichts, oder?" Kellert erhob sich. „Nein, warum sollte ich? Das ist Ihre interne Angelegenheit." Und damit ließ er den Theologen grußlos stehen und wandte sich dem Ausgang zu. Er nahm sein Smartphone aus der Tasche, tippte einige Zahlen ein, horchte auf den Ton und sagte dann: „Dominik? Kannst du mich an der Theologischen Fakultät abholen? ... Nein, ich bin zu Fuß. ... Ja? ... Gut, bis gleich!"

Kriminalkommissar Bernd Kellert wartete vor dem Eingang zum Fakultätsgebäude. ‚Eher eine Ausladung als eine Einladung einzutreten', dachte er, während er das mächtige und sperrige Holztor betrachtete. Zufällig würde man das Gebäude nicht betreten, so viel stand fest. Aber vielleicht war das ja gerade Sinn und Zweck dieser trutzigen Abwehrfront? In den Fahrradständern rechts vor dem Gebäude verloren sich zwei rostige alte Damenräder, daneben ein neuwertiges Sportfahrrad, ganz links hing einsam ein mit einem Ringschloss befestigtes Vorderrad ohne Rahmen. ‚Klar, auch hier wird geklaut!', schoss es Kellert durch den Kopf. ‚Aber was will man denn mit einem Fahrrad ohne Vorderrad?'

„Ja grüß Gott, der Herr Kommissar", tönte eine mächtige Bassstimme direkt hinter ihm, so dass Kellert erschrocken herumfuhr. Professor Brandtstätter natürlich! „Guten Morgen!", grüßte er zurück und versuchte, sich sein Erschrecken nicht anmerken zu lassen. „Sie sind aber schon früh dran, oder?", setzte er hinzu.

„Ausnahmsweise, Herr Kommissar! Aber ich habe heute und morgen ein Blockseminar, da muss ich eben schon so früh hier sein. Sonst bin ich froh, wenn ich den Kasten hier" – er deutete auf den Fakultätsbau – „erst am Dienstag betreten muss. Ach, und wegen gestern" – er trat mit vertraulicher Miene auf den Polizisten zu. „Ich habe mich da ein bisschen hineingesteigert, nichts für ungut. Dieser Schulze-Vorrath reizt mich eben bis aufs Blut. Ich kann solche blasierten Typen nun einmal nicht ausstehen. So selbstgefällig! So angepasst! Glaubt der eigentlich, was er da so sagt? Fährt dieses Protzauto und faselt was von Nachfolge Jesu! So was kann mich fürchterlich aufregen. Da sind mir selbst solche Typen wie der Gerstmaier lieber, da weiß man wenigstens, woran man ist. Der hat zumindest nie etwas anderes behauptet als das, was er selbst gelebt hat. Das muss man ihm immerhin lassen!"

Kellert schaute nachdenklich zu dem massigen Mann vor ihm auf. Eine Gruppe junger Frauen, offenbar Studentinnen, schlenderte auf das Tor der Fakultät zu. „Guten Morgen, Herr Professor!", rief eine, während einige eher verlegen in eine andere Richtung schauten. „Servus, die Damen!", rief Brandtstätter jovial zurück, winkte mit der rechten Hand und fügte hinzu: „Bis gleich!" Dann wandte er sich wieder Kommissar Kellert zu: „Die gehören zu meiner Seminargruppe, wissen Sie!"

Damit wollte er sich verabschieden, Kellert hielt ihn aber zurück, er hatte sich dazu entschieden, einer spontanen Eingebung zu folgen. „Einen Moment noch, Herr Brandtstätter!" Er fasste den Professor am Ärmel und zog ihn sanft zur Seite, so dass sie niemand hören konnte. „Ich wollte Sie noch etwas fragen."

„Aber nur kurz, bitte!", knurrte Brandtstätter zurück und blickte den Kommissar neugierig, aber misstrauisch an. „Jaja, dauert nicht lange", besänftigte ihn Kellert. „Und bitte: Was ich jetzt sage, ist vertraulich und soll es auch bleiben!" Der Professor rollte mit den Augen und hob beschwörend die mächtigen Hände, als wollte er sagen: ‚Ist doch klar!' „Es sieht so aus, als ob Dekan Gerstmaier über alle Mitglieder der Fakultät eine Art Geheimarchiv eingerichtet hatte. Um sie damit gegebenenfalls, sagen wir mal, gefügig zu machen."

„Ja, das habe ich gehört", unterbrach Brandtstätter ungeduldig. „Klara, also Frau Mechtersheim, hat mir von ihrem Gespräch erzählt. Die sollten Sie übrigens nicht unterschätzen, Herr Kommissar! Klara Mechtersheim ist eine ausgezeichnete Wissenschaftlerin und sehr gute akademische Lehrerin. Sehr beliebt bei den Studierenden! Und eine Kämpferin, ganz auf ihre eigene Art, dort wo es sein muss. Na ja, sie hat ja wohl alle völlig unnötigen Verdachtsmomente gegen sich ausräumen können, oder?"

Kellert schaute ihm in die Augen und versuchte streng zu blicken. Nicht leicht bei einem solchen Gegenüber. „Um all das geht es doch gar nicht", sagte er mit offiziell klingender Stimme. „Mich interessiert vielmehr, ob er nicht auch gegen Sie etwas in der Hand hatte, Professor Brandtstätter." „Hoho!", lachte der mächtige Mann und schüttelte sich. „Ach, daher weht der Wind. Ja, guter Mann" – ‚Bitte nicht diese Anrede', dachte Kellert, schwieg aber – „da kann ich Sie beruhigen. Da war er bei mir an der falschen Adresse, der Herr Dekan! Das hat er auch schnell gemerkt, glauben Sie mir das! Hoho!"

Kellert hakte, neugierig geworden, nach: „Wie? Hat er denn auch versucht, Sie zu – ähm – beeinflussen?" „Erpressen meinen Sie, nennen wir es doch beim Namen! Klar hat er das, aber nicht mit mir, nicht mit mir!" Brandtstätter hatte die rechte Faust geballt, ein beeindruckender Anblick, und hieb sie in seine ausgestreckte Linke.

„Darf ich fragen, womit er Ihnen gedroht hat?", fragte Kellert nach, selbst überrascht über den eher nachgiebigen Ton seiner Frage. „Dürfen Sie, Herr Kommissar. Einerseits mit meiner vorgeblichen Beziehung zu Frau Mechtersheim – absolut lächerlich, das wissen Sie ja. Ihr hätte er damit vielleicht schaden können, mir nicht. Ich wäre nun wahrlich nicht der erste Priester oder geistliche Professor, der eine Beziehung unterhält, Zölibat hin oder her. Aber ich, ich lebe nun einmal zölibatär. Sogar gern. Als Ordensmann ist das vielleicht leichter möglich, ich weiß es nicht."

„Und andererseits?", unterbrach Kellert die Gedanken seines Gegenübers. „Wie?", fragte der zurück und schaute stumpf auf den Polizisten vor ihm. „Sie hatten gesagt ‚einerseits' habe der ehemalige Dekan Sie mit dieser Geschichte erpressen wollen. Was andererseits?"

„So, endlich nennen Sie es auch Erpressung!", räumte Brandtstätter zufrieden ein. „Ja, da gab es noch etwas. Warum sollte ich es Ihnen nicht sagen. Er warf mir vor, Spendengelder veruntreut zu haben, so war das." Kellert blickte ihn mit fragendem Blick an.

„Das war so", ergänzte Brandtstätter seufzend. „Ich habe eine Art Sozialstation gegründet als Auffangstation für herumstreunende Kinder und Jugendliche. In Frankfurt und Berlin. Sie glauben gar nicht, wie viele völlig verwahrloste Kinder und Jugendliche es gibt, übrigens auch hier, im schönen Friedensberg. Klar, kein Vergleich zu den Großstädten!

Die sind heimatlos, abgehauen, was weiß ich. Jedenfalls kümmert sich kein Mensch um die, keiner! Zumindest so lange, wie sie nicht polizeilich erfasst werden. Klar, die klauen. Klar, da gibt es Gewalt, Prostitution, Drogen, Alkohol – was Sie sich nur vorstellen können. Na ja, und ich will denen die Möglichkeit geben, da irgendwie herauszukommen. Irgendwo sesshaft zu werden, vielleicht einen Beruf zu erlernen. Das gelingt nicht oft, leider. Aber ein paar Erfolge können wir aufweisen, doch."

„Und was hat das nun mit dem Dekan zu tun?", drängte Kellert. „Nun, wir finanzieren uns fast ausschließlich durch Spendengelder. Mein Orden trägt die Einrichtungen mit, klar, sonst ginge das gar nicht. Aber ohne Spenden eben auch nicht. Und als Christ muss man hier doch etwas tun, oder?" Kellert nickte, niedergezwungen von der predigtartigen Rhetorik des Professors. „Nun, manche helfen direkt und andere eben mit Geld, das ist schon in Ordnung so", fuhr Brandtstätter fort.

„Aber?", mischte sich der Kommissar ein, der sich doch nicht so ganz das Ruder der Gesprächsführung aus der Hand nehmen lassen wollte. „Aber", nahm der Professor den Impuls auf, „das ist eben so eine Sache mit den Spenden. Sehen Sie, mal kriegt man da fünfzig Euro in die Hand gedrückt, mal woanders zweihundert. Und mal steckt man diesem Jugendlichen einen Zehner zu, wenn er's unbedingt braucht, mal dieser anderen einen Zwanziger. So ist das nun einmal. Wir bemühen uns schon um saubere Buchführung, das müssen wir ja auch als eingetragener, gemeinnütziger Verein. Aber es ist einfach völlig unmöglich, sämtliche Einnahmen und Ausgaben einhundertprozentig genau zu erfassen. Das ist doch auch sinnlos. Diese Bürokratie erstickt doch alles."

„Und Gerstmaier hat versucht, Ihnen Unregelmäßigkeiten nachzuweisen, oder wie?", fragte Kellert nach. „Es gibt keine

Unregelmäßigkeiten!“, donnerte Brandtstätter zurück. „Jeden Cent an Spendengeldern liefere ich ab, jeden Cent! Beleg hin oder her! Und einiges von meinem Professorengehalt dazu, das können Sie mir glauben! Das ist ganz offiziell mit meiner Ordensleitung so abgesprochen.“ Bedrohlich und aufgeregt hatte er sich vor Kellert aufgebaut. Der versuchte ihn zu beruhigen: „Moment, Moment, *ich* glaube Ihnen das ja. Aber darum geht es doch nicht. Es geht doch um den Erpressungsversuch von Gerstmaier.“

Brandtstätter beruhigte sich sofort und verzog sein Gesicht zu einer Grimasse. „Ach, entschuldigen Sie, Herr Kommissar, aber so etwas regt mich eben furchtbar auf. Da versucht man zu helfen und kriegt von überall her Knüppel zwischen die Beine geworfen. Ja, genau das hat Gerstmaier auch versucht, da haben Sie schon Recht. Aber nicht mit mir, nicht mir Elmar Maria Brandtstätter!“

„Wie haben Sie denn reagiert, als er Sie zu erpressen versuchte?“ „Na, Sie kennen mich ja inzwischen ein bisschen, natürlich bin ich ganz ruhig geblieben ...“, erwiderte der Professor schmunzelnd. „Nein, im Ernst. Ich bin wohl etwas lauter geworden, habe ihm gesagt, dass er bloß versuchen soll, mich öffentlich oder heimlich anzugreifen. Er würde schon sehen, was er sich damit einhandeln würde!“

„Was denn?“, unterbrach der Kommissar. „Ach, interessant, dass Sie das fragen. Genau diese Frage hat Gerstmaier nämlich auch gestellt, genau mit denselben Worten!“ „Und?“ „Na ja.“ Brandtstätter kratzte sich am Kinn und grinste. „Mag sein, dass ich mal zufällig nebenbei erwähnt habe, ich könnte ihm dann ja mal ein paar von meinen Jungs vorbeischicken, mag sein.“

Kellert blickte ihn entgeistert an. Brandtstätter hob abwehrend die Hände: „Hätte ich doch nie gemacht, Herr

Kommissar, ist doch klar. Ich bringe meine Jungs doch nicht noch zusätzlich in Schwierigkeiten. Aber Sie glauben gar nicht, wie wirksam dieses Sätzlein war" – er unterbrach sich und fügte verschmitzt hinzu –, „wenn ich es denn gesagt habe."

‚Nein, mit dem legt man sich am besten wirklich nicht an', dachte Kellert, der sich völlig unklar darüber war, ob er diesen ungewöhnlichen Ordensmann sympathisch fand oder nicht. „Nun, danach war jedenfalls Ruhe!", schloss Brandtstätter seinen Bericht ab. „Zufrieden, Herr Kommissar?"

„Gut jedenfalls, dass Sie mir das erzählt haben", räumte Kellert ein, überlegte kurz und fragte dann doch noch einmal nach: „Ach sagen Sie: Wann haben diese Auseinandersetzungen mit dem Dekan denn stattgefunden?" „Warten Sie mal." Brandtstätter schaute erst auf den Datumsanzeiger, dann auf das Zifferblatt seiner Armbanduhr, riss entsetzt die Augen auf und meinte dann eilig: „Das war Ende Februar, glaube ich, vielleicht auch Anfang März. Irgendwann am Anfang der vorlesungsfreien Zeit. Ich muss jetzt aber wirklich los, mein Blockseminar, Sie wissen ja. Oder gibt es noch etwas wirklich Dringendes?" „Nein, passt schon", erwiderte Kellert. „Gutes Gelingen!" Mit mächtigen Schritten war der Professor schon davongeeilt.

Vorsichtig löste sich eine Gestalt von einem Auto, das vor wenigen Minuten auf den Parkplatz der Fakultät eingebogen war, wie Kellert aus einem Augenwinkel beobachtet hatte: Dominik Thiele! „Morgen, Chef!", grüßte er. „Dachte, dass ich besser nicht störe. Ziemlich heftiges Gespräch, oder? Irgendetwas Wichtiges?" „Morgen Dominik." Kellert begrüßte seinen Mitarbeiter per Handschlag, er legte Wert auf diese inzwischen als altmodisch geltende Umgangsform. „Gut, dass du im Hintergrund geblieben bist. Nein, nichts Wichtiges für den Fall. Oder doch: Brandtstätter war's nicht!"

„Das haben wir aber auch nie wirklich angenommen, oder?", merkte Thiele an. „Nein, aber jetzt wissen wir's – soweit man überhaupt etwas wissen kann", entgegnete der Kommissar, kramte sein Notizbuch hervor und wies auf den Dienstwagen, der auf dem Parkplatz stand. „Danke, dass du mich abholst. Komm, wir fahren zu Gerstmaiers Wohnung. Du weißt ja, wo das ist!"

„Hat sich eigentlich eure Katze wiedergefunden?", fragte Thiele unvermittelt während der kurzen Autofahrt durch Friedensberg. „Uh, schlechtes Thema", seufzte Kellert, „nix, keine Spur von dem Vieh!" Insgeheim hoffte er, dass der Kater verschwunden blieb. Wäre doch keine schlechte Art, ihn loszuwerden? Klar, seine Frau und vor allem Jenny wären echt traurig, vielleicht sogar sauer auf ihn, wer weiß? Irgendwie würden sie ihm die Schuld für das Verschwinden geben, das spürte er. Na ja: das würde sich irgendwann auch legen. „Tobias, also mein Sohn, hat gestern Plakate aufgehängt. ,Kater verschwunden' und so. Mit Bild und allem Drum und Dran. Mal sehen, ob das was bringt."

Eine Viertelstunde später standen die beiden Polizisten im privaten Arbeitszimmer des verstorbenen Dekan Gerstmaier. Dominik Thiele hatte bei Frau Bächtle, Gerstmaiers ehemaliger Hausdame, angerufen und sie gebeten, ihnen den Raum zu zeigen. „Da war aber doch schon jemand von der Polizei da letzte Woche!?", hatte sie sich gewundert. ,Kollege Meesters von der Spurensicherung', hatte Thiele gedacht. ,Der konnte aber noch gar nicht wissen, wonach er eigentlich suchen musste.' „Keine Sorge", hatte er der Haushälterin versichert, „wir müssen nur noch einmal rasch etwas überprüfen."

Während Kellert noch Haus und Gelände bestaunte, hatte sein Assistent wieder an den Beziehungsfaden zu der Haushälterin angeknüpft und mit seinem jugendlichen Charme erreicht, dass sie ihnen das Arbeitszimmer für einige Zeit überließ. ‚Sieht ein bisschen übernächtigt aus, der Knabe!‘, hatte Kellert bei sich gedacht, als er sich seinen Mitarbeiter näher angesehen hatte. Nun aber durchsuchten sie das Zimmer systematisch. Das war nicht leicht. Lange und deckenhohe, sorgsamst geordnete Bücherreihen türmten sich in maßgeschreinerten Regalen an allen Wänden um die drei Fenster herum. Der riesenhafte Schreibtisch aus Eiche thronte in der Raummitte.

‚Tatsächlich, kein Computer‘, stellte Kellert staunend fest. Während Thiele die Bücher inspizierte, untersuchte Kellert den Schreibtisch. Die penible Ordnung half ihm ein wenig. Bleistift und Füller lagen zentimetergenau parallel zur Tischkante. Papiervorrat, Brieffächer, Kästchen für Büroklammern und Heftzwecken – alles hatte seinen genauen Platz. „Alles genau so, wie es der Anton hinterlassen hat", hatte Frau Bächtle versichert. „Ich habe nur einmal Staub gewischt."

Um die mächtigen Schreibtischschubladen zu öffnen, brauchte Kellert richtiggehend Kraft. In der ersten fanden sich vor allem Rechnungen, Belege, mit Jahreszahlen versehene Ordner mit der Aufschrift: ‚Lohnsteuer‘, ‚Versicherungen‘, ‚Krankenkasse‘, ‚Auto‘ und so weiter. ‚So ordentlich möchte ich das auch mal haben‘, seufzte Kellert, für den allein die Erstellung der Lohnsteuerjahreserklärung in jedem Frühling eine wahre Horrorvorstellung auslöste. Ende Mai, in zwei Wochen, wäre es wieder so weit! Auch wenn Beate ihm die meiste Arbeit abnahm, musste er selbst doch immer wieder mehrere Stunden an kleinlicher Schreibtischarbeit einkalkulieren. Die hasste er schon im Büro, und das dann auch noch zu Hause!

Als er die zweite Schublade öffnete, war er zunächst überrascht. Gar keine Ordnung, stattdessen ein erstaunliches Durcheinander, das Kellert sehr an seine eigene Art von ‚Ordnung' erinnerte. Hier fiel es aber aus dem Rahmen. Aktuelle Ausgaben von Fachzeitschriften mit so spannenden Namen wie „De Juris Canonici", ein Flyer der Stiftung „Pro Ecclesia Catholica", ein Werbeprospekt für das Fürstentum Liechtenstein und dann – Kellert pfiff laut durch die Zähne – das gesuchte Exemplar, deutlich erkennbar an einem großen, gelb schimmernden Fleck auf dem reichlich zerschlissenen Umschlag, den ein mit Tesa überklebter Riss zierte.

„Na also, da ist es ja!" Triumphierend reckte er seine Beute in die Höhe. „Karlheinz Schulze-Vorrath: Crossing the Borders. Theozentrischer Pluralismus als Paradigma des interreligiösen Dialogs." „Gut, dann muss ich hier wenigstens nicht weitersuchen!", meinte Thiele erleichtert, der sich mühsam von Buchreihe zu Buchreihe gekämpft, jedes Buch herausgezogen, kurz untersucht, in den dahinterliegenden Raum im Regal gestarrt hatte, ohne ganz genau zu wissen, auf was er eigentlich achten sollte. „Und, Chef, was machen wir jetzt damit?" „Das weiß ich auch noch nicht. Ich werde es mir jedenfalls genau anschauen. Bleib du bitte hier und check den Schreibtisch noch einmal ganz genau ab, nicht dass wir da etwas übersehen!" „Und du?" „Ich gehe ins Büro und studiere, wie es sich gehört! Nett, wie ich bin, lass ich dir den Wagen da und gehe zu Fuß. Tut mir ganz gut. Also, bis später!"

Montag, 18. Mai, mittags
Ein Buch, ein Brief, ein Plan

Unterwegs änderte Bernd Kellert seine Pläne. ‚Viel zu schönes Wetter, um ins Büro zu gehen', dachte er. So kaufte er sich in einer Bäckerei ein belegtes Brötchen und eine kleine Flasche Mineralwasser, suchte sich im alten Park eine leere Bank und setzte sich. Während er sein Mittagsmahl verzehrte, blickte er um sich. Männer in seinem Alter gab es hier eigentlich gar nicht. Drei Gruppen von Menschen fielen ihm ins Auge: lärmende und tobende Schulkinder, Mütter mit Kinderwagen und/oder Kleinkindern in ihrem Gefolge, alte Menschen, die scheinbar ziellos ihre Zeit verbrachten. ‚Zeitvertreib', das Wort passte hier perfekt. Auf der Bank rechts neben ihm saßen zwei ältere Männer, die kein einziges Wort sprachen. Weiter hinten fütterte eine alte Frau ein paar Spatzen. Sie sprach ununterbrochen – aber mit den Vögeln.

‚So, dann wollen wir mal', sprach Kellert zu sich selbst, klopfte die Brötchenkrümel von Hemd und Hose und nahm sich das Buch vor. Außer den Beobachtungen, dass es abgegriffen war und sich die Klebebindung an einigen Stellen zu lösen begann, fiel ihm zunächst nicht viel auf. Das Buch hatte eine Bibliotheksregistratur, die es als Neuzugang des Jahres 1987 auswies. Obwohl es öffentliches Besitzgut war, fanden sich zwei verschiedene Arten von Bearbeitungsspuren. Zum einen gab es inzwischen weitgehend verblichene Unterstreichungen mit einem Kuli, die sich aber auf die Einleitung beschränkten, wie er schnell feststellte. Andere Unterstreichungen mit Bleistift waren ganz frisch und zogen sich durch das Buch, jeweils fein säuberlich mit Lineal gezogen.

Kellert hielt das Buch schräg gegen die Sonne. An wenigen Stellen konnte man mit Mühe erkennen, dass hier Unterstreichungen wegradiert worden waren. ‚Da war ein äußerst penibler Leser am Werk‘, dachte der Kommissar, ‚ich würde sagen: ein Typ wie jemand, dessen Schreibtisch ich heute Vormittag untersucht habe.‘

Er kontrollierte zunächst Seite um Seite, gegen Ende hin wurde er nachlässiger. Fast hätte er so ein einmal gefaltetes Blatt Papier übersehen, das etwa dreißig Seiten vor Schluss fest in die Bindung des Buches gezwängt war. Kellert war schon zwei Seiten weiter, als ihm sein Hirn ein Signal sendete. Schnell blätterte er zurück, zog das Blatt behutsam heraus und betrachtete es.

Er pfiff leise durch die Zähne und dachte: ‚Na also, Anglerglück!‘ ‚Feines unlinertes Briefpapier im DIN-A5-Format, zur Hälfte geknickt‘, notierte er sich im Geiste. Die kleine Handschrift war in sauberen, penibel wirkenden Zeichen gesetzt, die blauvioletten Buchstaben waren kaum untereinander verbunden, neigten aber ängstlich nach links. Die Zeilen hingegen fielen beständig kleiner werdend nach rechts ab. ‚Ohne Frage eine weibliche Schrift‘, fügte er hinzu. Kellert entfaltete das Blatt. Oben in der Mitte markierte eine zwischen Bindestriche gesetzte Zwei die Zählung. Sofort griff er erneut nach dem Buch und suchte es noch einmal gründlich durch. Nichts! Es gab nur dieses eine Blatt. Er las:

*keine andere Wahl. Sie werden gewiss verstehen, dass
ich diesen Brief nicht gern schreibe. Aber ich möchte,
dass die Gerechtigkeit siegt. Das bin ich mir und meinem
Sohn schuldig. Ich möchte jedoch nicht, dass er davon
etwas erfährt. Manchmal ist es besser, nicht alles zu
wissen.*

*Sehr geehrter Herr Dekan, ich lege Ihnen diese Angele-
genheit ans Herz. Sorgen Sie für Gerechtigkeit, das ist
mein dringlicher Wunsch. Vielleicht ist es meine letzte
Bitte.*

*Unbekannterweise, Ihre
Gisèlle Montferaux*

PS: Anbei die erwähnten Unterlagen!

‚So, langsam wird es spannend!‘, dachte Kommissar Kellert. ‚Schauen wir mal. Was steht fest? Erstens ist das ein
Brief an den ‚Herrn Dekan‘. Da die Tinte noch einigermaßen
frisch aussieht, ist es auch höchst wahrscheinlich, dass er an
Dekan Gerstmaier gerichtet war, nicht an einen Vorgänger.
Zweitens lagen dem Brief Unterlagen bei, die etwas beweisen
konnten – was auch immer. Drittens geht es um irgendeine
Ungerechtigkeit, die in dem Brief auf dem ersten Blatt ge-
schildert wird. Viertens hat den Brief diese Dame Montferaux verfasst, die einen Sohn hat, der von der ganzen Angelegenheit aber nichts wissen soll. Gleichwohl soll er davon
profitieren. Hmmm … Zu klären ist damit erstens: Wo ist
das erste Blatt, wo der Anhang mit den Unterlagen? Zweitens: Ist es ein Zufall, dass dieses Blatt in diesem Buch lag?
Drittens: Um was geht es bei der ganzen Angelegenheit? Und
viertens: Hat das etwas mit dem Mord an Dekan Gerstmaier

zu tun?' Er seufzte, streckte sich und dachte dann: ‚Okay, gar nicht schlecht: vier Tatsachen, vier Fragen. Vier zu vier, unentschieden. Schauen wir mal, wie wir das Spiel zu unseren Gunsten wenden können ...'

Kellert machte sich auf den Weg zum Kommissariat, traf dort auf Thiele und informierte ihn über die Entwicklungen. „Schon klar, Chef", sagte der, noch bevor Kellert ihm einen Auftrag geben konnte. Es galt zunächst, die Verfasserin des Briefes ausfindig zu machen. Thiele setzte sich an seinen Computer und begann mit den Nachforschungen. „Fehlanzeige!", rief er nach wenigen Minuten. „In Deutschland ist niemand unter diesem Namen gemeldet! Das habe ich aber auch nicht erwartet. Der Name verweist doch irgendwie ins französischsprachige Ausland."

„Denke ich auch", gab sein Chef zurück. „Das Problem ist nur, dass wir an die Daten von dort nicht so ohne weiteres herankommen. Da müssen wir offizielle Eingaben machen, das kann dauern. Schau mal: Frankreich, Schweiz, Belgien, Luxemburg ..." „Und wenn es hart auf hart kommt: Kanada", ergänzte Thiele. „Warte, ich versuche erst mal etwas anderes!"

Er tippte den Namen bei Google ein. „Mist. Viel zu viele Einträge: Schau hier: 32 522. Soll ich die jetzt etwa alle abchecken?" „Nein, warte, Dominik, ich habe noch eine Idee", unterbrach Bernd Kellert. „Das ist doch komisch formuliert hier in dem Brief: ‚Vielleicht ist es meine letzte Bitte.' Klingt irgendwie so wie ein letzter Wunsch, oder? Schau doch mal, ob eine Frau dieses Namens in den letzten Jahren als verstorben gemeldet ist."

„Geht es nicht ein bisschen weniger dramatisch?", fragte Thiele skeptisch zurück. „Aber okay, es kann ja nicht schaden." Er tippte einige Zeichen ein. Kurz darauf pfiff er laut durch die Zähne, ließ einen Ausdruck vom Suchergebnis erstellen und drückte seinem Chef das noch druckerwarme Papier in die Hand. „Na also, das könnte sie doch sein!", rief Kellert.

Der vor ihnen liegenden Sterbeanzeige entnahmen die beiden Polizisten, dass im März diesen Jahres, also vor knapp zehn Wochen, in Evion-le-Bains eine Gisèlle Montferaux in ihrem sechsundfünfzigsten Lebensjahr gestorben und begraben worden war. Die Anzeige war von ihrem Sohn Julian aufgegeben worden: „für meine über alles geliebte Mama", übersetzte Thiele mit Mühe. „Ja, das könnte passen", meinte er und fragte seinen Chef: „Evion-le-Bains, hast du eine Ahnung, wo das liegt?" „Nein, nie gehört. Klingt jedenfalls schön!"

„Ah, hier haben wir's!", rief Thiele nur Sekunden später, denn natürlich hatte er die Frage gleich an seine Suchmaschine weitergegeben. „In der Schweiz, am Genfer See!" „Aha", erwiderte Kellert ohne erkennbaren Enthusiasmus. „Und was sagt uns das?" ‚Genfer See, Genfer See', ging es Thiele durch den Kopf. ‚Wo habe ich das denn vor kurzem schon einmal gehört?' Es fiel ihm aber nicht ein, also antwortete er: „Vermutlich, dass da nun einer von uns hinfahren sollte. Ich melde mich freiwillig. Mai am Genfer See, das klingt doch verlockend, oder?" „Schön hiergeblieben!", unterbrach Kellert alle Träumereien seines Assistenten. „Das kriegen wir auch anders heraus. Außerdem brauche ich dich hier! Und ich habe schon eine Idee, wie wir vorgehen. Du weißt doch: Methode Attacke!"

Montag, 18. Mai, nachmittags
Gleich zwei Geständnisse

„Also den Weg kenne ich langsam auswendig", murmelte Thiele, als sie wieder einmal zur Theologischen Fakultät fuhren. Dieses Mal hatte er gleich darauf verzichtet, seine Musik anzuschalten. Immerhin, der Dekans-Parkplatz war frei. Der goldene Jaguar stand zwei Plätze weiter links. „Tschüss, ich wünsche euch einen schönen Nachmittag!", rief Professor Kösters soeben. Er stand am Rand des Parkplatzes und winkte einer leicht rundlichen, sympathisch wirkenden Frau und einem vielleicht siebenjährigen Mädchen hinterher, die soeben mit ihren Fahrrädern davonfuhren. ‚Aha, Gabi und Sophie', dachte Kellert, ‚ja, die Kleine sieht wirklich süß aus.'

„Sie schon wieder?" Fragend blickte der Prodekan auf die beiden Polizisten. „Ja, wir wollen zu Professor Schulze-Vorrath. Ist er im Haus?", erklärte Kellert mit seiner offiziellen Dienststimme. „Warten Sie", Kösters blickte auf seine Armbanduhr „halb drei, ja, da müsste er gerade in seiner Vorlesung sein. Hörsaal IV. Aber Sie können ihn da jetzt nicht stören." „Das müssen Sie schon mir überlassen", erwiderte Kellert knapp und ging mit raschen Schritten in das Gebäude hinein, Thiele folgte ihm. Kösters blickte den Polizisten nach, ob verärgert oder besorgt, ließ sich nur schwer entscheiden.

„Hier, Hörsaal vier, zwei Türen!", sagte Thiele, nachdem sie in den ersten Stock hinaufgestiegen waren. „Hinten oder vorn?" „Lieber hinten", entschied Kellert. Lautlos öffneten sie die Tür. Vor ihnen öffnete sich ein heller Hörsaal, der aus etwa zwanzig Tischreihen bestand. In jeder Reihe hatten vielleicht zehn oder zwölf Studierende Platz. Der Hörsaal war etwas über die Hälfte gefüllt. ‚Viele junge Frauen', dachte Thiele. ‚Sieh an, auch hier sind die ersten Reihen frei', dachte Kellert. Vorn rechts saßen einige junge Männer beisammen, deutlich abgesetzt von den anderen Studierenden. ‚Die Herren Priesterseminaristen, darauf möchte ich wetten', ging es Kellert durch den Kopf.

Die meisten Studierenden hatten Block und Stift bereit, notierten ab und zu etwas. Ganz vorn saß eine Studentin mit geöffnetem Laptop, die ihre Aufzeichnungen gleich in die Tastatur tippte. Zwei oder drei andere hantierten unter ihren Schreibtischen mit ihren Handys herum, verschickten oder lasen eine SMS. Rechts außen saß ein blassgesichtiger Student, der spielte unter der Bank mit seinem Smartphone irgendein Computerspiel, schaffte es aber problemlos, den Eindruck eines aufmerksam der Vorlesung folgenden Zuhörers zu erwecken.

Weiter hinten hingen einige über den gekreuzten Armen auf der Tischplatte. ‚Nachmittagsschläfchen', dachte Thiele, ‚auch keine schlechte Idee.' Sie konnten keine bekannten Gesichter entdecken. Bis auf Professor Schulze-Vorrath natürlich, der sich vorn spreizte und mit angeregter Stimme dozierte. Die Power-Point-Präsentation zeigte gerade irgendeine Textstelle an, aus der mal diese, mal jene Wörter in immer unterschiedlichen Farben hervorgehoben wurden. „Das ist ja gerade das Aufregende an Nostra Aetate, dass den Religionen hier ein eigener Wert zugestanden wird", betonte er gerade. Da bemerkte er die beiden unerwarteten Gäste. Kellert gab ihm durch einen Wink ein Zeichen.

Schulze-Vorrath runzelte die Stirn, stoppte das Programm und sagte: „Entschuldigt bitte, meine Lieben, kleine Pause. Lest doch bitte den Text, da machen wir dann gleich weiter! Muss gerade etwas klären!" Jetzt erst bemerkten die Studierenden die beiden Polizisten. Sofort setzte ein munteres Getuschel ein. Kellert bat den Professor vor die Tür. Kaum auf dem Flur, fragte der ungehalten: „Was ist denn nun schon wieder? Müssen Sie mich wirklich mitten in meiner Vorlesung stören? Grundvorlesung Fundamentaltheologie: ‚Religion und Religionen‘, für Studienanfänger, wissen Sie?", fügte er hinzu.

„Also: Was kann ich für Sie tun, meine Herren?" „Keine Angst, wir wollen Sie nicht lange stören, Herr Professor", meinte Kellert teils begütigend, teils mit seiner förmlichen Amtsstimme, wie Thiele sehr wohl bemerkte. Er war neugierig, wie sein Chef vorgehen würde. „Nur eine Frage: Sagt Ihnen der Name Gisèlle Montferaux etwas?" Schulze-Vorrath wich zurück. Fast schien es, als würde er bleich, das war im Neonlicht des Flures aber nicht eindeutig zu erkennen.

„Ja", gab er dann zu, „aber ich verstehe überhaupt nicht, wieso Sie mich das jetzt und hier fragen, das ist privat!" „Bitte antworten Sie nur auf meine Fragen", gab Kellert kühl und bestimmt zurück. „Was wissen Sie über diese Frau?" Schulze-Vorrath rang sichtlich um seine Fassung: „Das ist der Name meiner ersten Frau", stammelte er dann. „Nein, nicht meiner ersten Frau, also unsere Ehe wurde annulliert. Das … das ist alles sehr kompliziert und gehört nun wirklich nicht hierher!"

„Gut, können wir Sie nach der Vorlesung in Ihrem Büro sprechen?", fragte Kellert. „Ja gewiss, ja, kommen Sie, ich bin hier um Viertel vor vier fertig!" Sichtlich verstört ging er in den Hörsaal zurück. Wenig später hörten sie, dass er die Vorlesung weiterführte.

„Genfer See, natürlich!", platzte es aus Thiele heraus und er schlug sich zweimal mit der flachen Hand an die Stirn. Kellert blickte ihn irritiert an. „Der Schulze-Vorrath hat doch in Lausanne studiert und promoviert und da seine erste Frau kennen gelernt!" Kellert starrte immer noch völlig verständnislos auf seinen Mitarbeiter. „Ach so, Bernd, das habe ich dir ja noch gar nicht erzählt. Also hör zu."

Dann erklärte er seinem Chef, was er am Wochenende in privatem Rahmen über den Professor in Erfahrung gebracht hatte. Und auf welche Weise. Kellert schüttelte ungläubig den Kopf: „Du sprichst mit der Obmöller über unseren Fall! Ja, bist du jetzt völlig verrückt geworden, oder was? Hey Dominik, das kann dich wirklich in Teufels Küche bringen! Ich hatte doch ausdrücklich gesagt, vermische dein Privatleben nicht mit deinem Berufsleben! Mann!" „Aber … aber Chef, dadurch haben wir doch jede Menge wichtiger Informationen bekommen, oder nicht?", rechtfertigte sich der junge Mann, sichtlich verwirrt und eingeschüchtert. „Schon gut", brummte Kellert, der sich soeben an seine eigenen Wochenendbeschäftigungen erinnert hatte, bei denen er seinen Ratschlag ja selbst nicht befolgt hatte.

„Und jetzt?", fragte Thiele. Sein Chef schaute ratlos vor sich hin. „Irgendetwas stimmt da nicht, wenn ich nur wüsste, was!", knurrte Kellert. „Komisch ist diese Geschichte mit der Annullierung der Ehe ja schon. Und dieser Sohn, dieser" – „Julian!", rief Thiele dazwischen – „Genau der! Ist das nun ein leiblicher Sohn unseres verehrten Herrn Professors?" „Fragen wir ihn halt!", riet Thiele. „Wir müssten einfach noch mehr über ihn wissen", überlegte Kellert. „Wie kommen wir nur an Informationen heran?"

„Ach, wir könnten ja diese ehemalige Assistentin von ihm zu Rate ziehen, die kennt ihn ganz gut." „Tja, versuchen könnten wir das mal", gab der Kommissar eher skeptisch zurück. Schon hatte Thiele sein Handy gezückt, tippte einige Zahlen ein, murmelte vor sich hin „Mal sehen, ob sie zu Hause ist", wandte sich von seinem Chef ab und wartete. Nach wenigen Sekunden nickte er: „Hallo, ich bin's! ... Jaja, ich dich auch ... Nein, im Dienst ... Du, ich habe eine Bitte, könntest du mir die Handynummer von dieser Caroline geben ... Na, der Möckner! ... Okay! – Könntest du mitschreiben, Chef?", wandte er sich an Kellert. Wenig später diktierte er ihm die Angaben. „Gut danke, tschüss! .. ja, ich dich auch. Bis heute Abend!"

Kellert zog die Augenbrauen hoch und grinste spöttisch, Thiele zog eine Grimasse. „Also, ich versuch es mal!" Wieder tippte er eine Zahlenkombination ein. „Ja, hier Dominik Thiele. ... Ja, genau der! .. Könntest du bitte lauter sprechen, ich verstehe dich nur schlecht! ... Ich bin mit meinem Chef an der Uni. ... Ja, in eurer Fakultät ... Ach, du auch? In der Bibliothek? ... Wir hätten da noch einige Fragen, meinst du, du hättest ein paar Minuten Zeit? ... Ja, mir zuliebe, okay? ... Prima! In der Cafeteria. Bis gleich!"

Dann wandte er sich wieder an seinen Chef: „Wir haben Glück, Bernd. Die sitzt in der Bibliothek. Kommt aber herunter und nimmt sich die Zeit. Du, bitte, sei freundlich, okay!? Die steht nicht so auf die Polizei, wenn du weißt, was ich meine!" Kellert verzog das Gesicht. ‚So, ich soll ihn nicht blamieren, was? Hat Angst, dass er sich für den Alten entschuldigen muss, hm?' „Keine Angst, ich kann mich ja benehmen!", knurrte er. „Hey, Chef, so war das nicht gemeint!", beschwichtigte Thiele.

Im Erdgeschoss des Fakultätsgebäudes befand sich eine Cafeteria. Hier gab es kalte und warme Getränke, dazu Brötchen, Gebäck und Süßigkeiten. Kellert holte sich eine Wurstsemmel und einen Kaffee in einem braunen Instantbecher. ‚Noch nichts von Nachhaltigkeit gehört, was?‘, knurrte er in sich hinein. Im Polizeipräsidium war man längst zur Benutzung von wiederverwendbarem Geschirr übergegangen.

Thiele hatte sich schon an einen der hässlichen Plastiktische gesetzt. Ein paar Minuten nach drei. Es war nicht viel los. Wahrscheinlich liefen gerade die Vorlesungen oder Seminare. Nur ganz hinten hockten zwei tief über ihren Tisch gebeugte Studentinnen, die sich innig und gestenreich unterhielten. Nach kurzer Zeit kam eine kurzhaarige, drahtig und eher männlich wirkende Frau durch die Tür, stutzte und ging dann mit freundlichem Lächeln auf die Polizisten zu. „Hey, grüß dich", sagte sie zu Thiele, der sich erhoben hatte und mit einem Küsschen links, einem Küsschen rechts begrüßt wurde. Vor seinem Chef war ihm das ein bisschen peinlich, sah er doch dessen breites Grinsen aus dem Augenwinkel.

Er löste sich aus der unfreiwilligen Umarmung und stellte die beiden einander förmlich vor: „Gestatten? Das ist Caro, äh, Caroline Möckner, Doktorandin der Theologie. Das ist mein Chef, Kommissar Bernd Kellert!" „So, so", grinste Caroline Möckner, begrüßte Kellert mit „Hallo" und reichte ihm die Hand. „Hey", gab dieser betont lässig zurück, „schön, dass Sie sich die Zeit nehmen können. Wir haben noch ein paar Fragen zu Professor Schulze-Vorrath, den Sie ja ganz gut kennen." „Gut kennen, das ist zu viel gesagt", bremste die Frau zu hohe Erwartungen von vornherein aus, „ich habe halt drei Jahre beim Charly – so nennen wir den nun einmal – gearbeitet."

„Uns interessiert vor allem die Zeit, bevor er nach Friedensberg kam", fügte Kellert an, wurde aber von der Frau unterbrochen „… von der ich natürlich direkt keine Ahnung habe." „Ja, das ist mir schon klar!", gab der Kommissar zurück, der spürte, dass es hier erst einmal um das Ausloten der Spielregeln des Gespräches ging. „Kannten Sie seine erste Frau oder wissen Sie etwas über sie?" Caroline Möckner schaute Dominik Thiele mit tadelndem Blick an. Das hatte sie doch alles schon erzählt! „Nein, die kenne ich nicht und über die weiß ich auch nichts!", gab sie etwas genervt zurück.

„Hmm, vielleicht ja doch, ohne dass Sie sich dessen bewusst sind, überlegen Sie noch einmal!", bohrte Kellert nach. „Nein, nichts, sorry!", war ihre knappe Antwort. „Schade. Aber vielleicht ist Ihnen etwas ganz anderes aufgefallen. Irgendetwas mit der Dissertation des Professors." Caroline Möckner machte große Augen: „Mit der Dissertation? ,Crossing the Borders' meinen Sie? Was sollte mir daran aufgefallen sein? Klar, das Buch habe ich gründlich studiert. Die Arbeit begründete doch Charlys Ruhm. Wurde in fünf Sprachen übersetzt, als Dissertation! Das heißt schon etwas! Wo die meisten Dissertationen doch ungelesen irgendwo in den Bibliotheken verstauben."

Dominik Thiele musste grinsen. Dass die im wahrsten Sinne des Wortes verstauben, hatten er und sein Chef ja noch vor kurzem ganz direkt erleben dürfen. Caroline Möckner hatte unterdes weitergesprochen: „Und die Bücher, die er seitdem geschrieben hat, greifen alle immer wieder darauf zurück."

„Ist er wirklich so erfolgreich?", fragte Dominik Thiele dazwischen. „Doch, das glaube ich schon. Er gehört zu den wenigen Theologen in Deutschland, die in den Medien präsent sind. Er kann schreiben, was er will, es verkauft sich

immer ganz gut. Und er hat schließlich schon zwei Ehren-
doktortitel, den einen von einer Uni irgendwo in den USA,
den anderen in Frankreich. Doch, doch, das ist schon eine
außergewöhnliche Erfolgsbiographie, die der Charly da vorweisen kann."

Caroline Möckner dachte nach und strich sich dabei über
die schwach hennagefärbten Kurzhaare. „Warten Sie mal,
jetzt, wo Sie fragen, fällt mir doch etwas ein. Keine Ahnung,
ob das wichtig ist!" „Was denn?", hakte Kellert sofort nach.
„In unserem Doktorandenkreis damals war auch eine Frau
aus Spanien, Dolores Irgendwas, weiß ich nicht mehr. Die
hat ‚Crossing the Borders' und zwei neuere Bücher von
Charly ins Spanische übersetzt. Die sind dann zusammen
vor zwei, drei Jahren dort publiziert worden. Und die hat
gemeint, dass die Sprache irgendwie anders war."

„Hä? Verstehe ich nicht", platzte Thiele dazwischen.
„Na, die meinte, dass die Sprache von ‚Crossing the Borders'
anders sei als bei den beiden neuen Büchern. ‚Beim Übersetzen merkt man das genau', hat sie gesagt, ‚ein anderer Stil
eben'." „Aber das ist doch ganz normal", gab Kellert zu bedenken. „Das eine ist eine Doktorarbeit, das andere sind –
wenn ich das richtig verstanden hab – populärwissenschaft-
liche Bücher für Normalleser, oder? Außerdem liegen da
Jahre dazwischen, natürlich entwickelt sich der eigene
Schreibstil weiter – nehme ich doch mal an." „Weiß ich
nicht", antwortete Caroline Möckner, „ich gebe ja nur wieder, was die Übersetzerin damals gesagt hat. Ich kann das
selbst gar nicht beurteilen."

„Gibt es sonst noch etwas, was Sie uns über Schulze-Vorrath sagen können?", fragte Kellert nach einer Weile.
„Nein ... doch", verbesserte sich die Theologin. „Sie finden
ihn wahrscheinlich ziemlich ... wie soll ich sagen ... groß-

kotzig, oder?" Thiele nickte heftig und grinste. Kellert schmunzelte und wiegte den Kopf.

„Ist ja okay, das denken alle", meinte Frau Möckner, „und das stimmt ja irgendwie auch. Aber wenn man ihn besser kennt, dann weiß man, dass er irgendwie auch nur ein großer Junge ist. Verletzlich, wissen Sie? Und erstaunlich unsicher! Und auf seine Weise auch liebenswert!" Damit verabschiedete sie sich, beim einen herzlich, beim andern förmlich.

„Hmm, ‚verletzlich‘, ‚unsicher‘? So tritt der aber nicht auf. Oder was denkst du, Bernd?", wandte sich Thiele an seinen Chef. „Nein, das ist genau wie bei mir", gab der mit sanfter Stimme zurück, „der erste Eindruck täuscht. Eigentlich bin ich ganz lieb … Nee, quatsch, war nur ein Scherz!", fügte er dann mit Normalstimme hinzu. „Du hingegen scheinst dich ja ganz gut in das Studentenleben eingewöhnt zu haben, mein Lieber. Wirst geduzt, mit Küsschen empfangen und verabschiedet …" „Nur kein Neid, Chef! Was tut man nicht alles, um einen Fall zu lösen? … Apropos Fall lösen! Was jetzt?"

„Ja, was jetzt? Ich glaube, ich habe da so eine Idee, was da lief. Aber keine Beweise. Wir müssten einfach mal sein Arbeitszimmer untersuchen, vielleicht finden wir da, was wir suchen", meinte Bernd Kellert. „Oder sein Haus!" „Äh, Chef?", fragte Thiele unsicher zurück, „was suchen wir denn eigentlich?"

„Antworten, Dominik, Antworten! Und ein Motiv, und ein Briefblatt, und irgendetwas, was als eindeutiger Beweis gilt." Thiele schaute mit kritischem Blick auf seinen Chef. Aber mehr wollte der offensichtlich nicht sagen. „Aber einen Durchsuchungsbefehl bekommen wir doch niemals!", gab er zu bedenken. „Kein Untersuchungsrichter wird uns den bei der Sachlage ausstellen." „Das ist ja das Ärgerliche!

Warte, ich habe eine Idee. Wann ist die Vorlesung von Schulze-Vorrath vorbei?"

„Um Viertel vor vier, hat er gesagt", gab sein Assistent zurück. Kellert erhob sich und ging mit sicheren Schritten auf den Ausgang der Cafeteria zu. Thiele hörte ein „Gut! Los, komm!" und war auch schon aufgesprungen, um seinem Chef zu folgen.

Schulterzuckend folgte Thiele seinem Chef. Sie stiegen in den dritten Stock hinauf, suchten die Zimmertüren ab, blieben schließlich vor einer Tür stehen. „Prof. Dr. Dr. h. c. mult. Karlheinz Schulze-Vorrath" stand auf dem Schild links neben der Tür. „Sprechstunde nur nach Anmeldung im Sekretariat nebenan." „Warte mal", knurrte Kellert, drückte den Türgriff herunter, aber nichts tat sich. Die massive Tür war verschlossen. „Mist! Das wäre aber auch zu schön gewesen! Dann eben anders …" Energisch klopfte er an die Tür des direkt danebenliegenden Sekretariats. „B. Vorhölzer. Sekretariat Fundamentaltheologie. Öffnungszeiten Mo–Do 10–12" stand auf der kleinen Infotafel. Keine Antwort. Noch einmal klopfte Kellert. Dieses Mal tönte eine gedämpfte männliche Stimme: „Herein!"

„Guten Tag, Herr Vorhölzer", grüßte Kellert beim Eintritt in das Sekretariat. Auf der einen Seite zweier aneinandergeschobener Schreibtische saß ein gepflegter Mann um die dreißig – Seidenkrawatte, Maßanzug, notierte Kellert innerlich – und tippte etwas in seinen Computer. „Oh nein, das ist ein Irrtum", sagte der Mann lächelnd. Frau Vorhölzer ist unsere Sekretärin und die ist nicht da. Die hat schon Feierabend. Halbtags, wissen Sie."

Inzwischen war er aufgestanden und streckte ihnen lächelnd die Rechte entgegen. „Gestatten, Andreas Bergmann, Assistent hier am Lehrstuhl" – ‚Ach, der!', dachte Thiele –

„und Sie sind die beiden Herren von der Polizei, stimmt's? Na ja, Sie fallen schon auf bei uns, das ist doch klar. Vielleicht kann ich Ihnen behilflich sein."

„Danke, sehr liebenswürdig!", sagte Kellert unerwartet höflich, wie Dominik Thiele fand. „Das können Sie tatsächlich. Sehen Sie, wir haben uns mit Ihrem Chef zu einem Gespräch verabredet. Er müsste bald kommen, direkt nach seiner Vorlesung. Könnten Sie uns bitte schon einmal in sein Zimmer lassen?"

‚Aha, daher weht der Wind!', dachte Thiele. ‚Ganz schön geschickt!' Bergmann wirkte unsicher: „Tja, ich weiß nicht, ob ich das darf." „Aber wir haben es doch mit Ihrem Chef so abgesprochen", insistierte Kellert. ‚Was so nicht ganz stimmt', ergänzte Thiele im Geiste. „Nun gut, wenn das so ist, bitte kommen Sie mit!" Bergmann nahm einen Schlüssel aus dem Schubfach des Sekretärinnen-Schreibtisches und schloss ihnen auf. „Vielen Dank!", nickte Kellert ihm zu und wies ihn höflich, aber deutlich aus dem Raum.

„So, da wären wir!", strahlte Kellert und rieb sich die Hände, sichtlich mit sich zufrieden. „Ein paar Minuten haben wir noch. Los! Aber vorsichtig! Muss ja keiner bemerken!" Mit verhaltenen, aber sehr genau kalkulierten Bewegungen begannen sie, das Zimmer so abzusuchen, dass sie keine Spuren ihrer Tätigkeit hinterließen. Gleichzeitig mussten sie die Tür im Auge behalten. Ohne Absprache entschieden sie sich für die gewohnte Arbeitsteilung: Kellert nahm sich den Schreibtisch vor, Thiele die Regale und Wandschränke. Da sie nicht wussten, was genau sie suchten, kamen sie langsamer vorwärts als erhofft.

„Hier, Exemplare seiner Dissertation!", rief Thiele. Tatsächlich: ‚Crossing the Borders' in acht deutschsprachigen Ausführungen, pro Auflage eine, dann Ausgaben in Englisch,

Französisch, Spanisch, Holländisch und Kroatisch. „Das hilft uns nicht weiter!", bestimmte Kellert, der mit kurzem Blick die folgenden zwei Regalmeter gestreift hatte, allesamt Titel mit dem Namen Schulze-Vorrath.

In der obersten Schreibtischschublade fanden sich nur Unterlagen für Lehrveranstaltungen, wie Kellert bei rascher und notgedrungen oberflächlicher Durchsicht erkannte. Die zweite war versperrt. Kurz entschlossen zückte der Kommissar einen gebogenen Metalldraht, der sich an seinem Schlüsselbund befand, und hantierte an dem Schloss der Schublade herum. Thiele blickte kurz zu ihm hinüber, ließ ein „ts, ts" vernehmen, aber Kellert knurrte nur „Muss sein!".

Er zog die Schublade auf: Briefe, Rechnungen, Dokumente aller Art ohne erkennbare Ordnung. Mit schnellem Griff blätterte er durch die Unterlagen. Da, zwischen mehreren größeren Kopien ein kleines geknicktes, tintenbeschriebenes Blatt im Format DIN A5! Kellert nahm es an sich, blickte kurz darauf, da öffnete sich die Tür: Schulze-Vorrath!

‚Mist', dachte Kellert, ‚der hat seine Vorlesung ein paar Minuten früher beendet.' „Was ist denn hier los? Meine Herren, ich verlange eine Erklärung!", polterte der Professor los. Da war nichts mehr zu spüren von süffisanter oder ironischer Pose. Blitzschnell hatte Kellert das Papier im Ärmel seines leichten Pullovers verschwinden lassen. Unhörbar rückte er die geöffnete Schublade ins Schloss.

„Ich konnte nichts machen. Die haben behauptet, alles sei so mit Ihnen ausgemacht", rief jammernd und unterwürfig Bergmann, der hinter seinem Chef das Zimmer betreten hatte. „Schon gut!", bellte der. „Darüber reden wir noch. Jetzt raus! ... und ..." – nun wieder den Polizisten zugewandt – „was fällt Ihnen eigentlich ein, hier einfach so einzudringen?" ‚Ich glaube, er hat nichts gemerkt', dachte Kellert, stand auf und ging zu dem Professor hinüber.

„Wieso eindringen? Ihr Assistent hat uns doch aufgeschlossen! So hatten wir das doch verabredet, oder?" ‚Dreist!', dachte Thiele. „Mein junger Kollege hier" – Kellert wies auf seinen Mitarbeiter – „hat gerade die von Ihnen verfassten Bücher bestaunt. Ganz schön viele, Respekt, Herr Professor! Und ich wollte einmal an einem so wunderbaren Schreibtisch sitzen. Sie glauben ja gar nicht, wie armselig unsere Amtszimmer bei der Polizei möbliert sind."

Schulze-Vorrath schien geschmeichelt, beruhigte sich jedenfalls. „Nun gut, setzen wir uns doch!" Damit wies er auf eine Sitzgruppe an einem der beiden Fenster des Büros. „Also. Was wollen Sie hören?" „Sie haben zugegeben, dass Gisèlle Montferaux Ihre erste Frau war", begann Kellert, wurde aber gleich von seinem Gegenüber unterbrochen, der nun keineswegs mehr den charmanten Professor spielte.

„Was heißt hier ‚zugegeben'? Da gibt es nichts zuzugeben, das war so. Punkt, aus!" „Diese Ehe ist dann aber später annulliert worden, oder?", setzte Kellert nach. „Ja, stimmt. Das war eine komplizierte Geschichte und ich werde nicht gern daran erinnert", meinte Schulze-Vorrath, der mit verschränkten Armen und aufgeplustertem Oberkörper vor den Polizisten saß. „Es gab aber einen Sohn, den Julian, richtig?" „Richtig, ja. Und den gibt es auch immer noch." „Frau Montferaux ist vor kurzem gestorben, wussten Sie das?", fragte nun Thiele und nötigte den Professor damit, ihn anzusehen und seine Sitzposition ein wenig zu ändern. „Ja, wusste ich!", gab dieser knapp zurück.

Die beiden Polizisten schauten wortlos auf ihr Gegenüber. Der hielt das eine Weile aus, obwohl ihm zusehends unbehaglich wurde. „Hören Sie!", platzte es dann aus ihm heraus.

„Das ist alles Jahrzehnte her. Ich habe diese Frau und meinen Sohn seit Ewigkeiten nicht gesehen. Wir hatten keinerlei Kontakt. Die waren finanziell versorgt, alles ganz korrekt, fertig! Das war besser so, für alle!"

„Und woher wussten Sie vom Tod Ihrer Exfrau?", hakte Thiele nach. „Die war ja nicht einmal meine Exfrau, die Ehe wurde doch annulliert. Die hat nie richtig bestanden, verstehen Sie?", regte sich Schulze-Vorrath auf, beantwortete dann aber doch die Frage: „Julian hat sie mir geschickt, die Anzeige! Zufrieden?" Er presste seine Handflächen aneinander, rieb sie nervös, legte seine Beine übereinander, lehnte sich in seinem Schreibtischstuhl zurück und versuchte den Polizisten auf diese Art deutlich zu verstehen zu geben, dass er das Gespräch so bald wie möglich beenden wollte, ja: eigentlich bereits als abgeschlossen betrachtete.

Kellert ging jedoch mit keiner Regung darauf ein, stattdessen übernahm er wieder selbst die Befragung: „Eines verstehe ich nicht. Wieso wurde Ihre Ehe annulliert, wenn es doch dieses Kind gibt? Da wurde die Ehe doch eindeutig – wie sagt man – ,vollzogen‘, oder?"

Dem Professor war der Verlauf des Gesprächs ganz eindeutig nicht recht. Er rollte die Augen, wand sich, überlegte, gab sich dann jedoch deutlich erkennbar einen Ruck und sagte: „Ich müsste Ihnen das jetzt nicht sagen, hören Sie. Das ist privat. Das geht niemanden etwas an. Aber was soll's: Der Bruder von Gisèlle, also von Frau Montferaux, der ist Jurist. Dr. Jacques Montferaux, in Genf ein großer Name, das können Sie überprüfen. Der mochte mich nicht. Von Anfang an. Ich ihn übrigens auch nicht. Einen Deutschen in der Familie und dann noch einen katholischen Theologen, das passte denen nicht. Die sind reformiert, wissen Sie. Calvinisten seit fünfzehnhundert noch was. Ja, das hat mir damals auch nichts gesagt", fügte er hinzu, als er die fragenden Gesichter der beiden Polizisten sah. „Streng calvinistisch, dagegen sind wir Katholiken ein liberales Kaffeekränzchen."

„Und?", drängte Kellert. „Und Jacques, also der Bruder, hat uns geraten, vor der Eheschließung notariell festzuhalten, dass wir den anderen nur aus materiellen Gründen heiraten, nicht aus Liebe. Das fanden wir ziemlich absurd, das können Sie mir glauben, natürlich haben wir uns geliebt, damals! Aber er hat keine Ruhe gegeben, bis wir uns seinem Vorschlag fügten. Der Notar war ein Freund der Familie. Ja, und das war's."

„Wieso?", fragte Dominik Thiele nach. „Nun, sie hat einfach nicht gepasst, diese Ehe. Nicht nur wegen der ganzen Familie, auch zwischen Gisèlle und mir. Ich wusste aber, dass ich mich nicht scheiden lassen konnte, sonst wäre meine ganze theologische Karriere bedroht gewesen. Also habe ich mich an die Erklärungen erinnert und die Ehe wurde annulliert. Im Nachhinein muss ich Jacques fast dankbar sein." „Und das ging so einfach?", fragte Thiele nach. „Was heißt einfach? Keine Ahnung", gab Schulze-Vorrath zurück. „Jacques hat das übernommen. Der war froh, mich loswerden zu können. Und hat das irgendwie gedeichselt, fragen Sie mich nicht nach Einzelheiten."

„Und Julian, Ihr Sohn?" Kellert blickte dem Professor in die Augen. Der blieb ungerührt: „Der gehörte damals zum Gesamtpaket. Keinerlei Kontakt, Unterhaltszahlungen bis zu seinem achtzehnten Lebensjahr. Das habe ich unterschrieben und auch ganz genau Punkt für Punkt eingehalten." „Hat Ihnen Ihr Sohn denn nicht gefehlt?", hakte der Kommissar nach und dachte mit leiser Wehmut an den eigenen

Sohn, von dem er sich am Vortag wieder für einige Wochen verabschiedet hatte.

„Gefehlt!", schnaubte Schulze-Vorrath. „Er war knapp zwei Jahre, als ich nach Würzburg ging. Mit so kleinen Wesen kann man noch keine Beziehung aufbauen. Die müssen denken und reden können, dann wird es vielleicht interessant. Für mich jedenfalls. Aber ich wollte sowieso keine Kinder!" ‚Das ist wohl auch besser so', dachte Kellert, der sich stets gerade an die ersten Lebensjahre seiner beiden eigenen Kinder mit tiefer Rührung erinnerte. „So, noch Fragen?", unterbrach ihn die barsche Stimme seines Gegenübers.

„Allerdings", gab er mit offizieller Stimme zurück, und dachte: ‚Mist, ich müsste dieses erste Blatt des Briefes lesen. Aber dazu komme ich einfach nicht. Ob ich den Raum mal kurz verlassen kann? Ich müsste mich mit Dominik verständigen!' „ALIBI", schrieb er auf ein kleines Zettelchen, das er aus seinem Notizbuch gerissen hatte und seinem Mitarbeiter zuschob, der kurz bestätigend nickte. „Ich müsste aber kurz mal austreten. Danke, ich weiß wo! Mein Mitarbeiter wird Ihnen einige weitere Fragen stellen. Bin sofort zurück!" Er verließ das Büro, suchte sich eine stille Ecke an einem Fenster und las. Sein Gesicht erstarrte kurz, dann zog er die Augenbrauen hoch. ‚Daher weht also der Wind!', dachte er. –

„Wo waren Sie am Freitag vor zehn Tagen zwischen 20:30 und 24:00 Uhr?", fragte Thiele, sobald sein Chef das Zimmer verlassen hatte. Er bemühte sich, eine möglichst offizielle und strenge Stimme dabei zu machen. Tatsächlich, Schulze-Vorrath war verblüfft. Diese Frage hatte er nach dem bisherigen Verlauf des Gespräches nicht erwartet. Unwillig antwortete er: „Was soll das? Das habe ich Ihrem Chef doch schon gleich letzte Woche in der ersten Anhörung gesagt. Zu Hause natürlich! Fragen Sie doch meine Frau, die wird das bestätigen."

‚Natürlich wird sie das, aber die wird dir alles bestätigen, wenn du das von ihr verlangst!', dachte Thiele. „Sie wissen aber doch bestimmt, dass die Aussage eines Ehegatten vor Gericht keine Gültigkeit besitzt!", schob Thiele nach, der sich gar nicht so sicher war, ob das auch stimmte. Aber es fiel ihm gerade nichts Besseres ein. „Vor Gericht?! Das wird ja immer schöner! Was habe bitte schön ich mit dem Gericht zu tun, junger Mann? Aber egal: Soll ich lügen? Wo sind Sie denn freitagabends, mein Guter!? Da ist man zu Hause, sieht fern und hat eben nur den Lebenspartner als Zeugen!" ‚Wo ich da bin, das geht dich einen Scheißdreck an!', dachte Thiele und grinste. ‚Aber um mich geht es nicht, sondern um dich, Amigo!'

In diesem Moment betrat Kommissar Kellert das Büro ohne anzuklopfen. Er hielt sich auch gar nicht lange mit Vorreden auf, sondern signalisierte seinem Mitarbeiter zu dessen großer Beruhigung mit einer kurzen Geste, dass er nun wieder selbst die Befragung übernehmen werde. „Ich muss Sie noch einmal zu Ihrer Exfrau, bleiben wir mal bei dieser Bezeichnung, befragen!", begann er. Schulze-Vorrath seufzte auf: „Warum denn das, da ist doch nun wirklich alles gesagt."

„Das überlassen Sie mal bitte uns!", wies ihn Kellert barsch zurecht. „Erzählen Sie uns etwas über die Frau, über Ihre Beziehung zu ihr." „Ich verstehe wirklich nicht, was das soll", beschwerte sich der Professor empört, sah dann aber Kellerts energische Geste. „Wir können das Gespräch auch gern im Polizeipräsidium fortsetzen, wenn Ihnen das lieber sein sollte", drohte der Polizist.

Brummig fügte sich Schulze-Vorrath: „Na gut, dann schon lieber hier! Was gibt es da groß zu erzählen? Gisèlle stammte aus dieser alten Genfer Familie, das habe ich schon gesagt. Vornehm, stinkreich, zumindest damals. Wie wächst man da auf? Privatschule, dann einige Jahre im Ausland." „Wo genau?" „In Ägypten, soweit ich weiß. Der Vater hatte da irgendeine Handelsvertretung, was weiß ich. Dann wieder zurück in die Schweiz. Reifeprüfung mit Auszeichnung. Jurastudium natürlich, wie es in der Familie Tradition war. Und da haben wir uns kennen gelernt, in Lausanne, an der Universität. Verliebt, verlobt, verheiratet, fertig!"

„Und dann?" „Dann stimmte eben irgendwann die Chemie nicht mehr, das sagte ich doch bereits. Herrgott, so etwas ist doch ganz normal, dass man sich auseinanderlebt oder besser: dass man erkennt, dass man niemals wirklich zusammengepasst hat. Die normalste Sache der Welt! ... Hören Sie, ich stamme aus einem kleinen provinziellen Örtchen am Niederrhein. Da ist man unkompliziert, fröhlich, laut und direkt. Da trinkt man gern mal einen. Da geht man gern aus. Da liebt man das Leben. Und diese Schweizer Welt – da legt man jedes Wort viermal auf die Goldwaage, da darf man alles, nur nicht auffallen, da darf man sich nicht vergnügen, da hält man sich penibel an das Comme-il-faut – verstehen Sie, das ging auf Dauer einfach nicht!"

Kellert ließ nicht locker: „Und Ihre Exfrau? Arbeitete die auch als Juristin?" Schulze-Vorrath lachte: „Die und arbeiten? Nein, mit der Heirat haben die Frauen in der Familie ihre Berufstätigkeit aufgegeben. Das hat man dann nicht mehr nötig. Das war schon immer so. Sie hat nicht einmal mehr ihr Studium abgeschlossen."

Thiele staunte. All das klang ihm wie von einem anderen Stern. „Und, hat sie sich da nicht fürchterlich gelangweilt? Eine Frau mit diesen Fähigkeiten, von wegen Auszeichnung und so!?", fragte er dazwischen. „Ja, natürlich hat sie sich gelangweilt. Zuerst zumindest", gab der Professor zurück. „Aber was sollte ich tun? Es war ja nicht meine Idee. Ich war Assistent an der Universität und schrieb an meiner Doktorarbeit. Aber sie hat sich dann sinnvolle Beschäftigungen gesucht, das war schon immer ihre Stärke. Und dann kam ja auch schon Julian, von da an war es mit jeglichem Anflug von Langeweile sowieso vorbei …"

„Hmm", murmelte Kellert, holte sein Notizbuch heraus und blätterte darin herum. Schulze-Vorrath blickte ihn nervös an. „Ihre Doktorarbeit haben Sie dort geschrieben, soso", wiederholte der Kommissar wie nebenbei. „Natürlich: ‚Crossing the Borders', Sie kennen das doch. Ich habe Ihnen doch ein Exemplar geschenkt! Da, sehen Sie, alle Ausgaben und Übersetzungen!" Der Professor wies zu dem übervollen Bücherregal zwischen den beiden Fenstern. „Jaja", sagte Kellert wieder. ‚Was bezweckt er denn damit?', fragte sich Thiele. Ihr Gegenüber wurde jedoch immer nervöser. ‚Gleich packt er zu!', schoss es Thiele durch den Kopf, der beobachtete, wie sein Chef den Angriff vorbereitete.

„Mal angenommen", begann dieser ganz langsam. „Mal angenommen, ein Professor baut seine Karriere auf einer Täuschung auf. Mal angenommen, er hat seine Dissertation gar nicht selbst verfasst. Mal angenommen, das kommt irgendwann an die Öffentlichkeit, was passiert denn dann?" Schulze-Vorrath sprang auf, er lief rot an, Schweiß schoss ihm aus den Poren und er rang sichtlich um Fassung. Mit raschen Schritten ging er in Richtung Tür – Thiele spannte die Muskeln, bereit zum Eingreifen –, besann sich dann jedoch eines anderen.

„Was wollen Sie?", fragte Schulze-Vorrath betont ruhig, ging wieder zu seinem Schreibtischstuhl, schüttelte den Kopf und meinte: „Was konstruieren Sie sich denn da wieder zusammen? Natürlich, das mag es geben. Vielleicht öfter, als wir annehmen, mag schon sein. Aber meistens kommt so etwas sowieso nie heraus. Wie will man das auch nachweisen? Und wenn das ein angesehener Wissenschaftler ist, dann gründet sich sein Ruf auf sein gesamtes Schaffen, dann zählt nicht nur der erste Baustein. Also, was wollen Sie?"

Mit kühler und kalter Stimme gab Kellert zurück: „Mal weiter angenommen, dieser Wissenschaftler ist ein angesehener Experte in Funk und Fernsehen. Wird eine solche Enthüllung nicht für immer seinen Ruf schädigen? Wird seine Karriere damit nicht vorbei sein, egal ob man das nun nachweisen kann oder nicht?"

„Anzunehmen, ja!", gab Schulze-Vorrath widerwillig und zögerlich zu. Sein Blick huschte hektisch zwischen Kellert und Thiele hin und her, so als suche er nach einem Ausweg. Unvermittelt klopfte es dreimal an der Tür. Vorsichtig öffnete sie sich. Prodekan Kösters blickte herein: „Ach entschuldige, Karlheinz ... oh, die Herren von der Polizei! Ich ..."

„Nein, nein – bleiben Sie!" Der Kommissar winkte Kösters zu sich und wies ihm den letzten freien Stuhl zu, auf dem er sich auch gehorsam niederließ. „Sie kommen gerade recht. Ihr Kollege Schulze-Vorrath will uns gerade gestehen, dass nicht er seine Dissertation geschrieben hat, sondern seine Exfrau Gisèlle Montferaux!" Thiele schnappte nach Luft! Er blickte seinen Chef überrascht an, der aber schaute ganz ruhig in sein Notizbuch. Kösters aber sprang auf: „Quatsch! Was soll denn das! Karlheinz, komm, sag, dass das Unsinn ist!"

Schulze-Vorrath war in seinem Sitz zusammengesunken, entfaltete ein Stofftaschentuch und wischte sich damit den Schweiß von der Stirn. Er blickte starr vor sich hin. Seine gesamte Erscheinung hatte sich von einem Moment auf den anderen verändert. Die ganze demonstrativ zur Schau getragene Vitalität war einer resignierten Erschlaffung gewichen. Kellert kannte das von anderen Verhören. Irgendwann gab es keinen Ausweg mehr, irgendwann war die Energie der selbst zurechtgelegten Verteidigungslüge aufgebraucht, als entwiche einem prall aufgeblasenen Ballon die Luft durch eine winzige poröse Stelle. ‚Jetzt wird er dir alles erzählen‘, sagte er sich. ‚Solche Typen wollen eines auf jeden Fall: dass man sie versteht und ihnen insgeheim Recht gibt, egal, was sie getan haben. Erzähl, Freundchen, aber die gesuchte Bestätigung wirst du von mir nicht bekommen!‘

„Gut!“, stammelte Schulze-Vorrath mühsam. „Gut, gut, gut! Sie haben Recht!“ Kösters schlug die Hände zusammen, faltete sie wie zu einem Gebet und sank nun seinerseits auf seinen Stuhl. „Nein, nicht das auch noch!“, seufzte er. „Aber Sie müssen das verstehen“, fuhr Schulze-Vorrath stockend fort. „Ich hatte eine totale Schreibblockade. Das war schon *mein* Thema, das waren *meine* Gedanken und Überlegungen, aber es wollte einfach nichts auf das Papier. Keine Zeile! Monatelang! Nichts! Lausanne, das war mir einfach zuwider. Und dann der Erwartungsdruck der ehrenwerten Familie Montferaux. Denen musste ich es ja beweisen! Aber es ging einfach nicht. Mein Betreuer hat nichts gemerkt. Und vor den Studenten hielt ich mich in den Veranstaltungen ganz gut. Reden konnte ich ja immer schon.“ Er verstummte. Erwartungsvoll blickten drei Augenpaare auf ihn und forderten ihn auf, weiterzuerzählen. Er schluckte zweimal, sprach dann weiter.

„Mein Vertrag lief in absehbarer Zeit aus. Und ich wollte weg aus der Schweiz. Zurück nach Deutschland. Das ging aber nur mit abgeschlossener Promotion, das war klar. Es war dann Gisèlles Idee und kam ganz von selbst. Erst half sie mir bei diesem und jenem, las meine ersten Textbausteine gegen und korrigierte sie. Dann formulierte sie einzelne Passagen und schließlich schrieb sie ganz ohne meine Hilfe. Sie war ja lange Zeit in Ägypten gewesen und hatte Land und Leute sehr genau studiert. Auch die Religion. Sie wusste über den Islam viel mehr als ich, ich hatte mir ja mein Wissen bloß angelesen und ihr immer viel davon erzählt. Ideal für eine Arbeit über den interreligiösen Dialog. Und in die Welt des Katholizismus hat sie sich gründlich eingelesen, kannte natürlich auch vieles von Gesprächen mit mir. Überhaupt: Sie war klug und sprachbegabt, ihr ging das Schreiben wie von selbst von der Hand. Und ich hatte diese furchtbare Schreibblockade.“

„Und, hattest du gar keine Skrupel, Karlheinz?“, mischte sich Kösters ein. „Anfangs schon“, gab Schulze-Vorrath zu, der sich nun sichtlich erholt hatte und flüssig erzählte. Jetzt wollte er sich alles von der Seele reden, jetzt war alles egal. Nur eines wollte er noch: verstanden werden. „Aber dann war das plötzlich so normal“, erklärte er. „Wir waren damals ja noch verliebt und dachten, es ginge um unsere gemeinsame Zukunft. Und dies schien der einzige Weg. Außerdem: Niemandem entstand ein Schaden, alle haben profitiert. Was sollte daran falsch sein? Und es hat ja auch perfekt funktioniert. Niemals ist auch nur ein Fünkchen Verdacht aufgekommen.“

„Aber Ihre Exfrau, wollte die nicht irgendwann die Anerkennung der eigenen Leistung für sich selbst?“, fragte Kellert nach. „Nein, so war Gisèlle nicht. Sie kennen diese Leute schlecht. Die brauchen diese Art der Anerkennung nicht. Auch bei unserer Trennung war das immer klar. Sie hätte nie auch nur ein Wort darüber verloren. Die Ehre der Montferaux, wissen Sie!“, schnaubte er verächtlich. „Und für dich, wie war das denn für dich über all die Jahre!", fiel Kösters erneut ein.

„Tja, wie war das?!", grübelte Schulze-Vorrath. „Ich glaube, mein Zusammenleben mit ihr ist letztlich vor allem daran gescheitert. Leben Sie mal mit einem Menschen zusammen, der Sie nur als Versager sehen kann. Für den Sie ein Loser sind! Dem aber selbst alles gelingt!" Er blickte hier vor allem auf Thiele, der sich gar nicht wohl in der Rolle des derart Angesprochenen fühlte.

„Komisch, später hab ich all das verdrängt. Wieder zurück in Deutschland fiel all das von mir ab wie eine fremde, schwere Last. Die Habilitation habe ich selbst geschrieben, ohne Probleme. All meine Bücher, das geht mir leicht von der Hand, das fließt nur so in den Computer! Schreibhilfen habe ich nie wieder gebraucht. Dass ausgerechnet die Diss in wesentlichen Teilen nicht von mir stammt, das kam mir ganz unwirklich vor. Wie geträumt!"

Kösters rieb sich die Schläfen. „Was soll denn nun werden, meine Herren? Das muss doch nicht alles nach außen dringen, oder? Damit wäre niemandem gedient, finden Sie nicht auch?" Schulze-Vorrath blickte dankbar und hoffnungsvoll auf den Prodekan. Von ihm hatte er diese Unterstützung kaum zu erhoffen gewagt. Tatsächlich hatte Kösters auch nicht so sehr das Schicksal seines Kollegen, sondern vor allem den Ruf seiner Fakultät im Sinn. Kellert stand auf: „Tja, ich fürchte, wir sind noch nicht am Ende der Geschichte angelangt, oder, Herr Professor?" Er blickte zu Schulze-Vorrath. Der schlug die Augen nieder. Der kurz erhoffte Ausweg schloss sich wieder. „Nein", gab er tonlos zu.

„Erzählen Sie schon!", drängte der Kommissar, „das Meiste weiß ich sowieso schon."

„Sie sind Katholik, das merkt man!", meinte Schulze-Vorrath mit süßsaurer Ironie. „Wenn schon Beichte, dann auch vollständig. Na meinetwegen, ist ja jetzt doch alles egal." Kellert verzog keine Miene, wunderte sich aber. ‚Beichte? So habe ich das ja noch nie gesehen! Stimmt aber schon, dass es da Ähnlichkeiten gibt.' Er verkniff sich ein Grinsen, während ihm ein weiterer Gedanke durch den Sinn schoss. ‚Da wäre aber ein Unterschied, mein Freund: Die Beichte endet mit Lossprechung oder wie das heißt. Und die wirst du von mir nicht bekommen!' Thiele, der das Mienenspiel von Kellert ganz gut kannte, musterte seinen Chef neugierig, der hob aber nur kurz die rechte Augenbraue. ‚Weiter geht's', hieß das.

„Vor knapp einem Jahr", erzählte der sonst so strahlende Professor mit brüchiger Stimme, „erhielt ich einen Brief von Gisèlle. Nach über zwanzig Jahren! Ich erkannte zunächst die Handschrift gar nicht mehr. Nun, sie schrieb, dass ihre Familie voll in die Rezession gerutscht sei. Voll von der Wirtschaftskrise getroffen! Sie mussten ihre Immobilien verkaufen und sitzen auf einem hohen Schuldenberg. Ich muss gestehen, das habe ich mit einer gewissen Schadenfreude gelesen.

Das war allerdings ein bisschen kurzsichtig: Julian war gerade dabei, sich eine selbständige berufliche Existenz aufzubauen, irgendwie als Finanzmakler, keine Ahnung. Und brauchte nun finanzielle Unterstützung. Da war es dann vorbei mit der Ehre der Montferaux! Ich solle ihn unterstützen, und das nicht zu knapp. Ich habe natürlich gar nicht reagiert. Nach einem Monat kam ein zweiter Brief. Ich wies alles zurück. Ich hatte unseren damaligen Vertrag doch erfüllt, Wort für Wort, Silbe für Silbe! Für mich war der Fall erledigt, aus und vorbei, fertig! Dann ein dritter Brief: Ich hätte sie betrogen, Mutter und Sohn, sie mit einem Hungergeld abgespeist." „Das verstehe ich nicht: Sie haben doch die ausgemachte Unterstützung bezahlt, oder?"

„Ja schon, aber erinnern Sie sich: Ich war damals ein armer Universitätsassistent. Von dem damaligen Einkommen ging aber der Vertrag aus, den Jacques für uns ausgearbeitet hatte. Viel war das nicht, das stimmt schon. Es konnte ja niemand wissen, wie mein Weg weitergehen würde. Und Jacques war ja vor allem daran gelegen, mich so schnell und so endgültig wie möglich loszuwerden!"

Schulze-Vorrath verzog das Gesicht. „Und die Montferaux' hatten Geld wie Heu, harte Schweizer Franken, die waren auf meine paar D-Mark nicht angewiesen. Diese Anfrage kam für mich total unvorbereitet, wissen Sie? Mit so etwas rechnet doch kein normaler Mensch!" Wieder wandte er sich an Dominik Thiele, von dem er sich offensichtlich Unterstützung erhoffte. „Hätte ich doch gezahlt", murmelte er dann. „Ich habe ja nun Geld genug, aber mir ging es ums Prinzip. Vertrag ist Vertrag, oder? Und wer wusste schon, wie das weitergegangen wäre? Immer wieder neue Forderungen? Nee, nee, nicht mit mir!"

„Und, wie ging es dann weiter?", fragte Kellert. Kösters hatte sich ganz in seinen Stuhl zurückgezogen und verfolgte das Geschehen mit gebannter Befürchtung. Schulze-Vorrath seinerseits wischte sich wieder mit dem seidenen Einstecktuch den Schweiß von der Stirn. „Im vierten Schreiben lag eine Doppelseite, ein Original aus dem Manuskript der Doktorarbeit, geschrieben in Gisèlles gestochen klarer Handschrift. Ich hatte keine Ahnung, dass sie das aufbewahrt hatte über all die Jahre. Ich habe ihr Manuskript dann abgetippt damals, Seite für Seite, noch ganz klassisch mit der normalen Schreibmaschine. Immerhin, das konnte ich", fügte er selbstironisch hinzu. „Aber das war doch kein Beweis!", unterbrach Thiele. „Ob nun Handschrift oder Maschinenschrift, die Reihenfolge lässt sich doch nicht genau rekonstruieren. Sie hätte das ja auch von Ihnen abschreiben können!"

„Der Gedanke ist mir auch gekommen", räumte der Professor ein, „allerdings erst viel später. Sehen Sie, wahrscheinlich ist das nicht, dass man mit Handschrift ein Manuskript nachträglich abschreibt. Außerdem benutzte Gisèlle gebrauchtes Papier. Sparsamkeit, Sie verstehen!? Auf den Rückseiten waren alte Geschäftsstatistiken von der Firma ihres Vaters. Keine Geheimnisse, aber allesamt datiert."

„Auch kein Beweis", rief Thiele, „das kann man doch danach beliebig lange nutzen." „Auch kein Beweis, richtig, junger Mann", bestätigte er, „aber bei den Montferaux' nutzte man Rohstoff sofort und hebt ihn nicht lange auf. Das war mir zu heikel. Darauf wollte ich mich nicht einlassen."

„Also haben Sie doch bezahlt!", stellte Kellert überrascht fest.

„Nein. Nein, Sie verstehen diese Familie immer noch nicht, Herr Kommissar", gab der Professor müde lächelnd zurück. „Man wäre damit nicht an die Öffentlichkeit gegangen. Nicht als Montferaux! Das hätte dem eigenen Ruf geschadet. Nach außen gehöre ich immer noch dazu. Jeder Skandal um mich betrifft auch die Familie. Und Gisèlles Rolle ist ja auch fragwürdig. Gerade nicht ‚comme-il-faut' jedenfalls, und darauf kommt es an. Nein, ich war mir sicher, dass nichts passiert, und das habe ich dann auch deutlich geschrieben. Die brauchen klare Ansagen, davor haben sie Respekt. Und so war es auch. Dann war Ruhe!" Er blickte in die Runde. Kösters zog hörbar die Luft ein und hoffte, dass nun alles gesagt und geklärt wäre. Vergeblich!

„Aber dann starb Gisèle!", sagte der Kommissar in die Stille hinein. „Ja, dann starb Gisèle", wiederholte Schulze-Vorrath nachdenklich. „Sie hatte Lymphdrüsenkrebs. Davon hatte ich keine Ahnung. Wenn Sie das doch nur erwähnt hätte ..." – „... dann ...", führte Kellert fort – „... dann wäre einiges anders gelaufen. Bestimmt hätte ich gezahlt. Es ging ihr ja nur um Julians Zukunft, das ist mir jetzt klar. Andererseits war ich mir sicher, dass die Bedrohungen für mich jetzt vorbei waren. Gisèle hatte das mit der Dissertation niemandem erzählt, da war ich mir sicher. Und selbst wenn man ihr Originalmanuskript gefunden hätte: Wem hätte das etwas gesagt? Ich rechnete damit, dass damit alles vorbei sei." Und dann richtete er sich aggressiv gegen Kellert: „Und das war es ja auch, bis Sie die alte Sache wieder aufgekocht haben. Und? Sind Sie jetzt zufrieden? Geht es Ihnen jetzt besser, nachdem Sie alles wissen?"

Aber der blickte nur unbeeindruckt zurück: „Alles?", fragte er nur. „Weiß ich alles?" Er zog einen in violetter Tinte beschriebenen Briefbogen hervor und hielt ihn in die Luft. Schulze-Vorrath sprang auf und schrie: „Woher haben Sie das? Geben Sie mir das, das gehört mir! Das ist Diebstahl! Einbruch! Das kostet Sie Ihre Karriere!" Dann sank er in sich zusammen wie ein Häuflein Elend. Kösters hatte alles schreckensbleich mitverfolgt. Vorsichtig fragte er nun: „Was um Gottes willen haben *Sie* denn da, Herr Kommissar? Bitte: Was bedeutet das alles?" Kellert blickte zu Schulze-Vorrath und ermunterte ihn: „Erzählen *Sie* es. Sie wissen es besser. Ich habe zum Teil nur Vermutungen. Und es wird Ihnen guttun, sich alles von der Seele zu reden."

Bleich, fast tonlos, wie automatisch redend kam der Professor dieser Aufforderung nach: „Ich hatte mit einem nicht gerechnet. Gisèle hatte einen Brief geschrieben, ausgerechnet an Gerstmaier." „An den Dekan!", rief Kösters dazwischen, aber Kellert gab ihm zu verstehen, dass er seinen Kollegen nicht unterbrechen sollte. „Ja, an Gerstmaier. Sie haben ihn ja gefunden, zumindest das erste Blatt", sagte er zu Kellert und wies auf das Papier in dessen Händen. „Das zweite auch!", bestätigte dieser.

„Ach, wo war das denn? Ich habe es nämlich ziemlich verzweifelt gesucht!" Mit neuer Energie und Neugier blickte Schulze-Vorrath auf den Kommissar. „Es steckte in Gerstmaiers Exemplar Ihrer Dissertation. Und die hatte er bei sich zuhause im Schreibtisch", gab der knapp zurück. „Ach! Nun, da konnte ich lange suchen. Darauf wäre ich nicht gekommen!" „Aber was wollte Ihre Exfrau denn von dem Dekan?", insistierte Kösters, der Kellerts Grimassen und Gestik einfach ignorierte.

„Ja, was wollte sie? Gute Frage! Sie hielt Gerstmaier offensichtlich für einen gerechten Mann, der um das Wohl seiner Fakultät bemüht ist. Sie hoffte wohl, er würde mir ins Gewissen reden, mich um Julian zu kümmern. Sie hat ihm sogar ihr Originalmanuskript geschickt, wissen Sie?" „Ja, das weiß ich", bestätigte Kellert, „wo haben Sie das versteckt?"

„Warten Sie, ich zeige es Ihnen." Mühsam erhob sich Schulze-Vorrath und schlurfte schwerfällig an eines jener Regale ganz hinten in der Ecke, die Thiele noch nicht abgecheckt hatte. Dieser blickte alarmiert, aber Kellert warf ihm einen beruhigenden Blick zu. Er wusste aus langjähriger Erfahrung, wann Menschen gefährlich waren und wann nicht. Schulze-Vorrath war ein gebrochener Mann.

„Hier, ganz passend, finden Sie nicht?" Er holte ein dickes, im Copyshop gebundenes Buch im DIN-A4-Format aus dem Regal und las den Titel: ‚Schuld und Schuldvergebung im Werk Dostojewskis'. Aus dem Konvolut waren fast alle

Originalseiten herausgerissen und durch andere, nicht ganz hineinpassende ersetzt worden.

„Das war eine Dissertation, die eine meiner Schülerinnen vor über zehn Jahren bei mir eingereicht hat", kommentierte der Professor. „Das hätte ich auch nicht gedacht, dass die einmal diese Bedeutung bekommen sollte." Er zog einen großen Packen leicht vergilbter Seiten zwischen den Umschlagblättern hervor. ‚Das hätte ich nie gefunden', dachte Thiele. „Bitte!" Schulze-Vorrath reichte den Stapel dem Kommissar hinüber, obwohl der das nun gar nicht mehr benötigte und mit einer unwirschen Geste zurückwies.

Schulze-Vorrath legte die Blätter auf den Schreibtisch und sprach weiter: „Ich habe auch noch andere Unterlagen aus Gerstmaiers Büro, also aus dem Dekanat, mitgenommen. Erst hatte ich sie zuhause, dann habe ich sie hier versteckt. Irgendwie muss die erste Seite des Briefes vorher herausgerutscht sein. Zu blöd!" Er wischte sich erneut den Schweiß von der Stirn, nahm den Papierstapel wieder auf und hielt sie seinem Gegenüber hin: „Wollen Sie die auch haben?" „Später!", gab Kellert knapp zurück. Er wollte jetzt die ganze Geschichte hören. Die Unterlagen konnten warten.

Schulze-Vorrath nahm ächzend wieder Platz. Innerhalb weniger Minuten sah er aus, als sei er um Jahre gealtert. Seine überaus vitale Ausstrahlungskraft war zu einem trüben Altmännerblick mutiert. „Was Gisèlle nicht ahnen konnte", fuhr er stockend fort, „war, dass Gerstmaier gar nicht daran dachte, ihr Anliegen voranzutreiben. Aber für ihn war das Ganze wie ein Sechser im Lotto. Er hatte mich in der Hand. Er konnte mich erpressen. Ich habe ihm Geld geboten für den Brief und das Manuskript, klar. Viel Geld! Aber er hat mich nur ausgelacht. Geld? Er wollte Macht. Er liebte es, Menschen in seiner Gewalt zu wissen. Und zum rechten Zeitpunkt die rechte Karte auszuspielen." Kösters nickte traurig. Sein Kollege sprach weiter. Es klang wie eine Rechtfertigung, die er sich selbst schon lange zurechtgelegt hatte.

„Was hätten Sie denn an meiner Stelle getan?" Er blickte zu Kellert. „Oder Sie, junger Mann?" Er blickte zu Thiele. „Oder du, Hermann-Josef?" Er blickte zu Kösters. „Ich war erledigt. Ich musste mit einer Zeitbombe leben, die ständig hochgehen konnte. Gerstmaier war anders als Gisèlle, das wusste ich. Der nahm keine Rücksicht. Auf nichts und niemanden. Also habe ich eine Weile so getan, als beugte ich mich seinen Spielregeln. Und mir die Pistole besorgt. Das war ganz einfach. Vor drei Wochen habe ich noch einmal das Gespräch gesucht. Gebeten, gedroht, geflucht. Alles umsonst. ‚Sie werden fortan tun, was ich sage, lieber Charly', sagte er zynisch, ‚mehr gibt es da nicht zu besprechen.'"

„Und dann haben Sie ihn erschossen?", ergänzte Kellert. „Nein, das heißt ja." „Karlheinz!", rief Kösters entgeistert und schlug die Hände vor das Gesicht. Er hatte es bis zu diesem Moment nicht glauben wollen. „Tut mir leid, Hermann-Josef, tut mir sehr leid. Vor drei Wochen bekam ich eine einmalige Einladung: Ich könnte für ein Jahr an die University of California in San Francisco gehen. Eine Forschungsprofessur. Von so etwas kann man nur träumen. Das ist der endgültige Ritterschlag in der Gelehrtenwelt. Aber ich wusste sofort, dass Gerstmaier das niemals zulassen würde. Da war mir klar, dass ich das Problem lösen musste. Endgültig! Weglaufen oder anpassen – das ging einfach nicht." „Das Problem lösen hieß, einen Menschen absichtlich und geplant zu erschießen, Herr Professor!", sagte Kellert.

„Ja, aber als letzte, als allerletzte Möglichkeit! Als einzig noch verbleibender Ausweg! Das war eine Art Notwehr. Und Notwehr ist ein menschliches Grundrecht! Da stimmen Sie mir doch zu, oder? Außerdem ..." Schulze-Vorrath rang nach Worten, dann stieß er aus: „Gerstmaier war kein Mensch mehr, das war ein ... ein rachsüchtiger, herrschsüchtiger Diktator." „Für den die ethischen und juristischen Regeln des menschlichen Miteinanders nicht mehr gelten, wollen Sie das sagen? Ich glaube weder, dass Sie selbst das wirklich so sehen, noch dass die Richter dieser Argumentation folgen werden", meinte Kellert. „Aber das haben andere zu entscheiden, nicht ich. Darf ich Sie jetzt bitten, uns aufs Kommissariat zu begleiten?"

Er stand auf, Thiele folgte ihm. „Wo haben Sie eigentlich die Pistole, also die Tatwaffe?", fragte er. „Das können Sie uns jetzt doch auch noch verraten." Schulze-Vorrath schien ihn gar nicht verstanden zu haben, blickte leer vor sich hin. „Hm? Ach, die! Im Fluss, die können Sie vergessen!", murmelte er dann. Kellert trat vor den Professor: „Herr Dr. Karlheinz Schulze-Vorrath: Hiermit verhafte ich Sie wegen Mordes an Ihrem Kollegen Professor Dr. Anton Gerstmaier." „Bitte kein Aufsehen!", bat Schulze-Vorrath. „Ich laufe Ihnen schon nicht weg. Aber es muss ja nicht jeder mitbekommen."

Dienstag, 19. Mai, vormittags
Abschied und Anfang

‚Déjà-vu‘, dachte Kriminalhauptkommissar Kellert, als er am nächsten Vormittag wieder durch die langen Gänge auf das Beratungszimmer der Katholisch-Theologischen Fakultät von Friedensberg zuschritt. ‚Heute vor acht Tagen warst du das erste Mal hier. Und jetzt gehst du hier ein und aus wie ein Student!‘ Dann musste er grinsen: ‚Crossing the Borders, sozusagen. Na, von dieser Grenzüberschreitung habe ich erst einmal genug!‘

Er hatte die Professoren und Mitarbeiter zu einem abschließenden Treffen zusammenrufen lassen. „Einfach grußlos verschwinden solltest du da nicht", hatte auch seine Frau Beate ihm geraten. Am liebsten wäre sie selbst mitgekommen, doch das war natürlich unpassend. Aber Dominik Thiele schritt an seiner Seite.

„Barry ist übrigens wieder aufgetaucht!", sagte Kellert unvermittelt. Thiele starrte ihn wortlos und mit leeren Augen an. Er hatte wohl keinerlei Ahnung, was sein Chef von ihm wollte. „Na Barry, unser Kater!" „Ach so, der! Sorry, ich stand gerade voll auf dem Schlauch", gab Thiele zurück. „Und wo war er?" „Vier Straßen weiter wohnt eine ältere Dame, Frau Mandling oder so. Die hat ihn aufgenommen und gepflegt."

„Wie, gepflegt?" „Na ja, er hat sich wohl gleich mit zwei größeren frei laufenden Hunden angelegt. Hält sich ja für so etwas wie den Chef vom Viertel. Nur dieses Mal hat er seine Kräfte wohl falsch eingeschätzt. Und ordentlich was abgekriegt."

„Und diese Frau …" „Mandling", ergänzte Kellert. „Nun, die hat das Ganze beobachtet, ihn dann in ziemlich schlechtem Zustand gefunden, erst mal zu sich mitgenommen und wieder aufgepäppelt." „Wollte ihn wohl behalten, was?", fragte Thiele nach. „Weiß ich nicht", antwortete Kellert. „Als sie die Plakate gesehen hat, hat sie sich jedenfalls sofort gemeldet. Ordentlich von ihr!"

Thiele blickte hinüber: „Und: Bist du froh, dass er wieder da ist?" „Ach irgendwie schon, das muss ich dann doch zugeben. Vor allem für Beate ist das Vieh wirklich wichtig. Selbst Tobias war richtig erleichtert, als wir ihn gestern auf den aktuellen Stand brachten. Und Jenny hätten wir die Nachricht von Barrys Verschwinden nie und nimmer übermitteln können. Also ich zumindest nicht." Was er nicht sagte: Er selbst hatte sich an ein Zuhause ohne Kater durchaus ganz gut gewöhnt. Auch wenn Barry ihm in einem kleinen Winkel seines Herzens vielleicht doch etwas gefehlt hatte.

Inzwischen hatten sie ihr Ziel erreicht. „Herr Kommissar, da sind Sie ja!", begrüßte ihn Silvia Hoberg, nickte auch Thiele wortlos zu und geleitete die beiden Polizisten in den Raum. In ihm herrschte ein großes Gedränge. Jeder Sitzplatz war besetzt – bis auf den für ihn reservierten Stuhl am Kopfende. Und an den Wänden standen noch viele Menschen, zu denen sich Thiele nun gesellte. Die Luft war stickig. Ein gedämpftes Gemurmel und Getuschel war im Raum, das nun jedoch augenblicklich erstarb.

„Meine Damen und Herren!", begann er und blickte in die Gesichter rings um sich herum. Besorgt, geschockt, gleichgültig, neugierig – die Mienen verrieten viel über die jeweilige Seelenlage. Die meisten Gesichter kannte er, zu vielen von ihnen fiel ihm der dazugehörige Name ein. Hinten am Tisch saßen Klara Mechtersheim und Professor Brandtstätter mit verkniffenen Gesichtern, gleich vorn rechts in schwarzem Anzug Dr. Schachner, links stand unbewegt Professor Baumjohann, vor ihm stützte sich Professor Mühlsiepe auf die Tischplatte. Kösters saß mit sorgenvoller Miene direkt vorn zu seiner Rechten.

Kellert hatte sich vorgenommen, so wenig zu sagen wie nötig. Niemand musste befürchten, dass unliebsame Geheimnisse offenbart würden. Aber die Spannung aus Erwartung und Befürchtung lag bleischwer im Raum, das spürte er deutlich. „Ich wollte Ihnen allen danken, deshalb bin ich hier. Für Sie wie für uns waren das keine einfachen Tage, ich weiß. Aber dank Ihrer Kooperation und Offenheit ist es gelungen, den Mord an Dekan Gerstmaier aufzuklären. Noch einmal: Vielen Dank!"

Er hatte sich entschlossen, über alle kleinen Heimlichtuereien einiger der Mitarbeiter der Fakultät hinwegzusehen und einen harmonischen Schlusspunkt zu setzen. Die Kolleginnen und Kollegen der Fakultät dankten es ihm, indem sie auf die Tische oder an die Wände klopften. „Sie wissen ja, dass Ihr Kollege, Professor Schulze-Vorrath, die Tat gestanden hat", fuhr er fort, als ihn ein Zwischenruf unterbrach: „Ja, aber warum?"

Mühlsiepe! Der Ordinarius für Dogmatik blickte den Kommissar aus tief liegenden Augen an. „Warum hat er das getan, Herr Kommissar?", wiederholte er. Kellert blickte zu Thiele, der den Blick ohne Rührung zurückgab. „Ich darf den polizeilichen Ermittlungen nicht vorgreifen, das werden Sie verstehen", antwortete er. „Umgekehrt nützt es niemandem, wenn die Gerüchteküche wilde Phantasien ausbrütet. Und Sie haben ein Recht auf Information."

„Das meine ich auch!", warf Professor Baumjohann energisch ein, ohne sich dabei zu rühren. „Es sieht so aus, als habe der Dekan Ihren Kollegen erpresst!" Sofort erhob sich ein Rumoren und Flüstern. Viele schauten sich an und grimassierten einander Geheimbotschaften zu. ‚Na, da haben wir wahrscheinlich nur die Spitze des Eisberges ans Tageslicht gehoben', dachte Kellert. ‚Einiges Weitere habe ich ja in den Unterlagen von Gerstmaier nachgelesen, die mir Schulze-Vorrath ausgehändigt hat. Wer weiß, was da noch so gelaufen ist. Aber das ist jetzt wirklich nicht mehr unsere Sache!'

„Bitte ersparen Sie mir nähere Auskünfte!", fügte er hinzu und erhaschte ein dankbares Lächeln von Prodekan Kösters. „Eine dringende Bitte habe ich aber noch", fügte er hinzu: „Bitte verhalten Sie sich der Presse gegenüber so reserviert wie möglich. In Ihrem eigenen Interesse. Da wird in den nächsten Tagen einiges auf Sie zukommen. Die sind heiß auf jede Story! Heizen Sie die Angelegenheit nicht weiter auf. Ersparen sie sich alle Kommentare und Anekdoten. Tun Sie sich, Ihren Kollegen und Ihrer Fakultät das nicht an!" „Danke für die Mahnung!", ergänzte Kösters. „Aber keine Angst: Dafür werde ich schon sorgen!"

‚Viel Glück dabei', dachte der Kommissar, als er das stickige Beratungszimmer verlassen hatte, begleitet von einem erneuten verhaltenen Applausgetrommel. ‚Und ich? Ich bin froh, wenn ich das Gebäude nicht mehr betreten muss.' Diesem Schlussgedanken stimmten freilich keineswegs alle zu. Er konnte gerade noch erkennen, wie Dominik Thiele ausgelassen lachend von Verena Obmöller in einen Seitengang gezogen wurde.

Inhalt